Schnitt*punkt* 5

Mathematik für Grundschulen

von

Dieter Beckmann
Barbara Block
Sabine Januschek
Rainer Maroska
Achim Olpp
Wilfried Ottjes
Jürgen Walgenbach
Hartmut Wellstein

bearbeitet von

Edelgard Buchholz
Christiane Habermann
Karlheinz Lehmann
Wolfgang Schulze
Volker Vettorazzi
Bernd Wolf

Ernst Klett Schulbuchverlag
Stuttgart Düsseldorf Berlin Leipzig

Bildquellenverzeichnis:

Angermayer, Toni, Holzkirchen; 201 (Hans Reinhard) – Archiv für Kunst und Geschichte, Berlin; 53, 124.2, 175.1 + 2, 192 – Arothek Kunstdia-Archiv, Peißenberg; 49.1 – Bach, Eric, Superbild-Bildarchiv, München-Grünwald; 178, 203 – Bavaria Bildagentur, Gauting; 45 (Picture Finders), 50.2 (M. + H.), 75 (Saebens-Wiesner), 108 (Skiba), 137.2 (David Ball), 157 (Nautsch), 162.1 (Martin Frank) (Freigabe Nr. 618/80 Reg. Präs. Münster), 162.3 (Franz Thorbecke) (freigeg. durch Luftamt Südbayern), 162.4 (Studio Hahn) – Bayrischer Schulbuchverlag, München; 137.3 – Beckmann, Dieter Sandkrug; 50.1, 134.1–3, 172, 173.1 – Bildarchiv Preußischer Kulturbesitz, Berlin; 49.2 (Jörg P. Anders) – Bongarts Sportpressephoto, Hamburg; 133, 190 – Deutsche Bundesbahn Zentrale für Presse und Öffentlichkeitsarbeit, Mainz; 98.2, 129 – Deutsche Bundesbank, Geldmuseum, Frankfurt/Main; 118.2 + 4 – Deutsche Luftbild, Hamburg 98.1, – Deutsches Museum, München 79 – dpa, Frankfurt/Main, 99 (Politicens), 124 (H. A. Erickson), 142.1 (Ossinger), 142.2 (Patzelt), 142.3 (Kuther), 164 (Baum) – Focus, Hamburg; 21 (Loren McIntyre) – Gebhardt, Dieter, Graphic- und Photo-Design BFF, Asperg; 7.1–6, 7.8, 26.1, 27.1–4, 29, 51.1, 76, 77, 110.1 + 2, 111, 148.1 + 2, 149.1–5, 151.2 + 3, 152.1–4, 162.2, 166.2, 173.2 + 3, 194.1 – Gröner, E., Balingen; 113 – Hopp, A., Tübingen; 121 – IFA Bilderteam, München; 130.2 (Berger) – Kinderhilfe Chillan, Lebach; 118.1 – Kronmüller, Karl, Schwäbisch Hall; 169 – Landesgewerbeamt Baden-Württemberg, Stuttgart; 125 (Karl Fisch) – Landesvermessungsamt Baden-Württemberg, Stuttgart; 155 (Topographische Karte 1 : 50 000, Ausschnitt aus Blatt L 7518; genehmigt unter Az.: 5.11/771) – Luftbildverlag Hans Bertram, München (Verkehrsamt Nördlingen); 158 – Mauritius Bildagentur, Mittenwald, Stuttgart; 30, 33 (E. Gebhardt), 64 (Nägele), 114 (Nakamura), 130.1 (Kopp) 134.4, 135.1 (Coll), 206.1 (Albinger) – Niedersächsisches Landesvermessungsamt, Hannover; 171 (Topographische Karte 1:100 000, Ausschnitt aus Blatt C 2272 (1991), genehmigt unter Az.: 5-481/92) – Okapia, Bildarchiv, Frankfurt/Main; 116 (Hans Reinhard) – Ottjes, Wilfried, Augustlehn; 194.2 – Reinhard-Tierfoto, Heiligkreuzsteinach; 71, 84 – Rennbahn, Iffezheim; 113.3 (R. H. Stöbert) – Rheinisches Bildarchiv, Köln, Kölnisches Stadtmuseum; 118.3 – Sammler-Service der Post, Frankfurt/Main; 103.1 – Scala, Florenz; 124 – Silvestris Fotoservice, Kastl; 11, 103.2 (Robert Gross) – Staatliche Münzsammlung, München; 206.2 + 3 – Sturm, Klaus, Stadtbergen; 62 – Südwest Verlag, München; 193 – Thylmann, Stuttgart; 10 – Tony Stone Worldwide, München; 24 (Dennis Oda), 47 (W. Wiese) – Transglobe Agency, Hamburg; 17, 20, 37 (Margot Granitsas), 166.1 (W. Wiese) – U. S. Information Service DES/Photos, Bonn; 133.2 – Uhrenmuseum, Wupperthal; 113.2 – Voller Ernst, Berlin; 126 (Drysdale) – Wegeng, Vollmer Mühlhausen; 176 – Wellstein, Veitshöchheim; 93 – Werek, München; 127 – Zefa-Deuter Zentrale Farbbild Agentur, Düsseldorf; 137.1 (Hackenberg), 144 (Goebel), 152.5

Gedruckt auf Serena matt, hergestellt von den Cartiere del Garda
aus chlorfrei gebleichtem Zellstoff, säurefrei und ohne optische Aufheller.
Umschlag mit PP-Folie kaschiert, umweltverträglich und recycelbar.

1. Auflage   1   5   4   3   2   1 | 1997   96   95   94   93

Alle Drucke dieser Auflage können im Unterricht nebeneinander benutzt werden, sie sind untereinander unverändert. Die letzte Zahl bezeichnet das Jahr dieses Druckes.
© Ernst Klett Schulbuchverlag GmbH, Stuttgart 1993. Alle Rechte vorbehalten.

Redaktion: Verlagsredaktion Mathematik

Zeichnungen: Rudolf Hungreder, Leinfelden, Günter Schlierf, Neustadt und Dieter Gebhardt, Asperg
Umschlagsgestaltung: Manfred Muraro, Ludwigsburg
Satz: SCS Schwarz Satz u. Bild digital, L.-Echterdingen
Druck: Appl, Wemding

ISBN 3-12-741530-3

Inhalt

I Natürliche Zahlen   7

1 Zahlenbilder und Strichlisten   8
2 Anordnung und Zahlenstrahl   11
3 Das Zehnersystem   13
4 Große Zahlen   16
5 Zehnerpotenzen   18
6 Runden und Darstellen   20
7 Vermischte Aufgaben   23
Thema: Meine Klasse in Zahlen   26
Rückspiegel   28

II Addieren und Subtrahieren   29

1 Addieren und Subtrahieren   30
2 Rechengesetze. Rechenvorteile   34
3 Summen und Differenzen. Klammern   37
4 Schriftliches Addieren   40
5 Schriftliches Subtrahieren   43
6 Vermischte Aufgaben   47
Thema: Klassenfahrt   50
Rückspiegel   52

III Geometrische Grundbegriffe   53

1 Strecken und Geraden   54
2 Zueinander senkrechte Geraden   57
3 Zueinander parallele Geraden   59
4 Das Quadratgitter   62
5 Entfernung und Abstand   64
6 Achsensymmetrische Figuren   67
7 Spiegeln mit dem Geodreieck   70
8 Vermischte Aufgaben   73
Thema: Wir basteln für Weihnachten   76
Rückspiegel   78

IV Multiplizieren und Dividieren   79

1 Multiplizieren   80
2 Potenzieren   83
3 Dividieren   85
4 Rechengesetze. Rechenvorteile   88
5 Klammern. Punktrechnung. Strichrechnung   90
6 Verteilungsgesetze   93
7 Schriftliches Multiplizieren   95

Inhalt

    8 Schriftliches Dividieren   99
    9 Aussagen und Aussageformen   104
  10 Gleichungen und Ungleichungen   106
  11 Vermischte Aufgaben   108
  Thema: Gesunde Ernährung   110
  Rückspiegel   112

V Geld. Zeit. Gewicht   113

1 Größen   114
2 Geld   116
3 Stunden. Minuten. Sekunden   119
4 Tage. Monate. Jahre   122
5 Gewicht   125
6 Zuordnungen   129
7 Vermischte Aufgaben   132
Thema: Flughafen   134
Rückspiegel   136

VI Körper   137

1 Würfel   138
2 Quader   140
3 Zylinder. Kegel. Kugel   142
4 Pyramide   144
5 Vermischte Aufgaben   146
Thema: Lustige Hüte basteln   148
Rückspiegel   150

VII Länge. Flächeninhalt   151

1 Länge   152
2 Maßstab   155
3 Umfang   158
4 Flächen messen   160
5 Flächeneinheiten   162
6 Flächeninhalt eines Rechtecks   165
7 Zusammengesetzte Sachaufgaben   167
8 Vermischte Aufgaben   170
Thema: Das neue Zimmer   172
Rückspiegel   174

VIII Teilbarkeit natürlicher Zahlen 175

1 Teiler und Vielfache 176
2 Teilbarkeit von Summen 178
3 Endziffernregeln 180
4 Quersummenregeln 182
5 Primzahlen 184
6 Primfaktorzerlegung 186
7 Größter gemeinsamer Teiler 188
8 Kleinstes gemeinsames Vielfaches 190
9 Vermischte Aufgaben 192
Thema: Klassenfest 194
Rückspiegel 196

IX Bruchzahlen 197

1 Brüche 198
2 Brüche als Maßzahlen von Größen 201
3 Bruchteile von beliebigen Größen 204
4 Brüche am Zahlenstrahl 207
5 Vermischte Aufgaben 209
Rückspiegel 211

Lösungen zu den Rückspiegeln 212
Register 216

Hinweis

Die Kapitel des Buches sind in Lerneinheiten unterteilt.

1

Jede **Lerneinheit** beginnt mit ein bis drei **Einstiegsaufgaben**. Sie bieten die Möglichkeit, sich an das neue Thema heranzuarbeiten. Sie sind ein Angebot für den Unterricht und können neben eigenen Ideen von der Lehrerin und vom Lehrer herangezogen werden.

Im **Informationstext** werden neue mathematische Inhalte erklärt, Rechenverfahren erläutert, Gesetzmäßigkeiten plausibel gemacht. Hier kann man jederzeit nachlesen.

> Im Kasten wird das **Merkwissen** zusammengefaßt dargestellt. In der knappen Formulierung dient es wie ein Lexikon zum Nachschlagen.

Beispiele

Sie stellen die wichtigsten Aufgabentypen vor und zeigen Lösungswege. In diesem „Musterteil" können sich die Schülerinnen und Schüler beim selbständigen Lösen von Aufgaben Hilfen holen. Auf die richtige Darstellung einer Lösung wird hingewiesen. Hinweise helfen typische Fehler zu vermeiden.

Aufgaben

2 3 4 ...

Der Aufgabenteil bietet eine reichhaltige **Auswahlmöglichkeit**. Den Anfang bilden stets Routineaufgaben zum Einüben der Rechen- und Zeichenfertigkeiten. Sie sind nach Schwierigkeiten gestuft. Das Kopfrechnen und das Überschlagsrechnen kommen nicht zu kurz. Eine Fülle von Aufgaben mit Sachbezug verknüpfen nachvollziehbar Alltag und Mathematik.

> Angebote...
>
> ... von Spielen, zum Umgang mit „schönen" Zahlen und geometrischen Mustern, für Knobeleien, ...
> Kleine Exkurse am Rande der Mathematik regen zum Rätseln, Basteln und Nachdenken an. Sie können im Unterricht behandelt oder selbständig bearbeitet werden. Sie verleiten dazu, einmal im Mathematikbuch zu schmökern.

Eine übersichtliche Symbolik erleichtert der Lehrerin und dem Lehrer die Auswahl der Aufgaben und eine Differenzierung im Unterricht.

5   durchschnittlicher Schwierigkeitsgrad

6*   gehobener Schwierigkeitsgrad

7**   sehr schwierige Aufgabe

Aufgabe enthält Fehler, die gefunden werden sollen

Kleine Trainingsrunden für die Grundrechenarten

Vermischte Aufgaben

Auf diesen Seiten wird am Ende eines jeden Kapitels nochmals eine Fülle von Aufgaben angeboten. Sie greifen die neuen Inhalte in teilweise komplexerer Fragestellung auf.

Themenseiten

Hier wird die Mathematik des Kapitels unter ein Thema gestellt. Es wird ein anwendungsorientiertes Arbeiten ermöglicht und angeregt, den Unterricht einmal anders zu gestalten.

Rückspiegel

Dieser Test liefert am Ende jedes Kapitels Aufgaben, die sich in Form und Inhalt an möglichen Klassenarbeiten orientieren. Sie bieten die Möglichkeit, die wichtigsten Inhalte des Kapitels zu wiederholen. Die Lösungen befinden sich am Ende des Buchs.

I Natürliche Zahlen

Adam Riese (1492–1559)
Er wurde im Jahr der Amerikafahrt des Christoph Kolumbus in Staffelstein in der Nähe von Bamberg geboren. Mit 30 Jahren war er Rechenmeister in Erfurt, später in der sächsischen Stadt Annaberg. Er schrieb einige Rechenbücher, die weit verbreitet waren und immer wieder nachgeahmt wurden.

Woher kommen unsere Zahlen?

Unsere Ziffern verdanken wir den Indern. Die indischen Rechenkenntnisse wurden um 800 n. Chr. von arabischen Mathematikern und Kaufleuten übernommen und 300 Jahre später nach Europa gebracht. Daher stammt auch die Bezeichnung „arabische Ziffern". Aber erst nach 1500 Jahren konnte sich diese Schreibweise bei uns gegen die umständliche, aus dem alten Rom stammende Art durchsetzen. In Deutschland förderte ADAM RIESE durch sein Rechenbuch von 1522 diese Neuerung.

Indisch, um 300 v. Chr.

Indisch, um 800 n. Chr., mit der ersten Null der Welt

Arabisch, aus dem heutigen Spanien, um 1000 n. Chr.

Deutsch, 16. Jahrhundert

Von Albrecht Dürer (1471–1528) sind einige Jahreszahlen in Handschrift erhalten, die Ziffer 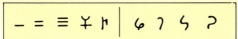 wird zur 4 (4).

Auf dem Betstuhl Eberhards von Württemberg ist in der Stiftskirche von Bad Urach die Jahreszahl 1472 zu lesen.

Wozu benutzen wir unsere Zahlen?

In vielen Situationen des täglichen Lebens benutzen wir Zahlen. Wir geben mit Zahlen eine Anzahl an, z. B. wie viele Tore geschossen wurden. Wir benutzen Zahlen, um eine Reihenfolge festzulegen, z. B. durch Startnummern oder Hausnummern. Auch beim Messen benutzen wir Zahlen; so geben wir mit Zahlen die Uhrzeit oder einen Geldbetrag an, aber auch den Weltrekord im Weitsprung.

1 Zahlenbilder und Strichlisten

1
Was erkennst du auf dem Bild, das ein Steinzeitmensch vor 20 000 Jahren in einer Höhle gemalt hat?

2
Wie viele Plättchen, wie viele Steine siehst du? Zähle geschickt.

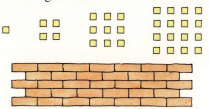

Übersichtliche Muster aus Strichen, aus Punkten, aus Plättchen oder aus anderen Figuren nennen wir Zahlenbilder. Eine besonders einfache Art ist die Strichliste.

> **Strichlisten** helfen beim Zählen.
> Damit die Liste übersichtlich ist,
> wird jeder fünfte Strich quer gesetzt. |||| |||| ||| 13

Beispiel
Im Schaukasten sind sechs Fotos vom Klassenfest ausgehängt. Die Kinder bestellen nach Nummern. Anja soll die Bestellungen in einer Strichliste sammeln. Sie weiß nun, wie oft sie die einzelnen Fotos nachbestellen muß.

Anja	1, 4, 6	Angela	3, 5, 6	Gerd	3, 4, 5
Peer	1, 2, 4, 5	Klaus	4, 6	Kai	2, 3, 6
Jutta	3, 5	Jens	4, 5, 6	Renate	3, 6
Fritz	1, 2, 3, 5	Herbert	3, 5	Gabi	1, 3, 4, 5
Orhan	3, 6	Helen	2, 6	Georg	3, 5, 6
Bircan	1, 2	Gülgün	5	Claudia	2, 4, 5
Canan	2, 3, 4	John	2, 3, 4	Sven	4, 6

Aufgaben

3
Zähle geschickt.

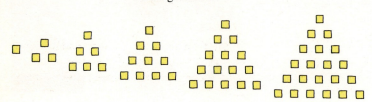

4
Wohin geht der Klassenausflug?

Tierpark					
Museum					
Bootsfahrt							
Naturpfad						
Erlebnisbad	|||| ||||

Zahlenbilder und Strichlisten

5
Welche Zahlen sind hier dargestellt?
Zeichne jeweils die zwei folgenden Zahlenbilder in der Reihe.

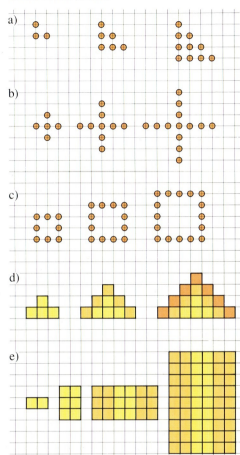

a)
b)
c)
d)
e)

7
Zeichne jeweils das nächste Bäumchen in der Reihe. Wie viele Blätter hat das übernächste Bäumchen?

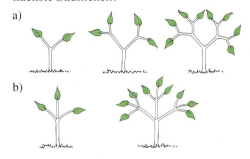

a)

b)

8
Zähle geschickt, wie viele Punkte
a) rot   b) blau   c) grün   sind.

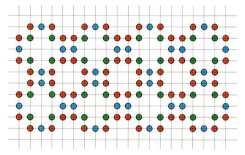

9
Wie viele Äpfel sind aufgeschichtet?

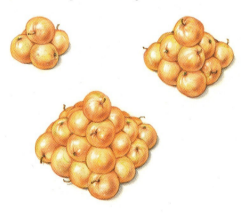

6
Zeichne die in die Reihe passenden Zahlenbilder für
a) 11, 12   b) 13, 14   c) 20   d) 30.

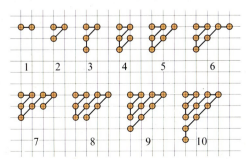

10
Würfle 60mal mit einem Würfel und schreibe die Ergebnisse in einer Strichliste auf.
Wie oft kommen die einzelnen Augenzahlen vor?

Zahlenbilder und Strichlisten

11
a) Würfle 50mal mit zwei Würfeln und bilde jedesmal die Summe der Augenzahlen. Schreibe die Ergebnisse in einer Strichliste auf. Welche Augensummen erscheinen oft, welche selten?
b) Kannst du erklären, warum so große Unterschiede in der Häufigkeit zu beobachten sind?

12
Karin und Jörg sind Schulsprecher. Sie haben im Pausenhof einige Mitschüler gefragt, welche Getränke verkauft werden sollen. Die Antworten haben sie in einer Strichliste aufgeschrieben.

	Kl. 5,6	Kl. 7,8	Kl. 9,10
nur Milchgetränke	IIII I	III	IIII IIII IIII II
Milchgetränke und Limonade	IIII IIII II	II	IIII IIII
nur Limonade	IIII IIII IIII	III	IIII

a) Welche Ergebnisse liest du ab?
b) Welchen Fehler haben Karin und Jörg bei der Befragung gemacht?
c) Befrage deine Mitschüler, was sie in der Pause trinken.

13
Jutta und Klaus waren bei der Klassensprecherwahl aufgestellt. Die Stimmen der Jungen und die Stimmen der Mädchen wurden getrennt aufgeschrieben.

	Jutta	Klaus
Jungen	IIII II	IIII
Mädchen	IIII I	IIII III

a) Wie ist die Wahl ausgegangen?
b) Wie viele Kinder sind in der Klasse, wenn jedes Kind, auch Jutta und Klaus, eine Stimme abgab?

14
In der Blindenschrift werden die Ziffern durch Tastpunkte dargestellt, die auf dem Papier zu fühlen sind.

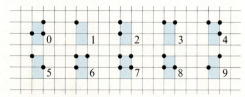

a) Lies die Zahlen.

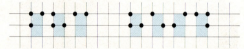

b) Schreibe die Zahlen 467, 506, 1234.

15
Für die Fahrplangestaltung und den Einsatz der Züge zählt die Bundesbahn regelmäßig, wie viele Fahrgäste auf den einzelnen Strecken unterwegs sind (Rand).
a) Wie viele Fahrgäste sitzen in den einzelnen Wagen?
b) Wie viele Personen sitzen im Speisewagen?

16
Beobachte an einer vielbefahrenen Straße eine halbe Stunde lang den Straßenverkehr. Halte dein Ergebnis in einer Strichliste fest. Fahrräder, Motorräder und Mopeds, Personenautos, Lastautos, Busse.

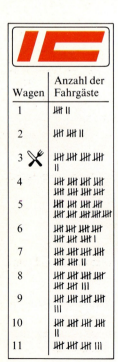

2 Anordnung und Zahlenstrahl

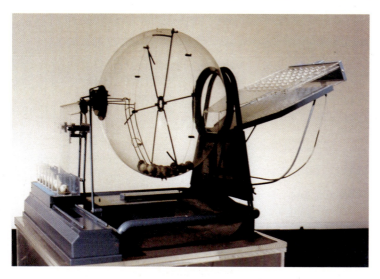

1
Schneide dir Ziffernkärtchen aus, die die Ziffern von 0 bis 9 tragen.
a) Lege sie geordnet auf den Tisch. Wo müßte eine Karte mit der Zahl 14 liegen?
b) Die Ziffernkärtchen  sollen in die richtige Reihenfolge gebracht werden. Bei jedem Zug darfst du zwei benachbarte Kärtchen vertauschen. Wie viele Züge sind notwendig?
c) Wie viele Züge sind notwendig, wenn du bei jedem Zug zwei beliebige Kärtchen austauschen darfst?

2
Im Zahlenlotto werden der Reihe nach die sechs Gewinnzahlen 17, 9, 5, 23, 37, 16 und die Zusatzzahl 14 gezogen. Für die Ansagerin werden sie der Größe nach geordnet. Die Zusatzzahl wird nicht eingeordnet. Formuliere die Aussagen.

3
Du findest die Zahlen 0, 1, 2, 3, ... oft der Größe nach geordnet. Nenne Beispiele.

Die Zahlen 0, 1, 2, 3, ... haben eine besondere Bedeutung. Sie heißen **natürliche Zahlen**.

Die **Menge der natürlichen Zahlen** wird mit $\mathbb{N}$ bezeichnet.
$\mathbb{N} = \{0, 1, 2, 3, \ldots\}$

Die natürlichen Zahlen reihen wir am **Zahlenstrahl** auf.

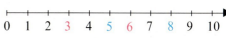

Der Zahlenstrahl zeigt:
$3 < 6$, lies: „3 ist kleiner als 6"
$8 > 5$, lies: „8 ist größer als 5"

Beispiele
a) Die Zahlen 17, 34, 23, 9, 58, 29 können wir nach aufsteigender Größe in einer Kette ordnen:
Wir beginnen mit der kleinsten Zahl: $9 < 17 < 23 < 29 < 34 < 58$.
Man kann sie auch der absteigenden Größe nach ordnen.
Wir beginnen mit der größten Zahl: $58 > 34 > 29 > 23 > 17 > 9$.

Bemerkung: Eine natürliche Zahl hat direkt vor sich eine Zahl und direkt hinter sich eine Zahl. Wir nennen diese **Vorgänger** und **Nachfolger**.

b) Die Zahl 36 hat als Vorgänger die Zahl 35 und als Nachfolger die Zahl 37.
c) Die Null hat keinen Vorgänger in der Menge $\mathbb{N}$.

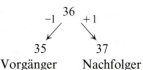

Anordnung und Zahlenstrahl

Aufgaben

4
Lies die Zahlen ab.

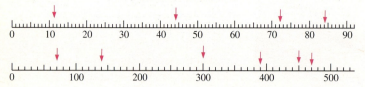

5
Zeichne viermal einen geeigneten Ausschnitt aus dem Zahlenstrahl und trage die Zahlen ein.
a) 0 bis 20   b) 96 bis 108   c) 594 bis 612
d) 497, 499, 512, 534, 567, 581

6
Zeichne einen Zahlenstrahl und kennzeichne alle Zahlen, die
a) kleiner als 13 sind,
b) größer als 4 und kleiner als 12 sind,
c) kleiner als 15 und gerade sind,
d) zwischen 300 und 350 liegen.

7
Setze eines der Zeichen < oder > ein:
a) 12 □ 14   b) 15 □ 9   c) 21 □ 52
   34 □ 43   16 □ 55   32 □ 21
    0 □ 2   17 □ 0   111 □ 99

8
Wie viele natürliche Zahlen liegen zwischen
a) 6 und 10   b) 12 und 19
c) 15 und 27 d) 21 und 31
e) 22 und 33 f) 34 und 35?

9
Ordne die Zahlen nach abnehmender Größe in einer Kette ... > ... > ... > ....
a) 34, 22, 12, 67, 55, 9
b) 230, 480, 256, 319, 198, 475
c) 485, 854, 584, 845, 548, 458

10
Petra hat sich die Geburtstage ihrer Freundinnen und Freunde notiert.
In welcher Reihenfolge werden die Geburtstage im Laufe eines Jahres gefeiert?

Jutta	11.7.
Lars	6.3.
Marcus	5.12.
Steffen	18.3.
Yvonne	25.6.
Simone	1.6.
Peer	17.4.
Anton	1.3.
Barbara	29.2.
Frank	28.2.

11
Welche Zahlen kannst du einsetzen?
a) 417 < ... < 421 < ... < 425
b) 683 < ... < 685 < ... < 691
c) 753 < ... < 756 < ... < 760

12
Schätze das Körpergewicht der abgebildeten Tiere und ordne sie nach ihrem Gewicht.

13
Wer ist am schwersten?
Ute ist schwerer als Peter.
Carlo ist schwerer als Jutta.
Ute ist leichter als Jutta.
Peter ist leichter als Ute.

14
Nenne den Vorgänger von
a) 8, 15, 29, 67, 99, 163, 555, 821, 901
b) 10, 30, 100, 700, 790, 1001, 1000
c) 5789, 6666, 10 000, 19 000, 47 999.

15
Nenne den Nachfolger von
a) 4, 16, 23, 57, 97, 145, 666, 998
b) 9, 49, 99, 489, 699, 999, 1999
c) 1390, 2499, 12 999, 34 899, 99 999.

16
Nenne den Nachfolger und den Vorgänger.
a) 27, 5, 38, 178, 222, 864, 523, 777
b) 9, 99, 200, 599, 710, 999, 1000, 1110
c) 3689, 4980, 18 940, 21 700, 199 999

3 Zehnersystem

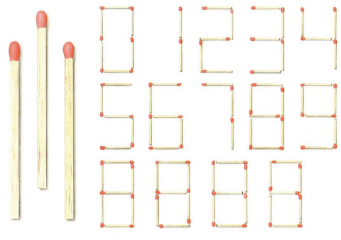

1 Mit Streichhölzern kannst du Ziffernbilder legen.
Welches ist die größte Zahl, die du aus 8888 durch Umlegen von vier Streichhölzern erhalten kannst?

2

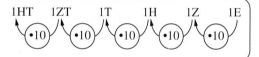

Warum vermeidet es der Händler, auf die Preise 1 Pf aufzuschlagen?

Im **Zehnersystem** geben die Ziffern, von rechts nach links gelesen, die Anzahl der Einer, Zehner, Hunderter, Tausender usw. an, aus denen die Zahl zusammengesetzt ist.

Der Wert einer Ziffer hängt von ihrer Stellung in der Zahl ab:
1 2 3 4 = 1T 2H 3Z 4E
1 3 2 4 = 1T 3H 2Z 4E
Man spricht deshalb von einem **Stellenwertsystem.**

Stellenwerttafel

ZT	T	H	Z	E
1	3	7	8	5

13785 = 1 ZT 3T 7H 8Z 5E

Im Zehnersystem vervielfacht sich der Stellenwert von rechts nach links mit der Zahl 10.

Beispiele
a) Auf manchen Formularen muß eine Zahl in Buchstaben angegeben werden, z. B. auf einem Scheck:

Bemerkung: In der deutschen Sprache werden in Buchstaben geschriebene Zahlen unter einer Million klein und in einem Wort geschrieben.
b)   2 076: zweitausendsechsundsiebzig
    34 502: vierunddreißigtausendfünfhundertzwei
   105 612: einhundertfünftausendsechshundertzwölf

Aufgaben

3
Schreibe in Worten.
a) 439   b) 3 762   c) 9 999
d) 94 876   e) 70 580   f) 70 056

4
Schreibe mit Ziffern.
a) viertausendzweihundertelf
b) zwanzigtausendfünfundvierzig

Zehnersystem

5
In der Liste sind die Längen der Verkehrsnetze in der Bundesrepublik Deutschland angegeben.
Lies die Zahlenangaben.

Straßen:
Autobahnen	8 822 km
Bundesstraßen	31 063 km
Landstraßen	63 299 km
Gemeindestraßen	320 000 km

Schienen:
Streckenlänge	29 848 km
Gleislänge	65 538 km

Wasserwege:
Flüsse	4 511 km
Kanäle	1 463 km

6
Schreibe mit Ziffern.
a) sechstausenddreihundertvierundsiebzig
b) fünftausendsiebenhundertdrei
c) neunzehntausendachtundfünfzig
d) zwölftausenddreihundertzwanzig
e) vierzehntausendvierzehn

7
Schreibe in Worten.
a) 303 b) 333 c) 330
d) 1 234 e) 54 321 f) 98 765

8
Schreibe nur mit Ziffern.
a) 5T 7H 6Z 4E   b) 4ZT 6T 8H 3Z 2E
c) 9ZT 4H 3E   d) 1ZT 1T 1Z
e) 7T 8H 3E   f) 6ZT 4T 3Z 1E
g) 6ZT 4H 9E   h) 5T 5H 5Z 5E

9
Gib die um 1 kleinere und die um 1 größere Zahl an.
a) 4 200   b) 52 999   c) 30 100
d) 10 099   e) 87 000   f) 39 999
g) 19 199   h) 90 909   i) 11 000
k) 127 999 l) 100 200 m) 430 099

10
Gib die um 10 kleinere und die um 100 größere Zahl an.
a) 532   b) 365   c) 689
d) 7 643   e) 6 304   f) 8 956

11
Gib die 10mal und die 100mal größere Zahl an.
a) 432   b) 546   c) 783
d) 5 460   e) 3 400   f) 7 000
g) 3 712   h) 5 617   i) 8 293

12
Ordne die Zahlen nach aufsteigender Größe in einer Kette.
a) 653, 647, 700, 698, 799, 655, 801
b) 101, 245, 538, 92, 724, 1 010, 278
c) 4 537, 5 449, 4 737, 4 638, 5 012, 4 997
d) 43 756, 46 583, 53 657, 45 392, 56 494

13
Ordne die Zahlen.
a) 999, 989, 899, 888, 898, 889, 998
b) 1 101, 1 001, 1 011, 1 110, 1 100, 1 010
c) 5 656, 6 565, 5 666, 6 655, 5 665, 5 566
d) 7 447, 4 774, 4 477, 7 474, 4 744, 7 747

14
Welche Ziffern kannst du einsetzen? Manchmal hast du mehrere Möglichkeiten.
a) 5 678 < 5 □ 43   b) 3 □ 5 < 312 < 31 □
c) □ 36 < 248 < 24 □ < 2 □ 9 < □ 04

15
21. September 1993

a) Lies das Datum. Was fällt dir bei der Sprechweise der Jahreszahl auf?
b) Schreibe die Angaben mit Ziffern:
achtzehnhundert
achtzehnhundertachtzehn
achtzehnhundertacht.

16*
Welches ist die kleinste und welches die größte Zahl, in der jede der Ziffern
a) 3, 9, 7, 6, 8   b) 3, 8, 6, 0, 4
je einmal vorkommt? Was fällt dir an der Reihenfolge der Ziffern auf?

17**
Hier haben sich einige Fehler eingeschlichen. Wie lauten die Zahlen richtig?
a) 1T 31H 21Z 11E   b) 9T 9H 9Z 10E
c) 3T 33H 33E   d) 3T 13H 13Z 14E

Zehnersystem

18
Lege die Zahlenkärtchen

so in eine Reihe, daß sie zusammen gelesen
a) eine möglichst kleine
b) eine möglichst große
siebenstellige Zahl bilden.

19
Vertausche Schritt für Schritt benachbarte Ziffern der Zahl
  4 5 6 9 3 4
so, daß immer größere Zahlen entstehen. Notiere diese Zahlen.

20
Schreibe alle dreistelligen Zahlen auf, in denen die Ziffern 1, 2 und 3 je einmal vorkommen. Ordne sie dann nach absteigender Größe.

21
Wie oft müßtest du die Ziffer 3 schreiben, wenn du alle Zahlen von 300 bis 400 aufschreiben solltest?

22*
Die Zahl 524 hat die Ziffernsumme (Quersumme) 11, denn 5 + 2 + 4 = 11.
a) Wie heißt die kleinste dreistellige Zahl mit der Ziffernsumme 11?
b) Wie heißt die größte dreistellige Zahl mit der Ziffernsumme 13?
c) Schreibe alle dreistelligen Zahlen auf, die die Ziffernsumme 4 haben.

23
Große Zahlen würfeln.

Ein Würfel wird nacheinander viermal geworfen. Nach jedem Wurf mußt du dich entscheiden, auf welche Stelle die Augenzahl gesetzt werden soll.

Zahlen auf dem Linienbrett

Das Bild aus dem Jahre 1503 zeigt zwei Rechenmeister bei der Arbeit. Der Rechenmeister am Linienbrett sieht vor sich links vom Teilungsstrich die Zahl 1 241. Rechts davon hat er die Zahl 82 gelegt, da der Stein zwischen den Linien für 5 Zehner steht.

Beispiel: Auf dem Linienbrett sind 3H, 10Z, 12E aufgelegt. Aus 12E werden 1Z 2E. Dann sind es 11Z, also 1H 1Z. Im Zehnersystem ergibt sich damit die Zahl 412.

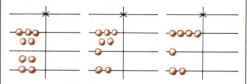

Zeichne Linienbretter mit den Zahlen
a) 1 234   b) 4 425   c) 5 348
d) 666   e) 567   f) 4 569.

Welche Zahlen mit höchstens vier Stellen kannst du auf dem Linienbrett legen, wenn du immer zwei Steinchen benutzt? Im Bild siehst du Beispiele.

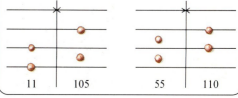

4 Große Zahlen

1
Versuche die Zahlen im Text zu lesen.
An einem bestimmten Tag waren Münzen und Geldscheine im Wert von 124 092 404 924,61 DM im Umlauf. In Pfennigstücken aufgestapelt wäre dies ein etwa 17 000 000 km hoher und 25 000 000 t schwerer Turm.

2
Ute spielt mit dem Taschenrechner. Sie addiert zur Zahl im Fenster die Zahl 1. Wie viele Ziffern ändern sich?

Im Zehnersystem können wir beliebig große Zahlen darstellen. Jeder Stellenwert geht durch Vervielfachen mit 10 in den nächstgrößeren Stellenwert über.
Nach je drei Schritten, also nach Vervielfachen mit 1 000, erhalten wir einen Stellenwert mit eigenem Namen.

Billionen ...	Milliarden			Millionen			Tausender					
	B	HMd	ZMd	Md	HM	ZM	M	HT	ZT	T	H	Z	E
	3	5	3	0	7	7	4	3	1	0	0	6	4

1 Million   = 1 000 Tausender =   1 000 000
1 Milliarde = 1 000 Millionen =   1 000 000 000
1 Billion   = 1 000 Milliarden = 1 000 000 000 000

Bemerkung: a) Achte beim Sprechen und Schreiben großer Zahlen stets auf die Nullen. Große Zahlen kannst du leichter lesen, wenn du die Ziffern von rechts her in Dreierblöcke einteilst: Schreibe also nicht 9847652, sondern 9 847 652.
b) Auch über die Billion hinaus gibt es noch weitere Namen. So ist z. B. 1 Quintillion eine Zahl mit einer Eins und 30 Nullen.

Beispiele
a) Wir lesen große Zahlen:

in Ziffern	in Worten
9 864 543 209	neun Milliarden achthundertvierundsechzig Millionen fünfhundertdreiundvierzigtausendzweihundertneun
33 003 300 300	dreiunddreißig Milliarden drei Millionen dreihunderttausenddreihundert
700 620 405 012	siebenhundert Milliarden sechshundertzwanzig Millionen vierhundertfünftausendzwölf

> In den USA heißt 1 Milliarde: 1 billion.

b) Die Zahlen 2 678 632 412, 446 674 975, 2 678 711 100, 99 999 999, 4 466 749 750, 100 000 000 ergeben der Größe nach geordnet die Kette
99 999 999 < 100 000 000 < 446 674 975 < 2 678 632 412 < 2 678 711 100 < 4 466 749 750.

Große Zahlen

Aufgaben

3
Lies die Zahlen.
a) 2 567 984   b) 34 576 610
c) 10 780 401   d) 21 010 218
e) 7 700 007   f) 123 321 213
g) 100 001 010   h) 1 011 101
i) 200 300 400 500   k) 200 030 004 050
l) 107 076 067 404   m) 660 606 066 006

4
Schreibe in Ziffern.
a) siebenundzwanzig Millionen dreihundertneunundzwanzigtausendsiebenhundertzwölf
b) dreihundertneunzehn Millionen vierhundertdreitausendeinhundertelf
c) dreißig Millionen dreitausenddreihundert
d) zwanzig Milliarden zwei Millionen zweihunderttausendzwei

5
Wie heißt die Zahl, die als Eins mit
a) 6   b) 8   c) 5   d) 10   e) 11
angehängten Nullen geschrieben wird?

6
Nenne jeweils den Nachfolger.
a) 3 452 499   b) 32 999 999
c) 59 989 999   d) 899 999 999

7
Nenne jeweils den Vorgänger und den Nachfolger.
a) 500 000   b) 790 901
c) 1 014 900   d) 6 912 000

8
Wie mußt du die Zahlenkärtchen

nebeneinanderlegen, damit
a) eine möglichst große
b) eine möglichst kleine
zehnstellige Zahl entsteht?

9
Lies die großen Zahlen:
a) Zu Weihnachten haben die Bundesbürger etwa 22 000 000 000 DM für Geschenke ausgegeben.
b) An einem bestimmten Tag waren Münzen im Wert von etwa 8 400 000 000 DM im Umlauf. Darunter waren etwa 10 360 000 000 Pfennigstücke.
c) Die Entfernung zwischen der Erde und der Sonne beträgt etwa 150 000 000 km. Die Erde bewegt sich mit einer Geschwindigkeit von 107 000 km pro Stunde. Ihre Bahn um die Sonne ist 936 000 000 km lang.
d) Das Licht legt in einem Jahr etwa 9 460 000 000 000 km zurück.

10
Manche Fische legen sehr viele Eier ins Wasser ab. Ordne nach aufsteigender Anzahl:
Karpfen 700 000   Steinbutt 9 000 000
Hering 30 000   Stör 6 000 000
Kabeljau 6 500 000   Zander 500 000

11

Welches ist
a) die größte   b) die kleinste
Zahl, die du mit 19 Streichhölzern legen kannst?

5 Zehnerpotenzen

Die Planeten im Sonnensystem
Durchschnittliche Entfernung von der Sonne in Millionen km

Planet	km
Merkur	58
Venus	108
Erde	150
Mars	228
Jupiter	778
Saturn	1428
Uranus	2873
Neptun	4502
Pluto	5917

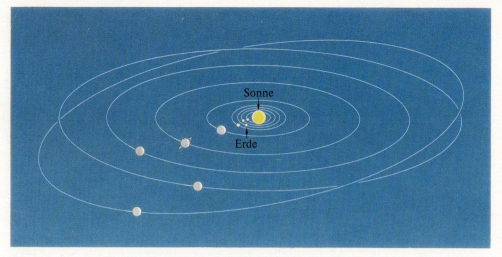

1
Die Erde ist 150 000 000 km von der Sonne entfernt.
a) Wie weit ist der Merkur von der Sonne entfernt?
b) Welcher Planet ist am weitesten von der Sonne entfernt? Gib die Kilometerentfernung an.
c) Wie heißen unsere Nachbarplaneten?

2
Der Abstand des Uranus von der Sonne beträgt ungefähr 2 900 000 000 km.
a) Zähle die Nullen.
b) Kannst du dir die Schreibweise $29 \cdot 10^8$ km erklären?
c) Schreibe auch die Entfernung der Venus zur Sonne in dieser Schreibweise.

Große Zahlen im Zehnersystem kann man mit den **Zehnerpotenzen** schreiben.

Für die Stufenzahlen 10, 100, 1000 usw. kann man 10^1, 10^2, 10^3 usw. schreiben:
$10 = 10^1$, $100 = 10^2$, $1\,000 = 10^3$, $10\,000 = 10^4$ usw.
$10^1, 10^2, 10^3, \ldots$ nennt man **Zehnerpotenzen**.
Die Zehnerpotenz besitzt die **Grundzahl** 10 und eine **Hochzahl**.
Die Hochzahl gibt an, wie oft die 10 mit sich selbst multipliziert wird.

$$10^4 \quad \text{Hochzahl (Exponent)}$$
$$\text{Grundzahl (Basis)}$$

$10^4 = 10 \cdot 10 \cdot 10 \cdot 10 = 10\,000$ lies: 10 hoch 4.

Beachte: $10^0 = 1$

Beispiele
a) $10^3 = 1\,000$, $10^6 = 1\,000\,000$
b) $7 \cdot 10^1 = 70$, $19 \cdot 10^3 = 19\,000$, $138 \cdot 10^4 = 1\,380\,000$
c) Große Zahlen findet man oft auch in dieser Schreibweise: 5 Mio., 17 Mio.
  $\quad$ 9 Mio. = 9 000 000 = $9 \cdot 10^6$
  $\quad$ 18 Mio. = 18 000 000 = $18 \cdot 10^6$
  $\quad$ 3,7 Mio. = 3 700 000 = $3,7 \cdot 10^6$

Zehnerpotenzen

Bemerkung: Du kannst die Zehnerpotenz auch in der Stellentafel wiederfinden:

Billionen		Milliarden			Millionen			Tausender					
ZB	B	HMd	ZMd	Md	HM	ZM	M	HT	ZT	T	H	Z	E
10^{13}	10^{12}	10^{11}	10^{10}	10^9	10^8	10^7	10^6	10^5	10^4	10^3	10^2	10^1	10^0
	3	4	5	0	0	0	0	0	0	0	0	0	0
			7	3	5	4	0	0	0	0	0	0	0

d) $3 \cdot 10^{12} + 4 \cdot 10^{11} + 5 \cdot 10^{10} = 3\,450\,000\,000\,000$
$7 \cdot 10^{10} + 3 \cdot 10^9 + 5 \cdot 10^8 + 4 \cdot 10^7 = 73\,540\,000\,000$

Aufgaben

3
a) Zeichne die Stellenwerttafel und trage die Entfernungen der Planeten von der Sonne in die Tafel ein.
b) Ordne die Entfernungen der Größe nach.

4
Schreibe ausführlich.
a) $10^0, 10^1, 10^2, 10^3, 10^5, 10^8, 10^{10}, 10^{11}$
b) $3 \cdot 10^0, 5 \cdot 10^1, 8 \cdot 10^3, 8 \cdot 10^5, 4 \cdot 10^8, 1 \cdot 10^{11}$
c) $12 \cdot 10^1, 38 \cdot 10^3, 34 \cdot 10^4, 99 \cdot 10^8, 67 \cdot 10^{10}$
d) $145 \cdot 10^5, 698 \cdot 10^0, 5678 \cdot 10^1, 28977 \cdot 10^{10}$

5
Schreibe mit Hilfe der Zehnerpotenz.
a) 10, 30, 40, 90, 80, 100
b) 300, 400, 500, 700, 800, 900
c) 5 000 000, 60 000 000, 80 000, 2 000, 90 000 000
d) 17 000, 2 500 000, 39 000 000, 5 300, 99 000

6
Schreibe mit Hilfe der Zehnerpotenz.
a) Lichtgeschwindigkeit: 300 000 000 m/s
b) Schallgeschwindigkeit: 330 m/s
c) Erdumfang: 40 000 km
d) Erdmasse:
 5 977 000 000 000 000 000 000 000 kg

7
300 000 km legt das Licht in 1 Sekunde zurück. Wieviel km sind das in 1 Minute? Schreibe mit Hilfe der Zehnerpotenz.

8
Schreibe die Bevölkerungszahlen aus.
a) Europa 707 Mio. Einwohner
b) Spanien 39 Mio. Einwohner
c) Asien 3 128 Mio. Einwohner
d) Welt 5 202 Mio. Einwohner
e) Bundesrepublik 78,4 Mio. Einwohner

9
Schreibe ohne Zehnerpotenzen. Benutze die Stellenwertafel.
a) $5 \cdot 10^1 + 3 \cdot 10^0$ b) $8 \cdot 10^2 + 3 \cdot 10^1$
c) $7 \cdot 10^5 + 4 \cdot 10^0$ d) $3 \cdot 10^6 + 9 \cdot 10^3$
e) $6 \cdot 10^8 + 7 \cdot 10^5 + 4 \cdot 10^4$ f) $7 \cdot 10^9 + 2 \cdot 10^0$

10*
Schreibe ohne Zehnerpotenzen.
a) $7 \cdot 10^2 + 5 \cdot 10^1$
b) $9 \cdot 10^1 + 3 \cdot 10^0$
c) $5 \cdot 10^9 + 3 \cdot 10^8 + 4 \cdot 10^7$
d) $8 \cdot 10^5 + 8 \cdot 10^3 + 8 \cdot 10^0$
e) $4 \cdot 10^{10} + 5 \cdot 10^8 + 9 \cdot 10^7 + 3 \cdot 10^1 + 5 \cdot 10^0$

11*
Schreibe die Zahlen mit Zehnerpotenzen. Die Stellenwerttafel hilft dir.
a) 30 b) 45 c) 120
d) 200 e) 220 f) 345
g) 3630 h) 4798 i) 38 000
j) 54 900 k) 76 780 l) 111 111

12*
Schreibe die Zahlen $5 \cdot 10^3$ und $11 \cdot 10^4$ aus und multipliziere die Zahlen. Hättest du das Ergebnis schneller finden können?

6 Runden und Darstellen

1
Im Jahr 1992 besuchten in Brandenburg 10 682 Personen das Heimatmuseum, 53 406 das Theater, 164 389 das Volksbad und 20 207 die Sauna.
Warum stehen im Fremdenverkehrsprospekt etwas andere Zahlen? Wie müssen die fehlenden Zahlen heißen?

Besucherzahlen 1992			
Museum:	11 000	Theater:	53 000
Volksbad:	?	Sauna:	?

Zahlen mit vielen Ziffern werden im Alltag oft **gerundet**, damit man sie leichter vergleichen oder sich besser merken kann.

Man kann auf Zehner, Hunderter, Tausender usw. runden:

	76 392
gerundet auf Zehner	76 390
Hunderter	76 400
Tausender	76 000
Zehntausender	80 000

Ist die Zahl 350 auf die nächste Hunderterzahl zu runden, so gibt es zwei Möglichkeiten, nämlich 300 und 400. Man hat vereinbart, nach oben zu runden, also auf 400.

> Die Ziffer an der Rundungsstelle bleibt unverändert,
> wenn eine der Ziffern 0, 1, 2, 3 oder 4 folgt.
> Die Ziffer an der Rundungsstelle wird um 1 erhöht,
> wenn eine der Ziffern 5, 6, 7, 8 oder 9 folgt.

Beispiele
a) Die Zahl 463 275 soll auf Zehner, Hunderter usw. gerundet werden:
   Zehner: 463 275 ≈ 463 280,   (lies: ungefähr gleich)
   Hunderter: 463 275 ≈ 463 300
   . . .
   Hunderttausender: 463 275 ≈ 500 000

b) 69 632 ergibt auf Tausender gerundet: 69 632 ≈ 70 000
   199 941 ergibt auf Tausender gerundet: 199 941 ≈ 200 000

Bemerkung: Kommen in einer Zahl Neuner vor, so mußt du besonders aufpassen.

Runden und Darstellen

c) Die längsten Flüsse der Erde:

Amazonas (Südamerika)	6 513 km	≈ 6 500 km
Nil (Afrika)	6 324 km	≈ 6 300 km
Mississippi (Nordamerika)	6 051 km	≈ 6 100 km
Jangtsekiang (Asien)	5 632 km	≈ 5 600 km
Wolga (Europa)	3 694 km	≈ 3 700 km
Donau (Europa)	2 850 km	≈ 2 900 km
Murray (Australien)	2 570 km	≈ 2 600 km
Rhein (Europa)	1 360 km	≈ 1 400 km

Die Längen der großen Flüsse sind in einem **Stabdiagramm** dargestellt. Die Längen werden zunächst auf 100 km gerundet. Die Flüsse werden nun als verschieden lange Stäbe dargestellt; für je 100 km wird 1 mm gezeichnet.

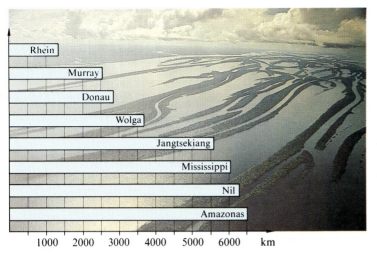

Aufgaben

2
Runde auf Zehner, auf Hunderter und auf Tausender.

a) 3 244
    8 756
    1 111
d) 5 998
    46 237
    74 642

b) 7 362
    1 906
    9 876
e) 5 999
    34 892
    81 945

c) 4 296
    3 805
    4 278
f) 9 999
    87 463
    63 670

3
Runde auf Tausender, auf Zehntausender und auf Hunderttausender.

a) 147 432   b) 932 238   c) 140 894
d) 907 654   e) 780 505   f) 320 542
g) 4 894 567   h) 2 867 593   i) 3 789 959

4
Runde auf Millionen.

a) 23 476 983   b) 2 876 043
c) 67 823 012   d) 5 768 439
e) 98 760 123   f) 4 532 822
g) 289 099 594   h) 25 400 992
i) 354 920 121   k) 23 875 434

5
Runde die Zahl 6 482 519 073 auf Zehner, auf Hunderter, ..., auf hundert Millionen und auf Milliarden.

6
Auf DM gerundet: 56,73 DM ≈ 57 DM.
Runde ebenso:
a) 35,45 DM   b) 47,69 DM   c) 19,94 DM
d) 122,49 DM   e) 5,51 DM   f) 100,50 DM
g) 1,78 DM   h) 1982,09 DM   i) 99,50 DM
k) 53,27 DM   l) 497,63 DM   m) 765,91 DM

7
Eva geht einkaufen. Sie kauft Käse für 5,25 DM, Brot für 1,80 DM, Rosinen für 1,98 DM und Obst für 4,83 DM.
a) Runde die Preise.
b) Berechne den gerundeten Endpreis.
c) Wieviel DM wird Eva mitnehmen?

8*
Eine Waffel kostet 42 Pf. Kai besitzt 2 DM. Runde den Waffelpreis und überlege dir, wie viele Waffeln er kaufen kann.

9
Die Besucherzahl einer Kunstausstellung wurde mit 24 700 angegeben. Die Zahl wurde auf Hunderter gerundet.
a) Wie könnte die wirkliche Besucherzahl gewesen sein? Nenne drei Möglichkeiten.
b) Nenne die kleinste und die größte mögliche Besucherzahl.

Runden und Darstellen

10
Im vollen Gefäß sind 1000 Perlen. Wie viele Perlen sind in den anderen Gefäßen? Schätze.

11
Die Höhen der Berge sind in einem Blockdiagramm dargestellt. Lies sie auf 100 m genau ab und schreibe sie in einer Tabelle auf.

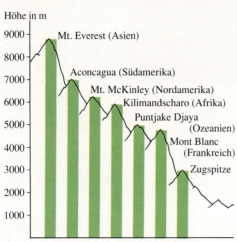

12
An einem Spieltag der Fußball-Bundesliga gaben die Kassierer der Vereine folgende Zuschauerzahlen bekannt.

Dresden 17 012   Rostock 6 525
München 43 610   Berlin 8 777
Kaiserslautern 15 632 Jena 5 623
Nürnberg 33 561   Chemnitz 4 018.

a) In der Zeitung wird eine Liste abgedruckt, in der die Zuschauerzahlen auf Hunderter gerundet und der Größe nach geordnet sind. Stelle die Liste auf.
b) Runde die Zuschauerzahlen auf Tausender.

13
Runde die Einwohnerzahlen auf Hunderttausender und zeichne ein Bilddiagramm:

Hannover   497 200   Potsdam   139 700
Braunschweig 252 900   Cottbus   125 800
Wolfsburg   125 400   Luckenwalde   33 200
Delmenhorst   72 600   Magdeburg   287 800
(Zeichne für 100 000 Einwohner 1 Figur.)

14
Die Riesen im Pflanzenreich.
Stelle die Höhen der Bäume in einem Blockdiagramm dar:

Eiche 50 m   Eukalyptusbaum 155 m
Tanne 75 m   Mammutbaum   117 m
(Hinweis: Zeichne für 1 m Höhe 1 mm)

15
In der Tabelle findest du das Höchstalter einiger Tiere:

Hummer 45 Jahre   Frosch 20 Jahre
Uhu   65 Jahre   Esel   100 Jahre
Gorilla 60 Jahre   Löwe   30 Jahre

a) Stelle das Alter der Tiere in einem Stabdiagramm dar. (1 Jahr entspricht 1 mm.)
b) Wie lang müßten im Diagramm von a) die Stäbe für den Apfelbaum (200 Jahre), die Kiefer (500 Jahre) und den Mammutbaum (4000 Jahre) sein?

16
In der Tabelle findest du Geschwindigkeiten, die Lebewesen erreichen können:

Delphin   45 km/h   Eisbär   65 km/h
Elefant   40 km/h   Gepard   120 km/h
Wanderfalke 290 km/h Mensch   40 km/h

Stelle die Angaben in einem Blockdiagramm dar.

17
Pflanzen wachsen unterschiedlich schnell:
Banane 160 cm/Tag   Bambus   57 cm/Tag
Spargel 11 cm/Tag   Tintling 31 cm/Tag
                      (Pilz)
Die meisten anderen Pflanzen wachsen weniger als 1 cm am Tag.
Stelle die Angaben in einem Stabdiagramm dar.

7 Vermischte Aufgaben

1
Für welche Zahlen stehen die Bilder? Zeichne weiter.

a)

b)

c)

2
Flip, der Zahlenstrahlfloh, macht große Sprünge. Nenne seine Landeplätze.

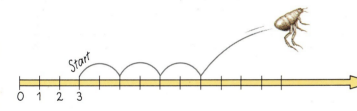

a) Start: 13; 5er Sprünge
b) Start: 21; 7er Sprünge
c) Start: 9; 8er Sprünge

3
Bestimme die um 1 größere und die um 10 kleinere Zahl.
a) 679   b) 408   c) 7 235
d) 2 499   e) 5 008   f) 21 111
g) 9 999   h) 47 000   i) 123 456

4
Ordne die Zahlen in einer Kette an.
a) 110 011, 101 010, 111 000, 110 101, 100 111, 111 001, 100 001, 100 011
b) 733 737, 773 377, 737 777, 773 737, 773 337, 737 737, 773 773, 733 337

5
Ordne die Schülerinnen und Schüler nach dem Alter. Beginne mit der jüngsten Schülerin bzw. dem jüngsten Schüler.

Vorname	Nachname	Geburtsdatum
Uwe	Meyer	6. 5. 1980
Klaus	Schmitt	11. 1. 1981
Sabine	Bender	27. 11. 1980
Heike	Lang	1. 2. 1981
Gert	Faller	17. 5. 1981
Peter	Huber	13. 12. 1980
Inge	Tamm	1. 11. 1980
Bernd	Zacharias	10. 3. 1981
Petra	Schneider	9. 4. 1981

6
Ergänze jeweils nach links und rechts um je 2 Zahlen.
a) ..., 21, 28, 35, 42, ...
b) ..., 67, 86, 105, 124, ...
c) ..., 10, 18, 13, 21, 16, ...
d) ..., 2345, 2235, 2125, 2015, ...

7*
Unter den Hütchen 1, 3, 7, 15, 31 waren Bonbons versteckt. Unter welchen Hütchen verbergen sich die beiden letzten Bonbons?

8
Schreibe die Zahlen ausführlich ohne Zehnerpotenzen.
a) $5 \cdot 10^2$ b) $17 \cdot 10^4$ c) $103 \cdot 10^6$
d) 4 Mio.   e) 31 Mio.   f) 6,5 Mio.

9
a) Runde auf Hunderter:
99, 105, 95, 149, 52, 240, 150.
b) Runde auf Tausender:
997, 1 015, 1 480, 499, 1 501, 1 500.

10
In der Tabelle sind die Einwohnerzahlen einiger europäischer Länder angegeben. Runde die Angaben auf Millionen und ordne sie dann der Größe nach.

Belgien	9 856 000 Einwohner
Frankreich	54 438 000 Einwohner
Großbritannien	55 782 000 Einwohner
Irland	3 534 000 Einwohner
Niederlande	14 362 000 Einwohner

Vermischte Aufgaben

11
Das Runden von Zahlen können wir auch in einem Diagramm darstellen.

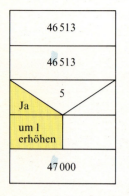

Runde ebenso auf Tausender.
a) 24 890   b) 46 138   c) 59 617

12
Runde wie in Aufgabe 9 auf Zehntausender.
a) 416 321   b) 553 217   c) 798 540

13
Die Tabelle nennt die Höhen einiger Vulkane. Stelle die Angaben in einem Blockdiagramm dar.

Ätna (Italien)	3340 m
Cotopaxi (Ecuador, Südamerika)	5897 m
Vesuv (Italien)	1277 m
Fudschijama (Japan)	3776 m
Kilimandscharo (Tansania, Afrika)	5895 m
Mauna Loa (Hawaii)	4170 m

(Hinweis: Runde auf Hunderter und zeichne für 100 m im Diagramm 1 mm.)

14
Erkundige dich, ob deine Mitschülerinnen und Mitschüler Haustiere besitzen.
a) Führe die Haustierarten auf und stelle die Anzahl durch eine Strichliste fest.
b) Zeichne dazu ein Stabdiagramm.

15*
Wann wurde das Tor erbaut?

16*
a) Schreibe dein Geburtsdatum mit römischen Zahlzeichen.
b) Schreibe das heutige Datum mit römischen Zahlzeichen.

Streichholzscherze

Wenn du ein einziges Streichholz umlegst, wird die falsche Rechnung richtig.

II + II = II   VIII − I = VIII

VI + I = V   V + X = X

III − V = II   XI + I = X

Die Rechnung bleibt richtig, auch wenn du ein Streichholz umlegst.

XV + I = XVI

Vermischte Aufgaben

17*
a) Wann wurde das Haus erbaut?
b) Schreibe die Jahreszahl der Renovierung mit römischen Zahlzeichen.

18*
Welche Entfernungen liest du von dem Meilenstein ab, der vor etwa 2000 Jahren an einer römischen Landstraße stand?

Was bedeutet wohl die altrömische Schreibweise XXC?

19*
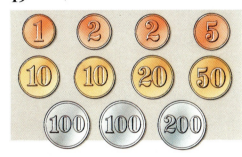

a) Welche Beträge kannst du mit den 11 Geldstücken zusammenstellen?
b) Könnte man solche Münzen herstellen, daß sich alle Beträge aus a) mit weniger als 11 Münzen zusammenstellen ließen?

20*
a) Eine Bakterienart vervierfacht ihre Anzahl von Stunde zu Stunde. Gib die Anzahl der Bakterien jeweils für die nächsten 4 Stunden an, wenn zu Beginn 2 Bakterien vorhanden sind.
b) Eine andere Bakterienart verdoppelt ihre Anzahl alle 20 Minuten. Wie viele Bakterien findet man nach 2 Stunden, wenn zu Beginn eine Bakterie vorhanden ist?
c) Nach welcher Zeit haben beide Bakterienarten die gleiche Anzahl? Nenne zwei Beispiele.

Zahlzeichen in Babylon
Zahlzeichen gibt es schon seit 5000 Jahren. Die ältesten sind auf Tontafeln zu finden, die im Land zwischen den Flüssen Euphrat und Tigris ausgegraben wurden. Es gab sogar mehrere Zahlsysteme.

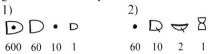

Welche Zahlen sind hier geschrieben?

Schreibe im ersten System: 13, 72, 743
Schreibe im zweiten System: 6, 9, 54, 95

Etwas jünger sind in Keilschrift geschriebene Zeichen.

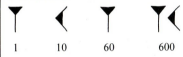

Hier sind die Zeichen für 1 und für 60 gleich! Die Bedeutung ergab sich meist aus der Stellung in der Zeichenfolge:

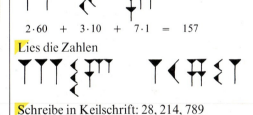

Lies die Zahlen

Schreibe in Keilschrift: 28, 214, 789

Was steht auf der Tontafel?

MEINE KLASSE

1
Daniel ist Schüler der Klasse 5 d in Berlin-Lichtenrade. Oben siehst du ein Foto der Klasse.
a) Wie viele Schülerinnen und Schüler sind insgesamt in der Klasse?
b) Wie viele Jungen und wie viele Mädchen sind in der Klasse 5 d?
c) Um wieviel größer ist die Anzahl der Jungen gegenüber der der Mädchen?

2

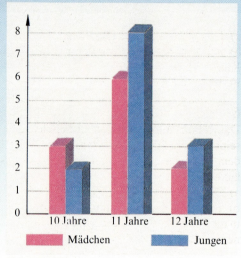

a) Sortiere die Schülerinnen und Schüler nach dem Alter. Beginne mit der Jüngsten.
b) Wer ist Klassenältester und wer ist Klassenälteste?
c) In welchem Monat haben die meisten Kinder Geburtstag?

3

Stichtag: 1. 9. 93

a) Wie viele Mädchen sind 10, 11, 12 Jahre alt?
b) Wie viele Jungen und Mädchen sind 10, 11, 12 Jahre alt?
c) Wie alt ist die Klasse insgesamt?

4
Erstelle einen Kalender für das laufende Schuljahr.
a) Kennzeichne alle Sonntage, Feiertage und die freien Samstage.
b) Trage die Geburtstage deiner Mitschülerinnen und Mitschüler ein.

IN ZAHLEN

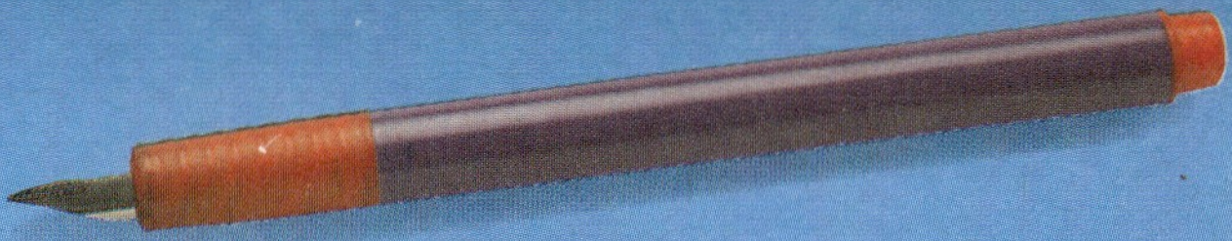

5

Daniel macht eine Strichliste, die zeigt, wo die Schülerinnen und Schüler seiner Klasse wohnen.

John-Locke-Straße ||||
Karlstraße ~~||||~~ |
Rohrbachstraße ||
Wildauer-Straße ~~||||~~
Rehagener-Straße ||
Paplitzer-Straße |||
Kirchbachstraße |

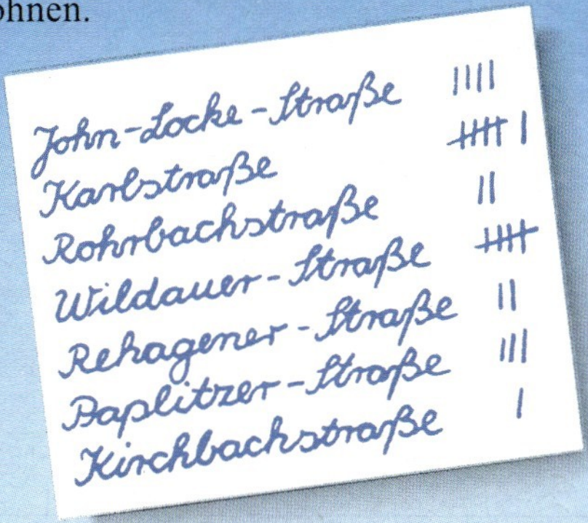

a) Fertige ein Blockdiagramm an.

b) Aus welchen Gegenden kommen die Kinder deiner Klasse?
Fertige eine Strichliste an.

6

Daniel fährt mit dem Bus in die Schule. Aus seiner Klasse fahren noch zwei Kinder mit dem Bus, neun mit dem Fahrrad und zwölf laufen zu Fuß.

a) Zeichne dazu ein Bilddiagramm.

b) Frage die Kinder deiner Klasse, wie sie in die Schule kommen und stelle dies in einem Stabdiagramm dar.

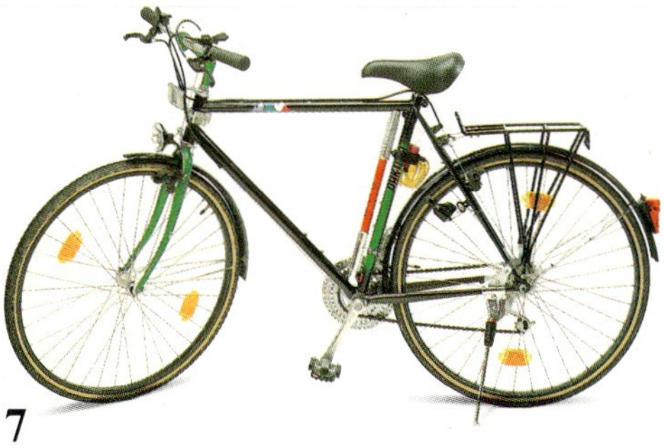

7

Daniels erste Unterrichtsstunde beginnt um 8.00 Uhr. Die letzte Stunde endet um 13.20 Uhr. Die Busfahrt dauert 25 Minuten.

a) Wann fährt Daniels Bus morgens los?

b) Wann ist Daniel mittags zuhause?

Alt Lichtenrade
Lichtenrader Damm
Schule
Mellener Str.
Reha- gener
Locke- str.
John- Stein- str.
Hendon-
Gerstnerw.
Lichtenrade
Bahnhof- str.
Zescher Str.
Briesingstr.
Kirchbachstr.
Klausdorfer Platz
Horstwalder Str.
Lützow- str.
Nuthe-
Hilbert-
Karlstr.
Zeile
Prinz- Heinrich-Str.
Krüger- str.
Wünsdorfer Str.
Charlottenstr.
Paetsch- str.
Rangs- dorfer Str.
Abendrotw.
Maffei- str.
Wildauer- str.
Elisabeth- str.
Blohm- str.
Cecilienstr.
Prinzessinnen str.
Hohenzollern- str.
Rohrbach- str.
Wolziger

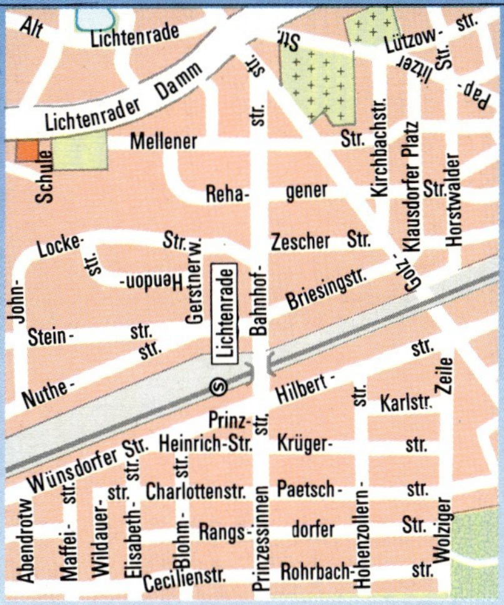

8

Bei der Klassensprecherwahl wurde Daniel vorgeschlagen.

Achmed |
Daniel ||||
Danja
Kerstin |
Nicole ~~||||~~ |||
Tina

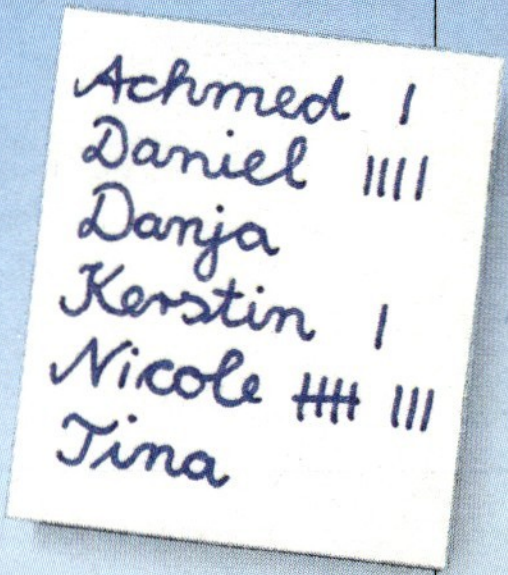

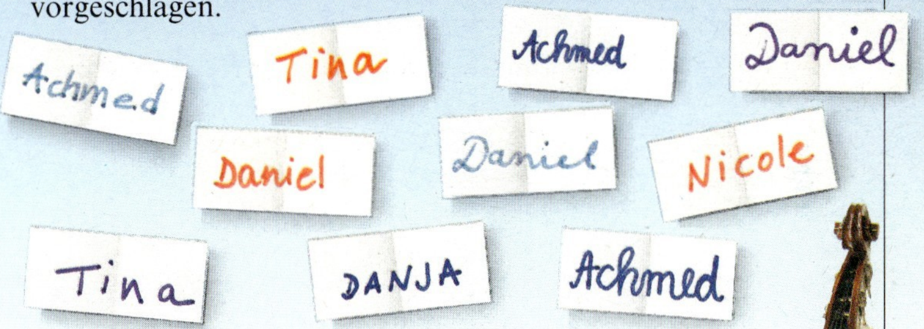

Achmed
Tina
Achmed
Daniel
Daniel
Daniel
Nicole
Tina
DANJA
Achmed

a) Vervollständige die Strichliste, indem du die fehlenden Stimmen einfügst.

b) Wie viele Stimmen fehlten Daniel zum Wahlsieg?

c) Fertige zum Wahlausgang ein Blockdiagramm an.

9

a) Frage deine Mitschülerinnen und Mitschüler nach ihren Hobbies. Stelle das Ergebnis in einem Bilddiagramm dar.

b) Fertige für die Lieblingsbücher eine Strichliste an.

c) Notiere, wer wie viele Geschwister hat. Wähle dir ein Diagramm aus und fertige es an.

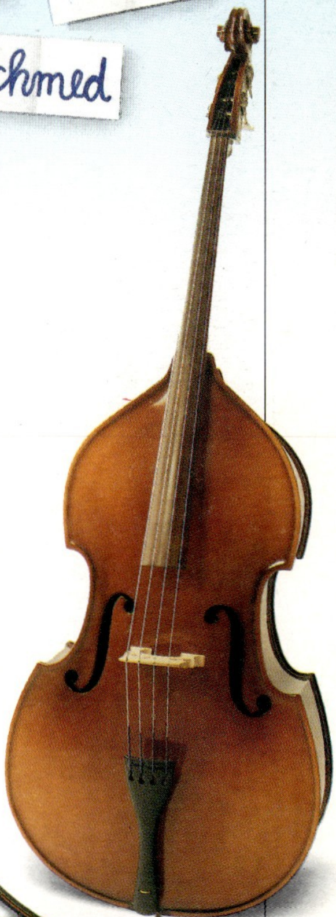

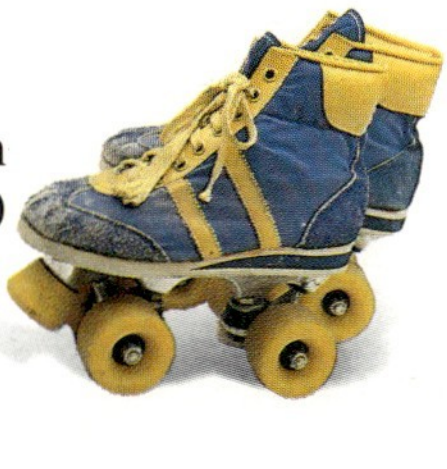

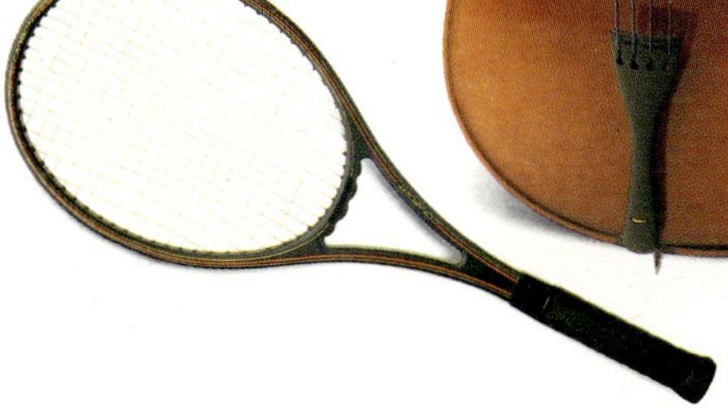

Rückspiegel

1
Welche Zahlen sind auf dem Zahlenstrahl rot markiert?

a) 40 50 60 70 80 90 100

b) 180 190 200 210 220 230 240

c) 470 480 490 500 510 520 530

2
Setze das richtige Zeichen (<, >) ein.
a) 56 □ 73 b) 112 □ 121 c) 517 □ 521
   94 □ 38   323 □ 332   648 □ 397
   49 □ 65   423 □ 324   826 □ 862

3
Ordne die Zahlen in einer Kette, beginne mit der kleinsten Zahl.
a) 73, 37, 317, 713, 137, 371
b) 85, 385, 853, 583, 58, 538
c) 112, 212, 1 122, 2 121, 2 112
d) 897, 987, 8 897, 8 987, 978, 879

4
a) Welche Zahl ist Vorgänger von 4 020, 560, 790, 8 200, 3 000?
b) Welche Zahl ist Nachfolger von 319, 439, 699, 8 399, 9 899?

5
Ergänze jeweils um drei weitere Zahlen.
a) 1, 10, 19, 28, ...   b) 2, 6, 18, ...
b) 2, 9, 6, 13, 10, ... c) 96, 86, 77, 69, 62, ...

6
Nenne die ersten 5 Zahlen der Zahlenfolge. Gegeben ist die erste Zahl und die Regel.
a) Regel: „+ 4"; erste Zahl: 17
b) Regel: „· 8"; erste Zahl: 1
c) Regel: „− 6"; erste Zahl: 67
d) Regel: „ :3"; erste Zahl: 729

7
Schreibe mit Zehnerpotenzen.
a) 500, 700, 2 000, 80 000, 20 000 000, 30 000 000 000
b) 34, 570, 630 000, 51 000, 100 000, 2 740 000

8
a) Runde auf Hunderter:
435, 655, 898, 1 349, 1 999
b) Runde auf Tausender:
741, 5 236, 4 646, 8 399, 89 933
c) Runde auf Zehntausender:
12 499, 21 699, 46 500, 39 393, 105 612

9

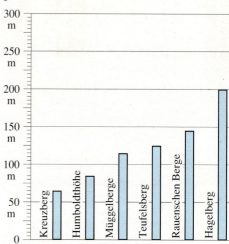

Lies aus dem Diagramm die Höhen ab.

10
Elbe   1 200 km,   Rhein 1 300 km
Donau   2 900 km,   Oder   900 km
Weser   700 km.
Veranschauliche die Längen der Flüsse in einem Diagramm.
(1 cm soll 200 km Flußlänge entsprechen.)

11
Wann sind die Personen geboren?
Wann sind sie gestorben?

> Robert Koch
> * XI. XII. MDCCCXLIII
> † XXVII. V. MCMX

> Marie Curie
> * VII. XI. MDCCCLXVII
> † IV. VII. MCMXXXIV

> Albert Schweitzer
> * XIV. I. MDCCCLXXV
> † IV. IX. MCMLXV

II Addieren und Subtrahieren

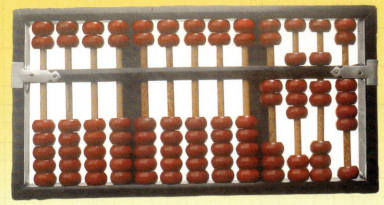

Die ersten Rechenmaschinen

Zu allen Zeiten hat der Mensch versucht, sich das Rechnen zu erleichtern.
Schon um 1200 n. Chr. war ein solcher Abakus in China bekannt. Mit ihm konnten alle vier Rechenarten durchgeführt werden, wobei Multiplizieren und Dividieren eine große Übung erforderten.
Eine obere Perle hat den fünffachen Wert einer unteren derselben Spalte. Nach links verzehnfacht sich jeweils der Wert einer Perle. Im Bild ist auf dem Abakus die Zahl 2874 eingestellt.

Im Beispiel wird gezeigt, wie auf dem Abakus 486 + 757 berechnet wird.

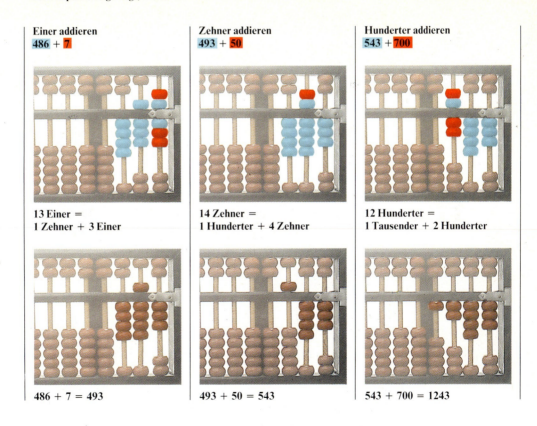

Einer addieren
486 + 7

13 Einer =
1 Zehner + 3 Einer

486 + 7 = 493

Zehner addieren
493 + 50

14 Zehner =
1 Hunderter + 4 Zehner

493 + 50 = 543

Hunderter addieren
543 + 700

12 Hunderter =
1 Tausender + 2 Hunderter

543 + 700 = 1243

1 Addieren. Subtrahieren

50 m			
10,0	9,9	9,8	9,7
268	281	284	309
9,6	9,5	9,4	9,3
325	342	359	376
9,2	9,1	9,0	8,9
394	412	430	449
8,8	8,7	8,6	8,5
468	488	508	529
8,4	8,3	8,2	8,1
550	572	594	617

1
Bei den Bundesjugendspielen hat Martina nach dem Ballweitwurf und dem Weitsprung schon 965 Punkte erzielt. Für eine Ehrenurkunde braucht sie insgesamt 1400 Punkte.
a) Wie viele Punkte muß sie dazu noch im abschließenden 50-m-Lauf erreichen?
b) Wie schnell muß sie die 50 m laufen?

2
Helga hat 563 DM auf ihrem Sparkonto. Um einen Kassettenrekorder zu kaufen, hebt sie 250 DM ab. Wieviel bleibt auf dem Sparkonto übrig?

Bei dem Rechenausdruck $15 + 8$ (lies: 15 plus 8) **addieren** wir zur Zahl 15 die Zahl 8. Auf dem Zahlenstrahl bedeutet dies: Wir gehen von der Zahl 15 aus 8 Schritte nach rechts.

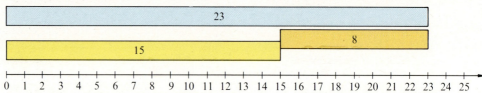

Bei dem Rechenausdruck $23 - 8$ (lies: 23 minus 8) **subtrahieren** wir von der Zahl 23 die Zahl 8. Auf dem Zahlenstrahl bedeutet dies: Wir gehen von der Zahl 23 aus 8 Schritte nach links.

Addition $15 + 8 = 23$
1. Summand   2. Summand   Wert der Summe
          Summe

Subtraktion $23 - 8 = 15$
Minuend   Subtrahend   Wert der Differenz
          Differenz

Beispiele
a) $47 - 19 = \square$
   $47 - 19 = 28$
b) $47 - \square = 19$
   $47 - 28 = 19$
c) $28 + \square = 47$
   $28 + 19 = 47$
d) $\square + 19 = 47$
   $28 + 19 = 47$

Bemerkung: Zu jeder Aufgabe kannst du eine **Probe** durchführen:
$148 + 74 = 222$ Probe: $222 - 74 = 148$; $248 - 63 = 185$ Probe: $185 + 63 = 248$
Du kannst leicht im Kopf rechnen, wenn du schrittweise vorgehst.

Beispiele
a) $84 + 77$
   $84 + 70 = 154$
   $154 + 7 = 161$
   $84 + 77 = 161$

b) $284 + 167$
   $284 + 100 = 384$
   $384 + 60 = 444$
   $444 + 7 = 451$
   $284 + 167 = 451$

g) $247 - 68$
   $247 - 60 = 187$
   $187 - 8 = 179$
   $247 - 68 = 179$

Addieren. Subtrahieren

+	17	71	126
19			
27			
36			
68			
85			
109			
144			
212			
269			
288			
295			
327			

3

$23 \xrightarrow{+61} 84$

Berechne wie im Beispiel.

a) $71 \xrightarrow{+16} \Box$ b) $54 \xrightarrow{+25} \Box$
c) $47 \xrightarrow{+32} \Box$ d) $27 \xrightarrow{+72} \Box$

4

Berechne.

a) $67 \xrightarrow{-36} \Box$ b) $77 \xrightarrow{-44} \Box$
c) $96 \xrightarrow{-53} \Box$ d) $89 \xrightarrow{-57} \Box$

5

Berechne.

a) $140 \xrightarrow{+57} \Box$ b) $260 \xrightarrow{+32} \Box$
c) $560 \xrightarrow{+29} \Box$ d) $170 \xrightarrow{+27} \Box$
e) $440 \xrightarrow{+74} \Box$ f) $650 \xrightarrow{+88} \Box$

6

Berechne.

a) $256 \xrightarrow{-32} \Box$ b) $348 \xrightarrow{-37} \Box$
c) $456 \xrightarrow{-41} \Box$ d) $555 \xrightarrow{-23} \Box$
e) $732 \xrightarrow{-16} \Box$ f) $999 \xrightarrow{-66} \Box$

7

a) $75 + 47$ b) $88 + 65$
c) $94 + 27$ d) $67 + 38$
e) $54 + 87$ f) $56 + 65$
g) $92 + 39$ h) $76 + 85$

8

a) $140 + 77$ b) $230 + 92$
c) $87 + 440$ d) $69 + 650$
e) $163 + 68$ f) $254 + 79$
g) $86 + 227$ h) $47 + 574$

9

Übertrage die Tabelle in dein Heft und vervollständige sie.

a)
+24	
36	60
57	
76	
69	
87	

b)
+43	
57	
111	
208	
418	
539	

c)
+108	
44	
214	
329	
576	
624	

−	16	37	49
58			
72			
104			
125			
144			
167			
203			
217			
263			
309			
336			
351			

10

Wie heißt die fehlende Zahl?

a) $24 + \Box = 72$ b) $87 + \Box = 182$
   $\Box + 77 = 93$ $\Box + 56 = 231$
c) $980 + \Box = 1210$ d) $460 + \Box = 1040$
   $\Box + 740 = 1320$ $\Box + 870 = 1260$

11

Wie heißt die fehlende Zahl?

a) $82 - 18 = \Box$ b) $193 - 95 = \Box$
   $74 - \Box = 23$ $208 - \Box = 150$
   $\Box - 88 = 12$ $\Box - 121 = 242$
c) $1200 - 350 = \Box$ d) $7100 - 3200 = \Box$
   $\Box - 1300 = 2400$ $8600 - \Box = 6700$
   $7500 - \Box = 1800$ $\Box - 5800 = 2600$

12

a) Berechne die Summe aus den Summanden 43 und 37.
b) Welchen Wert hat die Summe aus den Summanden 167 und 96?
c) Addiere zum Summenwert der Zahlen 24 und 128 die Zahl 56.
d) Wie ändert sich der Wert einer Summe, wenn man den ersten Summanden um 26 und den zweiten um 17 vergrößert?

13

In den unteren Feldern der Zahlenpyramide sind Zahlen eingetragen. In den darüberliegenden Feldern soll immer der Summenwert der Zahlen in den zwei darunterliegenden Feldern stehen.

a) Ergänze die Zahlen in deinem Heft.

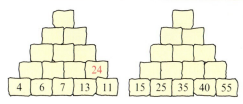

b) Hier kannst du deine Rechnung kontrollieren.

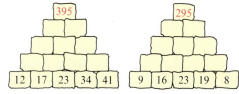

Addieren. Subtrahieren

14
Übertrage in dein Heft und setze Zahlen ein.
a) 75 $\xrightarrow{+60}$ □ $\xrightarrow{+65}$ □
   ↓ +39 ↓ +25 ↓ +7
   □ $\xrightarrow{+46}$ □ $\xrightarrow{+47}$ □
   ↓ +86 ↓ +52 ↓ +193
   □ $\xrightarrow{+12}$ □ $\xrightarrow{+188}$ □

b) Hier kannst du dein Ergebnis kontrollieren.
   56 $\xrightarrow{+17}$ □ $\xrightarrow{+83}$ □
   ↓ +47 ↓ +54 ↓ +28
   □ $\xrightarrow{□}$ □ $\xrightarrow{□}$ □
   ↓ +65 ↓ +87 ↓ +116
   □ $\xrightarrow{□}$ □ $\xrightarrow{□}$ 300

15
Warum nennt man 0 wohl neutrales Element bezüglich der Addition?
a) Überlege, wie sich der Summand 0 auf den Wert der Summe auswirkt.
b) Schreibe drei Additionsaufgaben, in denen das neutrale Element als Summand vorkommt. Löse diese.

16
Setze die Ziffern 2, 5, 7 und 9 ein.
a) Der Wert der Summe soll möglichst groß werden.
b) Der Wert der Summe soll möglichst klein werden.
c) Der Wert der Summe soll 149 betragen.

17

1:1	2:3	6		3	4
5:4		6			
7:1		8		9	
		10		11	
12			13		14
15					

Waagrecht:
1.) 100 + 36
3.) 38 + 59
6.) 410 + 289
7.) 43 + 96
10.) 2900 + 550
13.) 1900 + 2309
15.) 25 + 35

Senkrecht:
1.) 87 + 54
2.) 3100 + 233
3.) 91 000 + 8500
4.) 457 + 338
8.) 860 + 84
11.) 449 + 71
12.) 39 + 57
14.) 46 + 49

18
Übertrage die Tabellen in dein Heft und vervollständige sie.

a) − 55

□	555
745	□
□	255
255	□

b) − 570

1000	□
□	1000
570	□
□	570

c) + 66

444	□
□	576
□	642
□	435

d) □

□	455
455	510
□	565
□	432

19
Übertrage die Tabelle in dein Heft und fülle sie aus.

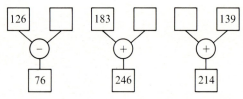

−	42	□	27	□	48	49
51	□	16	□	6	□	□
□	□	□	□	□	40	□
120	□	□	□	□	□	□

20

21
a) Berechne jeweils die Differenz in deinem Heft.

b) Hier kannst du deine Rechnung kontrollieren.

Addieren. Subtrahieren

22
Hier mußt du addieren und subtrahieren.

$99 \xrightarrow{+65} \square \xrightarrow{-32} \square$
$\downarrow -53 \quad \downarrow -67 \quad \downarrow +13$
$\square \xrightarrow{+51} \square \xrightarrow{+48} \square$
$\downarrow +98 \quad \downarrow +34 \quad \downarrow -46$
$\square \xrightarrow{-13} \square \xrightarrow{-32} \square$

23
a) Berechne die Differenz aus den Zahlen 62 und 24.
b) Welche Zahl mußt du von 89 subtrahieren, um 18 zu erhalten?
c) Von welcher Zahl mußt du 16 subtrahieren, um 64 zu erhalten?
d) Zu welcher Zahl mußt du 24 addieren, um 71 zu erhalten?

Waagrecht:
1.) 1000 − 36
4.) 129 − 44
5.) 999 − 70
7.) 45 − 17
10.) 2500 − 345
13.) 6800 − 4400
15.) 500 − 260
16.) 73 − 48

Senkrecht:
1.) 1100 − 148
2.) 112 − 63
3.) 87 − 58
8.) 10000 − 1800
9.) 666 − 444
11.) 999 − 989
12.) 735 − 220
14.) 77 − 33

24

25
Ulla hat ihre Hausaufgaben ganz schnell erledigt. Welche Fehler hat sie gemacht?
a) 54 − 11 = 65   b) 37 − 18 = 29
c) 84 − 15 = 71   d) 67 − 19 = 58
e) 412 − 103 = 315   f) 132 − 13 = 2

26
Setze die Ziffern 2, 5, 7 und 9 ein.
a) Der Wert der Differenz soll möglichst groß werden.
b) Der Wert der Differenz soll möglichst klein werden.
c) Der Wert der Differenz soll 28 betragen.
d) Der Wert der Differenz soll 45 betragen.

?
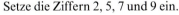

27
Der Höhenrekord für Heißluftballons wurde 1988 mit 19 800 m aufgestellt. Der höchste Berg der Erde ist der Mt. Everest mit 8850 m. Wieviel m höher war der Flug?

28
Löse das Zahlenrätsel mit den Zahlen 32, 47, 98, 105, 120, 130, 145.

$250 - \square = \square$
$\quad - \quad\quad - \quad\quad -$
$\square - \square = \square$
$\quad = \quad\quad = \quad\quad =$
$\square - \square = 73$

29
a) Zwei Zahlen unterscheiden sich um 64. Auf dem Zahlenstrahl sind sie beide gleich weit von 64 entfernt. Wie heißen die beiden Zahlen?
b) Zwei Zahlen unterscheiden sich um 98. Auf dem Zahlenstrahl sind sie beide gleich weit von 98 entfernt. Wie heißen die beiden Zahlen?

30
Frank, Petra und Sebastian sammeln Bierdeckel. Zusammen haben sie 120 Bierdeckel. Wie viele hat jeder, wenn Frank und Petra zusammen 100 Bierdeckel und Petra und Sebastian zusammen 75 Bierdeckel besitzen?

2 Rechengesetze. Rechenvorteile

1
Susanne und Matthias lösen am Automaten ihre Sammelkarte für die S-Bahn. Beide haben das Geld abgezählt. Susanne wirft erst drei 2-DM-Stück und dann ein 1 DM Stück ein. Matthias macht es in umgekehrter Reihenfolge. Erhalten beide ihre Fahrscheine?

2
Nicole und Steffen berechnen beide die Summe $358 + 404 + 196$. Während Steffen noch mühsam rechnet, hat Nicole das Ergebnis bereits im Kopf ermittelt. Wie hat sie gerechnet?

Bei dem Rechenausdruck $6 + 12 + 7$ addieren wir zur Zahl 6 die Zahl 12 und danach die Zahl 7. Wir führen also die Rechnung von **links nach rechts** durch.
Wir schreiben dafür auch $(6 + 12) + 7$; die **Klammer** zeigt an, was **zuerst** berechnet wird.

Wir erkennen am Zahlenstrahl: Wir können auch zuerst die Summe der Zahlen 12 und 7 bilden und das Ergebnis zur Zahl 6 addieren. Wir schreiben dann $6 + (12 + 7)$. Wir erhalten in beiden Fällen dasselbe Ergebnis.

$$(6 + 12) + 7 = 6 + (12 + 7)$$

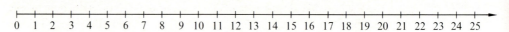

Am Zahlenstrahl erkennen wir eine weitere Eigenschaft der Addition:

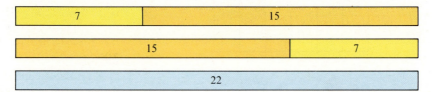

$$7 + 15 = 15 + 7$$

Verbindungsgesetz (Assoziativgesetz)
In Summen dürfen beliebig Klammern gesetzt oder auch weggelassen werden:
$$(6 + 12) + 7 = 6 + (12 + 7).$$

Vertauschungsgesetz (Kommutativgesetz)
In Summen dürfen die Summanden vertauscht werden:
$$7 + 15 = 15 + 7.$$

Bemerkung: Wenn du diese Regeln benutzt, kannst du oft vorteilhafter rechnen.

Rechengesetze. Rechenvorteile

Beachte: Setze Klammern, um zu zeigen, was zuerst berechnet wird.

Beispiele
a) Berechne die Summen.
$12 + 26 + 34$
$= 12 + (26 + 34)$
$= 12 + 60$
$= 72$

$13 + 56 + 34 + 15$
$= 13 + (56 + 34) + 15$
$= 13 + 90 + 15$
$= 103 + 15$
$= 118$

b) Manche Summen kannst du geschickt berechnen, wenn du **beide** Regeln anwendest.
$14 + 29 + 6$
$= 14 + 6 + 29$
$= (14 + 6) + 29$
$= 20 + 29$
$= 49$

$17 + 36 + 13 + 44$
$= 17 + 13 + 36 + 44$
$= (17 + 13) + (36 + 44)$
$= 30 + 80$
$= 110$

Beachte: Bei der **Subtraktion** gibt es **kein** Verbindungsgesetz. Das erkennst du an den unterschiedlichen Ergebnissen der Aufgaben $(57 - 30) - 17 = 10$ und $57 - (30 - 17) = 44$.
Bei der Subtraktion kannst du Minuend und Subtrahend nicht vertauschen, denn du kannst nur eine der Differenzen $57 - 42$ und $42 - 57$ berechnen.

Aufgaben

3
a) Übertrage die Tabelle in dein Heft und fülle sie aus.

+	13	27	34	57	61
13					
27					
34					
57					
61					

b) Woran erkennst du in der Tabelle das Vertauschungsgesetz?

4
Berechne möglichst geschickt.
a) $22 + 17 + 33$
$46 + 14 + 27$
$28 + 35 + 55$
$83 + 46 + 37$
c) $65 + 38 + 55$
$46 + 52 + 38$
$72 + 83 + 68$
$91 + 37 + 29$

b) $56 + 21 + 34$
$64 + 37 + 76$
$51 + 34 + 86$
$87 + 27 + 33$
d) $93 + 56 + 77$
$86 + 24 + 56$
$31 + 78 + 89$
$33 + 22 + 88$

5
Nutze Rechenvorteile.
a) $124 + 57 + 36$
$178 + 63 + 82$
$153 + 77 + 38$
c) $88 + 34 + 132$
$24 + 67 + 113$
$69 + 84 + 126$

b) $63 + 148 + 77$
$74 + 134 + 56$
$51 + 104 + 19$
d) $131 + 24 + 69$
$86 + 137 + 73$
$92 + 59 + 128$

6
a) $32\,000 + 56\,000 + 18\,000$
b) $46\,000 + 81\,000 + 39\,000$
c) $53\,000 + 24\,000 + 77\,000$
d) $46\,000 + 73\,000 + 37\,000$
e) $24\,000 + 65\,000 + 96\,000$
f) $71\,000 + 58\,000 + 19\,000$

7
Fasse geschickt zusammen.
a) $261 + 134 + 139$
b) $527 + 256 + 273$
c) $412 + 837 + 163$
d) $546 + 139 + 254$
e) $664 + 215 + 136$
f) $912 + 333 + 667$

Rechengesetze. Rechenvorteile

8
Vertausche und fasse geschickt zusammen.
Beispiel: 23 + 46 + 17 + 24 + 27
= (23 + 17) + (46 + 24) + 27
=   40   +   70   + 27 = 137
a) 36 + 57 + 24 + 33 + 38
b) 53 + 38 + 41 + 62 + 19
c) 27 + 45 + 83 + 65 + 34
d) 67 + 26 + 65 + 94 + 25

9
Vertausche nicht nur Nachbarn.
Beispiel:
17 + 36 + 29 + 33 + 11 + 55 + 74
=   17 + 33 + 36 + 74 + 29 + 11 + 55
=   50 + 110 + 40 + 55 = 255
a) 17 + 19 + 21 + 16 + 13 + 31 + 28 + 32
b) 28 + 15 + 24 + 36 + 45 + 27 + 15 + 12
c) 19 + 23 + 45 + 17 + 31 + 18 + 25 + 62
d) 38 + 23 + 46 + 37 + 12 + 54 + 15 + 40

10
a) Addiere die Zahlen 74, 33, 26, 48 und 57.
b) Berechne die Summe der Zahlen 14, 31, 75, 36, 17 und 29.
c) Welchen Wert hat die Summe der Zahlen 44, 27, 51, 33 und 19?
d) Addiere zu den Zahlen 24 und 39 die Zahlen 61, 55 und 76.
e) Addiere zu den Zahlen 37, 62 und 29 jeweils ihre Nachfolger.

11
Herr Peters hat eingekauft. Den Beleg rechnet er im Kopf nach. Prüfe selbst den Endbetrag.

12
Familie Maas will den Urlaub in Stuttgart verbringen. Die Kinder schreiben aus dem Autoatlas die Fahrstrecke heraus:

Potsdam – Dessau	97 km
Dessau – Weimar	155 km
Weimar – Coburg	104 km
Coburg – Würzburg	96 km
Würzburg – Stuttgart	132 km

Wieviel km sind es insgesamt? Rechne geschickt im Kopf.

13*
Setze zweimal ein Pluszeichen ein.
Beispiel: 4 5 6 7 8 = 138
             4 + 56 + 78 = 138
a) 3 1 5 9 8 = 98
b) 2 9 6 8 4 = 182
c) 3 2 7 5 6 = 86
d) 4 6 5 7 4 = 107
e) 3 7 9 8 1 = 127

14*
Beispiel: 11 + 111 + 1111
Wie lautet die größte und wie die kleinste Zahl, die du mit neun Einsen und zwei Pluszeichen berechnen kannst?

Wortspiele
Die beiden Wörter BALL und SPIEL kann man zu einem einzigen Wort zusammensetzen. Warum ist dabei die Reihenfolge wichtig? Setze entsprechend BAUM und STAMM (DRACHEN und FLUG) auf zwei Arten zu einem Wort zusammen.

BALL	SPIEL
SPIEL	BALL

Auch drei Wörter lassen sich manchmal zu einem neuen Wort zusammensetzen. Warum ist dies auf zwei verschiedene Arten möglich, obwohl die Reihenfolge der drei Wörter beide Male gleich ist?

RIESEN	RAD	FAHRER
RIESEN	RAD	FAHRER

3 Summen und Differenzen. Klammern

1
Die Straßenbahn AG führt eine Untersuchung durch. Frau Moll notiert, wie viele Personen ein- und aussteigen. Am Pasedagplatz startet die Bahn mit 24 Personen. In der Rennbahnstraße steigen 5 aus und 12 zu. In der Falkenbergerstraße kommen 4 Fahrgäste hinzu und 17 steigen aus. Wie viele Personen sind noch in der Bahn?

Supermarkt

Getränke 13,00
Obst   18,00
Kuchen   14,00
gesamt
gegeben   50,00
zurück   . . . . . .

Vielen Dank für Ihren Besuch
11. 8. 1993
15:43

2
Markus und Sabine kaufen für den Wandertag ein.
a) Markus holt in der Buchhandlung eine Wanderkarte für 9 DM und danach eine Gruppenkarte für das Museum für 23 DM. Wieviel bleibt ihm von 40 DM übrig?
b) Sabine kauft für 13 DM Getränke, für 18 DM Obst und einen Kuchen für 14 DM. Sie bezahlt mit einem 50-DM-Schein. Wieviel erhält sie zurück?

Einen Rechenausdruck, in dem addiert und subtrahiert wird, wie z. B.
$24 - 13 + 16 - 17 + 36$, berechnen wir von **links nach rechts**.

Am Zahlenstrahl erkennen wir, daß in einer Differenz mit mehreren Subtrahenden **statt einzeln subtrahiert** auch **zuerst zusammengefaßt** und **dann subtrahiert** werden kann.

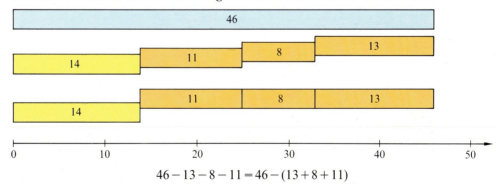

$$46 - 13 - 8 - 11 = 46 - (13 + 8 + 11)$$

Enthält ein Rechenausdruck Klammern, wie z. B. $53 + (36 - 17) - 24$, so wird die Summe oder Differenz innerhalb der Klammer zuerst berechnet. Wir können nun verschiedene Rechenregeln aufstellen:

> Hat ein Rechenausdruck nur die Zeichen $+$ und $-$ und keine Klammern, so berechnen wir ihn von links nach rechts.
>
> Hat ein Rechenausdruck Klammern, so berechnen wir zuerst, was in der Klammer steht.

Bemerkung: Hat ein Rechenausdruck mehrere Subtrahenden, so können diese zusammengefaßt werden.

Summen und Differenzen. Klammern

Beispiele

a) Von links nach rechts
$$\begin{aligned}
& 24 - 13 + 16 - 17 + 36 \\
=\ & 11 + 16 - 17 + 36 \\
=\ & 27 - 17 + 36 \\
=\ & 10 + 36 \\
=\ & 46
\end{aligned}$$

b) Klammern zuerst
$$\begin{aligned}
& (57 - 28) + (81 + 12) - 37 \\
=\ & 29 + 93 - 37 \\
=\ & 122 - 37 \\
=\ & 85
\end{aligned}$$

c) Subtrahenden zusammenfassen
$$\begin{aligned}
& 74 - 18 - 29 - 13 \\
=\ & 74 - (18 + 29 + 13) \\
=\ & 74 - 60 \\
=\ & 14
\end{aligned}$$

d) Addiere zur Differenz von 36 und 19 die Summe von 76 und 25.
Wir schreiben zunächst einen Rechenausdruck mit Klammern.

$$\begin{aligned}
& (36 - 19) + (76 + 25) \\
=\ & 17 + 101 \\
=\ & 118
\end{aligned}$$

e) Sind in einem Rechenausdruck Klammern ineinander verschachtelt, so wird die innere zuerst berechnet.

$$\begin{aligned}
& 24 + (36 - (17 - 8)) \\
=\ & 24 + (36 - 9) \\
=\ & 24 + 27 \\
=\ & 51
\end{aligned}$$

Aufgaben

3
Berechne von links nach rechts.
a) $46 + 37 - 41 + 18 - 27 + 12$
b) $37 + 31 - 34 - 17 + 18 - 27$
c) $41 - 18 + 27 + 46 - 48 - 19$
d) $27 + 34 - 26 - 19 + 31 - 17$
e) $56 - 29 - 14 + 38 - 29 - 15$

4
a) $63 - 48 + 25 - 14 + 15 - 27$
b) $81 - 56 + 27 - 36 + 21 - 34$
c) $96 - 48 - 19 + 24 - 48 + 11$
d) $74 - 16 - 39 + 33 - 17 - 18$
e) $57 + 24 - 48 - 19 + 21 - 33$

5
Achte auf die Klammern.
a) $24 + (36 - 17) + 31 - (24 - 19)$
b) $54 - (38 - 29) + (17 - 8) - 29$
c) $(46 - 18) + 43 - (36 - 18) - 14$
d) $37 - (56 - 47) + 18 - (44 - 27)$
e) $61 - 34 - (48 - 29) + 17 + 33$

6
a) $46 - 28 - (41 - 27) + 27 - 18$
b) $61 + (24 - 17) - (37 + 24) + 11$
c) $54 - (65 - 48) + 24 - (29 + 26)$
d) $37 + (54 - 36) - 29 - (31 - 17)$
e) $29 - (61 - 47) + 27 - (18 + 19)$

7*
Berechne die innere Klammer zuerst.
a) $24 + (86 - (39 + 17 - 5)) + 18$
b) $(36 - (58 - 29) + 34) - 17 + 28$
c) $64 - 27 + (29 - (48 - 39)) - 18$
d) $51 - 14 - (61 + (54 - 48) - 57)$
e) $((44 - 17) + 15) - 24 + (51 - 27)$

8*
a) $36 + (21 - (24 - 17) + 25) - 66$
b) $((46 + 25) - 44) - 19 - (61 - 54)$
c) $51 - ((64 - 47) + 28) + 13$
d) $64 - 45 - ((72 - 54) - 17) - 14$
e) $17 + 45 - (68 + 17 - (24 + 19))$

9*
Fasse die Subtrahenden zuerst zusammen.
a) $132 - 12 - 23 - 18 - 37 - 15$
b) $128 - 51 - 16 - 19 - 24 - 13$
c) $151 - 25 - 22 - 17 - 48 - 35$
d) $167 - 63 - 15 - 14 - 26 - 17$
e) $145 - 18 - 21 - 32 - 29 - 34$

10*
a) $138 - 19 - 23 - 31 - 47 - 11$
b) $146 - 28 - 14 - 15 - 32 - 46$
c) $171 - 55 - 46 - 23 - 15 - 17$
d) $215 - 87 - 29 - 17 - 33 - 41$
e) $236 - 78 - 31 - 42 - 36 - 39$

Lösung für Nr. 4, 6, 8, 10
Es sind die Zahlen 1 bis 20

Summen und Differenzen. Klammern

11
Susanne hat auf ihrem Sparbuch 212 DM. Für die Klassenfahrt hebt sie 60 DM ab. Nach ihrem Geburtstag zahlt sie 56 DM ein.
a) Wie lautet der neue Kontostand?
b) Wieviel DM fehlen ihr bis 300 DM?

12
Frau Merkel kauft sich für 22 500 DM einen Neuwagen. Für ihren alten Wagen erhält sie vom Händler 7800 DM, auf dem Sparbuch befinden sich 11 500 DM.
Wieviel DM fehlen noch?

13
Die Aula einer Schule hat 80 Sitzplätze. Für die 5. und 6. Klassen soll ein Film vorgeführt werden.

Klasse	5a	5b	5c	6a	6b	6c
Schüler	32	25	29	30	23	21

Wie kann man die Klassen so auf zwei Vorführungen verteilen, daß alle Schülerinnen und Schüler den Film sehen können?

14*
76 − (24 − 18) − 36 + 19 + 42
76 + 24 − (18 + 36) + 19 − 42
76 + 24 + 18 − (36 + 19) + 42
76 − (24 + 18 − (36 − 19) + 42)
(76 − 24 − 18 − (36 − 19) + 42)
(76 − 24) + 18 − ((36 − 19) + 42)
Die Buchstaben der Lösungen nennen dir in der richtigen Reihenfolge einen Bewohner eisiger Regionen.

B/9 I/23 R/11
E/95 Ä/59 S/105

15*
Setze „+", „−" und Klammern und berechne:
Beispiel: 56 − (44 − 37) + 36 = □

56 □ 44 □ 37 □ 36

a) Das Ergebnis soll möglichst groß werden.
b) Das Ergebnis soll möglichst klein werden.
c) Das Ergebnis soll 99 betragen.

16*
Setze passende einstellige Summanden ein. Es gibt mehrere Lösungen.

□ + □ + □ = 20
□ + □ + □ = 20
□ + □ + □ = 20
─────────────
□ + □ + □ = 60

17*
Setze „+" und „−" richtig ein:
Beispiel: 5 □ 8 □ 7 □ 12 = 18
          5 + 8 − 7 + 12 = 18
a) 17 □ 12 □ 23 □ 11 = 17
b) 48 □ 9 □ 31 □ 17 = 53
c) 37 □ 25 □ 12 □ 24 = 48
d) 52 □ 41 □ 38 □ 12 = 37
e) 63 □ 12 □ 27 □ 46 = 94

18*
Eine Grundschule hatte 1990 im Dezember 463 Schülerinnen und Schüler.

	Zugänge	Abgänge
1991	64	48
1992	58	52
1993	57	47

a) Um wie viele Schülerinnen und Schüler ist die Schule in 3 Jahren gewachsen?
b) Wie viele Schülerinnen und Schüler gingen in den 3 Jahren von der Schule ab?
c) Wie viele Schülerinnen und Schüler hatte die Schule jeweils am Jahresende?

19*
Familie Nagel läßt in ihrem Haus einen Öltank einbauen. Er faßt 6000 Liter. In den neuen Tank werden 5400 Liter Öl eingefüllt. Im Mai läßt Herr Nagel nachfüllen; der Tank wird mit 3200 Liter vollgefüllt. Im Winter werden nochmals 2000 Liter nachgetankt. Wieviel Liter Öl hat Familie Nagel seit der ersten Füllung verbraucht?

20**
Schreibe zuerst einen Rechenausdruck mit Klammern.
a) Addiere zur Differenz der Zahlen 86 und 37 die Summe der Zahlen 24, 39 und 53.
b) Subtrahiere von der Summe der Zahlen 27, 54 und 63 die Differenz der Zahlen 96 und 57.
c) Berechne die Summe aus der Differenz der Zahlen 57 und 28 und der Differenz der Zahlen 112 und 48.
d) Welchen Wert hat die Differenz aus der Summe der Zahlen 124 und 57 und der Summe 86 und 25?

4 Schriftliches Addieren

1
Sabines Fahrrad hat einen Kilometerzähler. Nach wieviel km erscheint statt der 3 eine 8, nach wieviel eine 0? Bewegt sich die Zehnerziffer, wenn sie 6 km gefahren ist? Nach wieviel km bewegt sie sich?

Die Sprechweise und Schreibweise beim schriftlichen Addieren wiederholen wir an der Stellenwerttafel.

T	H	Z	E
4	4	5	6
+	7	6	3
	1	1	
5	2	1	9

Einer: 3 + 6   gleich 9, schreibe 9
Zehner: 6 + 5   gleich 11, schreibe 1, übertrage 1
Hunderter: 1 + 7 + 4   gleich 12, schreibe 2, übertrage 1
Tausender: 1 + 4   gleich 5, schreibe 5

> **Schriftliches Addieren:**
> 1. Schreibe die Zahlen so untereinander: Einer unter Einer, Zehner unter Zehner ...
> 2. Beginne von rechts zu **addieren**: Erst die Einer, dann die Zehner ...
> 3. Schreibe den Übertrag in die nächste Spalte.

Beispiele

a)   4356   b)   5360   c)   453   d)   8407
   + 2032   + 842   + 783   + 2305
   ─────   1 1   1 1   1 1
     6388   ─────   ─────   ──────
                   6202   1236   10712

Bemerkung: Achte stets auf die Nullen und den Übertrag.

e) Sprech- und Schreibweise bei mehreren Summanden.

```
  5683     Einer    : 2; 3; 7; 10,        schreibe 0, übertrage 1.
+  764     Zehner   : 1; 5; 13; 19; 27,   schreibe 7, übertrage 2.
+ 1481     Hunderter: 2; 5; 9; 16; 22,    schreibe 2, übertrage 2.
+  342     Tausender: 2; 3; 8,            schreibe 8
  2 2 1
  8270
```

Bemerkung: Du kannst dein Ergebnis kontrollieren, wenn du vor der schriftlichen Addition eine Überschlagsrechnung durchführst. Runde dabei so, daß du leicht im Kopf rechnen kannst.

f)   763   800   g)   5783   6000
   + 514   + 500   + 864   + 1000
   + 234   + 200   + 1981   + 2000
   ─────   ───   +   14   +   0
   1 1 1   1   ──────   ──────
    1511   1500   2 2 1   9000
                             8642

Aufgaben

2
a)   4265   b)   6384   c)   7291
   + 3523   + 3515   + 2708

3
a)   5226   b)   6438   c)   4708
   + 4395   + 3267   + 3647

Schriftliches Addieren

4
a) 3254 + 4602 + 2043
b) 5604 + 1035 + 3260
c) 6420 + 2060 + 1519

5
a) 52362 + 403 + 5214
b) 261 + 6317 + 73420
c) 56231 + 3524 + 204

6
Schreibe untereinander und berechne.
a) 4326 + 3251 + 2422
b) 5113 + 2654 + 1232
c) 1346 + 5211 + 3442

7
a) 54132 + 405 + 5461
b) 243 + 67506 + 2250
c) 4063 + 83704 + 232
d) 146 + 5830 + 62023

8
Achte auf den Übertrag.
a) 4361 + 3097 + 2485
b) 2604 + 3837 + 1329
c) 5943 + 2406 + 1077

9
a) 6342 + 2084 + 1575
b) 3467 + 2583 + 3704
c) 2608 + 2847 + 2985 + 2657 + 2408
d) 3036 + 3278 + 3497 + 3587 + 3993

10
a) 36412 + 1607 + 1745
b) 407 + 6354 + 51848
c) 4003 + 65608 + 345

11
a) 23607 + 348 + 5037
b) 438 + 56253 + 2536
c) 57034 + 2378 + 493
d) 437 + 2634 + 85302

12
a) 56421 + 708 + 7356
b) 38412 + 679 + 3454
c) 5254 + 87327 + 2736

13
a) 97512 + 6374 + 8605
b) 9854 + 89537 + 879
c) 94529 + 306 + 8784

14
a) 43206 + 4863 + 7314
b) 8527 + 65384 + 514
c) 212 + 8314 + 76419 + 3888
d) 85302 + 6429 + 2788 + 777

15
a) 86413 + 8617 + 5937 + 807 + 83085
b) 6417 + 90528 + 3852 + 5609 + 82547
c) 6513 + 7312 + 88461 + 426 + 57041
d) 83457 + 8219 + 9318 + 82503 + 648

16
Achte auf die Nullen.
a) 54290 + 3043 + 6010
b) 24659 + 4862 + 30499
c) 90240 + 3060 + 7003

17*
Hier mußt du gut aufpassen.
Tip: Du erhältst besondere Ergebnisse.
a) 53269 + 6982 + 48203 + 145834 + 96432 + 72304 + 850 + 218604 + 23274 + 914
b) 832 + 54067 + 6312 + 65083 + 609 + 38492 + 6030 + 72412 + 9807 + 79689
c) 214867 + 63589 + 8942 + 698 + 8315 + 85369 + 420014 + 99586 + 8735 + 89884

18
999 + 888 + 777 =
666 + 555 + 444 =
333 + 222 + 111 =
___+___+___= ?

19
Hier kannst du dein Ergebnis kontrollieren.
612 + 589 + 878 =
1286 + 2463 + 1619 =
637 + 842 + 2185 =
___+___+___= 11111

347	6813
715	2963
2683	683
+757	4572
517	638
+9187	5263

Nimm aus jedem Feld eine Zahl, so erhältst du 64 Aufgaben
Beispiel: 347
         + 2683
         + 517

Schriftliches Addieren

14582/T 14559/U
14612/N 14565/H
14629/E

20
Welche Fehler wurden gemacht? Verbessere die Fehler.

a) 2356
   +459
   1

   6846

b) 473
   +244
   +517

   1124

c) 7003
   + 408
   +20807
   1 1

   28308

21
Wie häufig mußt du 4356 addieren, um ans Ziel zu kommen?

a) START 5472 ⋮ ZIEL 14184

b) START 12673 ⋮ ZIEL 30097

c) START 46589 ⋮ ZIEL 72725

22
Die Lösung fließt in die Weser.

a) 5623
   +8942

b) 6785
   +7774

c) 9638
   +4974

d) 8301
   +6281

e) 5799
   +8830

23*
In die Leerstellen gehören die Ziffern 1, 2, 3, 6, 7, 8. Jede Ziffer darf nur einmal vorkommen.
a) Der Wert der Summe soll möglichst groß sein.
b) Der Wert der Summe soll möglichst klein sein.
c) Der Wert der Summe soll 900 betragen.

24*
Ersetze die Leerstellen durch die richtigen Ziffern.

a) □456
   +63□3

   8□7□

b) 5□47
   +□89□

   95□9

c) 82□7
   +□65□

   □5□06

25*
a) Bilde alle Zahlen, die die Ziffern 2, 5, 8 genau einmal enthalten und addiere:
258 + 285 + 528 + ...
b) Verfahre ebenso mit 3, 5, 7. Vergleiche das Ergebnis mit a).

26*
a) Addiere die größte fünfstellige Zahl aus den Ziffern 2, 3, 5, 7, 8 zur kleinsten dreistelligen Zahl aus den Ziffern 2, 4, 6.
b) Verfahre ebenso mit den Ziffern 2, 4, 5, 8, 9 und 3, 6, 7.

27*
Zahlenzauber.

$2 + 8 =$
$204 + 806 =$
$20406 + 80604 =$
$2040608 + 8060402 =$

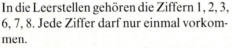
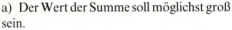

28*
Zahlenzauber.

  9 135 802 469 136   1 35 802 469 136
+ 1 975 308 641 975   + 1 97 530 864 197

    35 802 469 136   5 802 469 136
+   19 753 086 419   +   1 975 308 641

29
Im Stuttgarter Neckarstadion fanden die deutschen Leichtathletik-Meisterschaften statt. Die Kassierer meldeten folgende Zuschauerzahlen: Freitag 17366, Samstag 34988 und Sonntag 58907.
Wie viele Besucher kamen insgesamt?

30
In der Stadthalle war am Wochenende eine Gartenausstellung. Am Freitag kamen 2436 Besucher. Am Samstag wurden 6213 gezählt, und am Sonntag kamen trotz des Regens noch 3672 Besucher.
Wie viele Besucher kamen insgesamt?

31
Trompete	840,–
Horn	2140,–
Posaune	1825,–
Tuba	3645,–
Klarinette	1635,–

Eine Blaskapelle hat 10000 DM für neue Instrumente gespart. Reicht das Geld, um die fünf Instrumente zu kaufen? Rechne zunächst überschlägig.

5 Schriftliches Subtrahieren

1
Die Rechnungen an der Tafel sind in der Pause teilweise ausgelöscht worden. Wie lauten die verwischten Zahlen?

Die Sprech- und Schreibweise beim schriftlichen Subtrahieren wiederholen wir an der Stellenwerttafel.

T	H	Z	E
7	3	6	4
−	4	3	8
	1		1
6	9	2	6

Einer: $8 + 6 = 14$, schreibe 6, übertrage 1
Zehner: $1 + 3 + 2 = 6$, schreibe 2
Hunderter: $4 + 9 = 13$, schreibe 9, übertrage 1
Tausender: $1 + 6 = 7$, schreibe 6

Beim schriftlichen Subtrahieren **ergänzen** wir die fehlenden Einer, Zehner, Hunderter, Tausender, ...

Schriftliches Subtrahieren:
1. Schreibe die Zahlen so untereinander: Einer unter Einer, Zehner unter Zehner, ...
2. Beginne von rechts. Erst die Einer, dann die Zehner, ...
3. Schreibe den Übertrag in die nächste Spalte.

Beispiele

a) 6417   b) 5437   c) 8240   d) 7306
   −3603   −2817   − 657   − 509
      1   1   1 1 1   1 1 1
    2814   2620   7583   6797

Bemerkung: Achte stets auf die Nullen und den Übertrag.

e) Schreib- und Sprechweise bei mehreren Subtrahenden.

  5956   Einer: $9 + 7 + 3 = 19$; $19 + 7 = 26$, schreibe 7, übertrage 2
 −1683   Zehner: $2 + 5 + 1 + 8 = 16$; $16 + 9 = 25$, schreibe 9, übertrage 2
 − 217   Hunderter: $2 + 8 + 2 + 6 = 18$; $18 + 1 = 19$, schreibe 1, übertrage 1
 − 859   Tausender: $1 + 1 = 2$; $2 + 3 = 5$, schreibe 3
   1 2 2
  3197

Bemerkung: Du kannst dein Ergebnis mit einer Überschlagsrechnung kontrollieren.

f) 996   1000   g) 5956   6000
   −232   − 200   −1883   −2000
   −375   − 400   − 17   −   0
   −183   − 200   − 859   −1000
    206   200   3197   3000

Aufgaben

2
a) 8649   b) 6756   c) 9825
   −4537   −5234   −7503

d) 5468   e) 4899   f) 7835
   −3247   −3256   −4602

3
a) 6453   b) 8469   c) 5972
   − 342   − 248   − 761

d) 4863   e) 5987   f) 7652
   − 551   − 653   − 541

Schriftliches Subtrahieren

3546	4286
3890	4305

	802	769
−	953	658

	1555	1221
−	1358	1465

Nimm aus jedem Feld eine Zahl, so erhältst du 64 Aufgaben.
Beispiel: 3546
 − 802
 − 1555

4
Schreibe untereinander und berechne.
a) 5643 − 4232; 8467 − 6253
b) 8459 − 6342; 7586 − 4254
c) 3896 − 2743; 5675 − 3462
d) 9689 − 6363; 4987 − 3653

5
a) 74 682 − 2561; 56 283 − 4162
b) 83 412 − 2301; 75 486 − 4352
c) 46 796 − 5314; 38 269 − 7154
d) 18 643 − 7512; 16 317 − 5206

6
Achte auf den Übertrag.

a) 5436 b) 6542 c) 7836
  − 2258   − 4163   − 6919

d) 6723 e) 5283 f) 4391
  − 4567   − 2526   − 1546

7
a) 6742 − 5468; 4352 − 3186
b) 7412 − 5287; 6583 − 2814
c) 9283 − 4647; 5842 − 4367
d) 8914 − 4438; 7652 − 5388

8
a) 6348 b) 5376 c) 6729
  − 529   − 584   − 757

d) 7352 e) 6342 f) 8253
  − 617   − 915   − 728

9
a) 6789 b) 7985 c) 9675
  − 2432   − 2531   − 4321
  − 1246   − 4243   − 3243

d) 8579 e) 6879 f) 8879
  − 342   − 4253   − 362
  − 5116   − 515   − 5406

10
a) 6352 b) 8283 c) 4736
  − 2413   − 5417   − 1561
  − 1846   − 1615   − 1884

d) 9762 e) 8513 f) 5213
  − 839   − 4657   − 659
  − 5462   − 783   − 2346

11
Berechne.
a) 76 897 − 32 145 − 23 421
b) 58 569 − 14 126 − 23 232
c) 69 789 − 26 451 − 32 126
d) 87 569 − 34 217 − 42 141

12
a) 83 512 − 46 713 − 21 357 − 15 328
b) 76 815 − 28 204 − 17 638 − 24 507
c) 54 239 − 16 547 − 23 658 − 10 965
d) 63 517 − 16 413 − 27 183 − 11 208

13
Achte auf die Nullen.

a) 5063 b) 6402 c) 4765
  − 2302   − 4300   − 2530
  − 1001   − 1032   − 1130

14*
Du erhältst besondere Ergebnisse.

a) 225 974 b) 496 204 c) 473 354
  − 6345   − 20 517   − 5208
  − 74 317   − 6709   − 19 531
  − 536   − 51 518   − 5341
  − 4045   − 567   − 287
  − 16 503   − 9358   − 36 512
  − 907   − 86 412   − 74 264

15
Die Ergebnisse zeigen dir, ob du richtig gerechnet hast.
 649 583 − 538 472
 619 786 − 286 453
 791 449 − 235 894
 1 340 581 − 562 804
 1 400 237 − 400 238

16
1 010 100 − 282 828
1 323 231 − 535 353
1 333 332 − 898 989
9 753 579 − 7 531 357

17*
⊖ 11 111 − 6472 − 2417 =
   6564 − 4316 − 884 =
   2325 − 792 − 676 =
   ──── − ──── − ──── = ?

Schriftliches Subtrahieren

18
Welcher Fehler wurde gemacht? Verbessere das Ergebnis.

a) 415 − 387 = 172   b) 8612 − 523 = 3382   c) 5685 − 3758 = 2927

19
Wie oft mußt du 6312 subtrahieren, um ans Ziel zu kommen?

a) START 27417 ... ZIEL 14793
b) START 41512 ... ZIEL 9952
c) START 76839 ... ZIEL 51591

Die richtigen Lösungen führen in eine europäische Hauptstadt.
899/S 1097/R 861/M
1552/D 2421/M 4631/A
1219/T 4731/E 1693/A

20
a) 5467 − 836   b) 5238 − 2817   c) 5603 − 4704
d) 7804 − 6585   e) 5689 − 958   f) 1892 − 795
g) 4308 − 2756   h) 6059 − 4366   i) 3609 − 2748

21*
Ersetze die Leerstellen durch die richtigen Ziffern.

a) 8□7□6 − □3□6□ = 72701
b) 6□3□□ − □7□93 = 10307
c) 8219□ − 4□8□9 = □2□90

22**
In die Leerstellen gehören die Ziffern 2, 3, 5, 7, 8, 9.
a) Der Wert der Differenz soll möglichst groß sein.
b) Der Wert der Differenz soll möglichst klein sein.
c) Der Wert der Differenz soll 121 betragen.

Beispiel mit 7, 5, 3:
753 − 357 = 396
396 + 693 = 1089

23*
Bilde aus drei Ziffern (ohne 0) die kleinste und die größte Zahl und berechne die Differenz. Berechne nun die Summe aus dem Ergebnis und seiner Spiegelzahl. Rechne mit verschiedenen Beispielen und vergleiche.

24*
Bilde aus vier Ziffern die kleinste und die größte Zahl und bilde die Differenz. Verfahre mit den vier Ziffern des Ergebnisses genauso, usw. Nach einigen Schritten kommt immer dasselbe Ergebnis heraus, gleichgültig, mit welchen Ziffern man angefangen hat.
Beispiel: 2, 3, 6, 8
1) 8632 − 2368 = 6264
2) 6642 − 2466 = 4176
3) 7641 − 1467 = 6174   1, 4, 6, 7

Rechne ebenso mit den Ziffern
a) 2, 4, 8, 9   b) 1, 3, 7, 9   c) 2, 3, 8, 9

25
Gipfelsturm auf den Mt. Everest (8848 m). Das Basislager befindet sich in 5680 m Höhe, zwei weitere Zwischenlager sind bei 6250 m und 7570 m eingerichtet. Wie hoch ist es jeweils noch zum Gipfel?

26
Flüsse sind die Lebensadern des festen Landes. Der Rhein ist mit 1320 km der längste Fluß in Deutschland.
Berechne, um wieviel km die großen Flüsse der Erde länger sind als der Rhein.

Nil (Ägypten)	6324 km
Amazonas (Brasilien)	6513 km
Mississippi (USA)	6051 km
Jangtsekiang (China)	5632 km

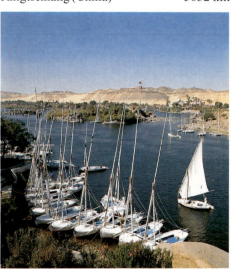

Schriftliches Subtrahieren

27
Jeweils der 100 000. Besucher der Gartenschau soll einen schönen Blumenstrauß erhalten.
a) Wie viele fehlen noch beim 98 736. Besucher?
b) In der ersten Woche kamen 178 736 Besucher. Der wievielte Besucher der zweiten Woche bekommt einen Blumenstrauß?

28
Die Jugendgruppe des Roten Kreuzes hat beim Verkauf auf dem Flohmarkt 796 DM eingenommen. Sie kaufen für den Clubraum eine Tischtennisplatte für 398 DM, Schläger für insgesamt 114 DM und ein Netz für 38 DM.
Wieviel Geld bleibt noch übrig?

29
Die Halle des Handballvereins Grün-Weiß hat ein Fassungsvermögen von 2936 Plätzen.
An den verschiedenen Vorverkaufsstellen wurden 33; 235; 672; 357 und 958 Karten verkauft.
Wie viele Karten können noch an der Abendkasse verkauft werden?

30*
Bei der Vorbereitung einer 12tägigen Radrundfahrt liest der Rennleiter beim Abfahren der gesamten Strecke am Ende einer jeden Etappe den Kilometerstand ab.
a) Wie lang sind die einzelnen Etappen?
b) Wie groß ist der Unterschied zwischen der längsten und der kürzesten Etappe?
c) Vergleiche die Länge der ersten sechs Etappen und der zweiten Hälfte der Rundfahrt.
Wieviel km beträgt der Unterschied?

31*
Die Mitgliederzahlen eines Sportvereins haben in den letzten zehn Jahren stark geschwankt.

1981:	2937	1986:	2781
1982:	2847	1987:	2917
1983:	2673	1988:	3136
1984:	2779	1989:	2891
1985:	2812	1990:	2854

a) In welchem Jahr war der stärkste Zuwachs, in welchem die größte Abnahme zu verzeichnen?
b) Wie viele Mitglieder fehlen im besten Jahr bis 5000?

32*
Im Heizöltank der Schule waren zu Beginn der Winterheizperiode 12 800 Liter.
Während der Wintermonate mußte dreimal nachgetankt werden: 8 750 Liter
                                                            11 800 Liter
                                                       und   9 750 Liter
Wieviel Liter Heizöl wurden insgesamt verbraucht, wenn der Ölstandanzeiger am Ende der Heizperiode 10 950 Liter anzeigt?

33*
Auf dem Autokilometerzähler erscheinen immer wieder „symmetrische Zahlen" wie z. B.   10101
        37873
a) Nach wieviel Kilometern erscheint die nächste „symmetrische Zahl" bei folgenden Kilometerständen   12321
        84548
        56965
b) Suche für den Kilometerstand
        78900
die nächsten drei „symmetrischen Zahlen" und berechne, wieviel Kilometer jeweils noch zu fahren sind.

12 -Tage - Rundkurs						
Tag	1.	2.	3.	4.	5.	6.
km-Stand	152	288	474	585	720	864
Tag	7.	8.	9.	10.	11.	12.
km-Stand	963	1092	1203	1334	1460	1582

6 Vermischte Aufgaben

1
Ergänze die Zahlen in deinem Heft.

a) ⊕ ↑
b)
c) ⊕ ↑
   ⊖ ↓

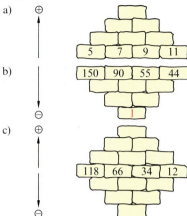

2
Wie heißt die fehlende Zahl?
a) $12 + 39 = \Box$
   $24 + \Box = 37$
   $\Box + 28 = 52$
b) $\Box + 37 = 96$
   $99 + \Box = 115$
   $89 + 98 = \Box$
c) $58 - 19 = \Box$
   $74 - \Box = 51$
   $\Box - 13 = 48$
d) $\Box - 28 = 34$
   $91 - \Box = 75$
   $71 - 39 = \Box$

3
a) Berechne den Summenwert der Summanden 18 und 36.
b) Welcher Summand ergibt mit 27 den Summenwert 51?
c) Berechne den Differenzwert der beiden Zahlen 98 und 29.
d) Welche Zahl muß man zu 38 addieren, um 71 zu erhalten?
e) Von welcher Zahl muß man 48 subtrahieren, um 25 zu erhalten?

4
a) Setze für die Sternchen die Ziffern 5, 6, 7, 8, 9 ein.

```
   **
 + **
 ----
  16*
```

b) Setze für die Sternchen die Ziffern 1, 2, 3, 4, 5, 6, 7, 8, 9 ein.

```
  ***          **
+  **        + **
 ----         ---
  163         143
```

5
Du kannst diese Tabelle in deinem Heft geschickt ausfüllen, wenn du die Zahlen für die Randspalten zuerst ausrechnest.

+	31	54	73
19	38		
		85	
			127
73			

6
Rechne geschickt.
a) $41 + 22 + 18$
   $34 + 17 + 43$
   $26 + 44 + 29$
   $36 + 73 + 84$
b) $39 + 104 + 46$
   $21 + 119 + 17$
   $43 + 26 + 134$
   $115 + 76 + 25$
c) $11 + 73 + 79$
   $84 + 18 + 36$
   $98 + 22 + 78$
   $57 + 36 + 83$
d) $104 + 55 + 125$
   $212 + 188 + 247$
   $945 + 236 + 55$
   $463 + 412 + 37$

7
Durch geschicktes Zusammenfassen kannst du die Aufgaben im Kopf rechnen.
a) $27 + 81 + 44 + 73 + 19 + 56$
b) $78 + 17 + 19 + 33 + 22 + 31$
c) $64 + 55 + 86 + 12 + 45 + 38 + 17$
d) $99 + 78 + 25 + 101 + 18 + 75 + 122$

8
Die Summe aller Zahlen von 1 bis 99 läßt sich leichter ausrechnen, wenn du sie wie unten aufschreibst.

1	2	3	4	5	6	7	8	9
99	98	97	96	95	94	93	92	91	...

Diese Idee hatte schon der sechsjährige Carl Friedrich Gauß im Jahre 1783. Findest auch du die Lösung?

Vermischte Aufgaben

13
a) Heiner macht Urlaub in Konstanz. Von dort unternimmt er einen Ausflug nach Bregenz. Auf dem Hinweg fährt er auf der Schweizer Seite. Für die Rückfahrt wählt er die deutsche Seite sowie die Fähre von Meersburg nach Konstanz. Um wieviel km unterscheiden sich die Strecken?
b) Frau Bach fährt von Überlingen nach Rorschach. Welcher Weg ist der kürzeste?
c) Wieviel km kann man durch das Benutzen der Fähre sparen, wenn man von Stein nach Lindau fährt?

9
Achte beim Ausrechnen auf die Klammern.
a) $57 + (34 - 17) + 12 + (19 - 7)$
b) $57 + 34 - (17 + 12) - (19 - 7)$
c) $57 - (34 - 17) - 12 + (19 - 7)$
d) $57 - 34 + (17 - 12) - (19 - 7)$
e) $57 - (34 - 17) - (12 + 19) - 7$
f) $57 - 34 - (17 - 12) - (19 - 7)$

10
Berechne schriftlich.
a) $4321 + 1685 + 3963$
b) $60\,347 + 31\,421 + 12\,356$
c) $39\,284 + 699 + 1047 + 58$
d) $307 + 40\,039 + 1048 + 20\,409$
e) $113\,457 + 262 + 3089 + 4909$
f) $27\,836 + 4917 + 8736 + 17 + 1012$

11
a) $7836 - 3515$
$9744 - 8632$
$5683 - 4111$

b) $6754 - 5387$
$4911 - 3618$
$7132 - 3366$

c) $2905 - 1087$
$3041 - 2007$
$4310 - 3136$

d) $9736 - 878$
$4093 - 767$
$7001 - 702$

12
Berechne schriftlich.
a) $37\,836 - 25\,499 - 12\,336$
b) $74\,459 - 68\,084 - 6365$
c) $104\,318 - 9859 - 94\,359$
d) $834\,677 - 762\,843 - 70\,834$
e) $643\,567 - 346\,283 - 287\,284$

14*
Wie kannst du hier leichter rechnen? Nutze diesen Vorteil.
a) $172 - 34 - 16 - 41 - 29$
b) $158 - 21 - 53 - 19 - 27$
c) $217 - 48 - 15 - 65 - 52$
d) $294 - 34 - 63 - 15 - 27$
e) $333 - 12 - 17 - 83 - 88$

15
Wenn du ⊗ durch + oder − ersetzt hast, sollen die Rechnungen stimmen.
a) $37 \otimes 12 \otimes 14 \otimes 23 = 58$
b) $11 \otimes 38 \otimes 25 \otimes 14 = 10$
c) $99 \otimes 25 \otimes 36 \otimes 11 = 27$
d) $78 \otimes 31 \otimes 42 \otimes 18 = 49$
e) $98 \otimes 49 \otimes 37 \otimes 17 = 69$

16
Addiere zur größten sechsstelligen Zahl aus den Ziffern 3, 4, 5, 6, 7, 8 die kleinste Zahl aus diesen Ziffern.
Wiederhole diese Aufgabe mit fünfstelligen Zahlen aus 3, 4, 5, 6 und 7 und subtrahiere die Ergebnisse voneinander.

17
Für die Berechnung der Klammern kannst du eine Nebenrechnung machen.
a) $5836 + (1957 - 852) + (3586 - 2597)$
b) $6415 + (2537 - 1485) + (6317 - 5838)$
c) $5436 - (853 + 1276) - (1437 + 744)$
d) $8375 + (1354 + 882) - (602 + 1350)$
e) $8239 + (5617 - 4359) - (1309 + 583)$
f) $7856 - (3437 - 2658) - (5204 - 3408)$

18

a) Ein Frachtschiff hat 50 830 kg Kies geladen. Es werden nacheinander 12 380 kg, 17 840 kg und 19 250 kg entladen. Wie schwer ist die restliche Kiesladung?

b) Ein Frachtschiff hat 84 753 kg Steinkohle geladen. Es werden nacheinander 38 950 kg, 25 460 kg und 8750 kg entladen. Wie schwer ist die restliche Ladung?

19

Familie Knobloch hat monatlich 3852 DM zur Verfügung. In den ersten sechs Monaten geben sie folgende Beträge aus: 3654 DM; 3418 DM; 3779 DM; 3848 DM; 3479 DM; 3237 DM. Wieviel DM konnten sie in dieser Zeit auf ihr Sparkonto bringen?

20

Frau Wohlfahrt ist Omnibusfahrerin. Am Ende der Woche zeigt der Kilometerzähler des Busses 97 436. Von Montag bis Samstag hat sie jeweils den Tageskilometerzähler abgelesen:

362 km	112 km
438 km	241 km
579 km	405 km

a) Wieviel km ist Frau Wohlfahrt in dieser Woche gefahren?

b) Wie war der Kilometerstand zu Beginn der Woche?

21*

Das Blumengeschäft Beck hat drei Filialen in der Stadt. Die Tabelle gibt einen Überblick über die Einnahmen in einem Monat.

Blumengeschäft Beck

Februar	Bahnhof	Stadtmitte	Kurpark
1. Woche	3824 DM	5812 DM	2137 DM
2. Woche	4196 DM	6436 DM	1814 DM
3. Woche	4217 DM	5624 DM	2008 DM
4. Woche	2930 DM	6739 DM	1936 DM

Übertrage die Tabelle in dein Heft.

a) Berechne die Monatseinnahmen der einzelnen Filialen.

b) Berechne die Gesamteinnahmen in den einzelnen Wochen.

c) Wie hoch sind die Gesamteinnahmen des Blumengeschäfts in dem Monat?

Magische Quadrate

Albrecht Dürer (1471–1528, Nürnberg) war einer der bedeutendsten Maler. 1514 fertigte er das Bild Melancholie. In diesem Bild findest du ein Quadrat mit 16 Feldern. In jedem Feld steht eine Zahl. In der untersten Zeile steht auch das Entstehungsdatum. Wenn du die Zahlen in den Spalten, Zeilen oder den Diagonalen addierst, erhältst du stets die Zahl 34. Rechne nach. Prüfe auch die vier Felder in den Ecken, z. B.:

7	12
14	1

Findest du noch weitere Möglichkeiten, die Zahl 34 zu erhalten?

Welche magische Zahl haben folgende Quadrate?

11	3	10
7	8	9
6	13	5

12	3	15
13	10	7
5	17	8

21	3	18
11	14	17
10	25	7

Welche Zahlen müssen ergänzt werden, damit sich ein magisches Quadrat ergibt?

		13
10	12	
11		

	14	19
16	18	
	22	

45		
	46	42
		47

Wie müssen die Zahlen 4, 5, 6, 7, 8 und 9 eingesetzt werden?
Die magische Zahl ist 15.

		2
	3	
	1	

KLASSENFAHRT

Die Klasse 5 b aus Potsdam will im nächsten Juni eine fünftägige Klassenfahrt machen. Die Klassenlehrerin will die 25 Schülerinnen und Schüler an der Planung beteiligen. Nach längerer Diskussion werden zwei Gruppen gebildet, die jeweils eine Klassenfahrt vorbereiten und die Kosten überschlagen sollen.

Die erste Gruppe plant einen Aufenthalt in der Jugendherberge Syke bei Bremen.

1
Am Telefon erfahren Nico, Kai, Alex und Anna folgende Preise:
1 Übernachtung kostet 9,00 DM.
1 Tagesverpflegung bestehend aus 4 Mahlzeiten kostet 15,50 DM.
Wieviel DM muß eine Person für Übernachtung und Verpflegung von Montag mittag bis Freitag morgen zahlen?

2
Für einen Tag während der Klassenfahrt wird ein Tagesausflug nach Bremen geplant. Sina, Frederick und Frank erfahren telefonisch folgende Preise:

- Busfahrt nach Bremen und zurück 4 DM
- Eintritt Dom frei
- Besteigung des Domturmes 0,50 DM
- Besichtigung des Bleikellers 1 DM
- Hafenrundfahrt 4,50 DM
- Eintritt Planetarium 1 DM

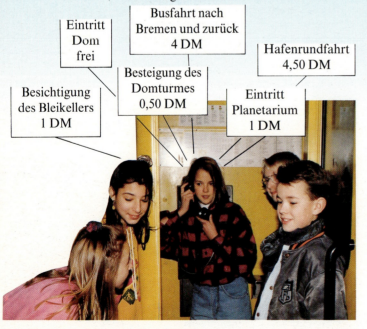

Wieviel DM kostet der Ausflug pro Person?

3
Manuel, Gerriet, Maren und Meral kaufen für die sonstigen Veranstaltungen ein: Tischtennisbälle (4,99 DM), Preise für den Spielabend (44,85 DM), Scherenschnittpapier (50,00 DM).
Wieviel DM geben die Schülerinnen und Schüler für ihren Einkauf aus? Runde auf volle DM. Wieviel DM muß jede der 25 Personen für den Einkauf zahlen?

4
Ayhan, Serdal, Johannes und Patrick fragen bei verschiedenen Busunternehmen nach Fahrpreisen.
Sie erhalten folgende Angebote für die Fahrt Potsdam – Syke und zurück:
Busunternehmen: Bernstein 920 DM
Schulau 850 DM
Karlsen 880 DM
Dombert 960 DM
Natürlich wird die Klasse mit dem Busunternehmen Schulau fahren. Um wieviel DM unterscheiden sich die Preise?
Wieviel DM muß eine Schülerin bzw. ein Schüler für die Busfahrt zahlen?

5
Tina und Tim überlegen, was für einen Abschiedsabend eingekauft werden müßte: Getränke (24,85 DM), Knabbereien (22,45 DM), Luftballons, Luftschlangen und Girlanden (28,10 DM). Wieviel DM kostet der Einkauf? Runde auf volle DM. Wieviel DM muß eine Person zahlen?

6
Wieviel DM wird die Klassenreise voraussichtlich für eine Person kosten?

Die zweite Gruppe will eine Fahrradtour ins Havelland organisieren. Sie soll Montag morgen in Brandenburg beginnen und über Nauen, Oranienburg, Falkensee und Werder zurück nach Brandenburg führen, wo sie Freitag abend enden soll.

1
Wieviel Kilometer wollen sie mit dem Fahrrad fahren?

2
Mit wieviel Stunden Fahrzeit rechnet die Gruppe pro Tag, wenn sie von einer Durchschnittsgeschwindigkeit von 15 Kilometern in der Stunde ausgeht?

3
Jenny, Daniela und Nils entnehmen einem Jugendherbergsverzeichnis die Preise für Übernachtung und Verpflegung.

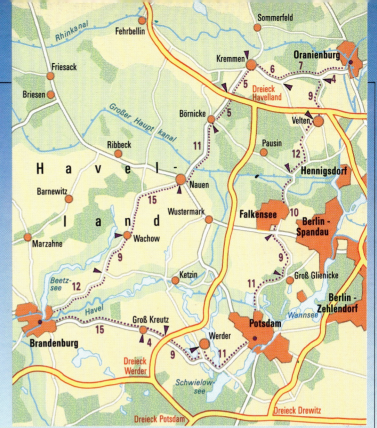

	Übernachtung	Verpflegung
Nauen	9,50 DM	15,00 DM
Oranienburg	9,50 DM	15,00 DM
Falkensee	8,50 DM	13,50 DM
Werder	9,00 DM	14,00 DM

Entnimm der Tabelle die entsprechenden Informationen und rechne aus, was eine Person für Übernachtung und Verpflegung in jeder Jugendherberge und für die gesamte Klassenfahrt bezahlen muß.
Beachte, daß die Lunchpakete in der Verpflegung enthalten sind.

4
Maren und Sabrina überlegen, welche Ausgaben sie noch haben werden. Da sie möglichst wenig Gepäck mitnehmen wollen, werden sie sich in jeder Jugendherberge einen Leinenschlafsack für 2 DM ausleihen. In Nauen wollen sie zum Schwimmen gehen (Eintritt 1,50 DM), in Werder planen sie als Abschluß der Klassenfahrt ein gemeinsames Essen (Pizza und Getränk für 10 DM). Für die Spiele und eventuelle Preise an den Abenden planen sie 5 DM pro Person ein.

5
Wieviel DM wird diese Klassenfahrt voraussichtlich für eine Person kosten?

6
Jannes, Oliver und Ulrike erstellen eine Liste derjenigen Gepäckstücke, die für die Fahrradtour unbedingt mitgenommen werden müssen. Außerdem wiegen sie aus, wieviel g das Gepäck vermutlich wiegen wird. So sieht ihre Liste aus:

Packtasche (700g), 1 lange Hose (400g), 1 kurze Hose (90g), Badekleidung (60g), 2 Handtücher (je 150g), Kulturtasche mit Inhalt (420g), 1 dünner Pulli (200g), 1 dicker Pullover (400g), 4 Garnituren Unterwäsche (je 70g), 4 Paar Socken (je 30g), Turnschuhe (600g), 4 T-Shirts (je 80g), Schlafanzug (250g), Regenumhang (300g), Fahrradflickzeug und Werkzeug (500g), 1 Spiel (200g), Schreibzeug (250g), 2 Pakete Papiertaschentücher (je 40g).

Rückspiegel

1
a) Addiere zur Summe der Zahlen 21 und 17 die Summe der Zahlen 58 und 63.
b) Addiere zur Differenz der Zahlen 58 und 19 die Zahl 35.
c) Welchen Wert hat die Summe der ungeraden Zahlen zwischen 20 und 30?
d) Addiere die Differenz von 73 und 25 und die Differenz von 112 und 36.

2
Berechne möglichst geschickt.
a) $25 + 31 + 43 + 16 + 19 + 44 + 57$
b) $41 + 22 + 25 + 29 + 13 + 38 + 35$
c) $37 + 56 + 15 + 12 + 24 + 73 + 18$
d) $28 + 74 + 83 + 33 + 82 + 47 + 26$
e) $36 + 15 + 24 + 17 + 14 + 85 + 33$

3
a) $112 - 17 - 34 - 28 - 21$
b) $223 - 38 - 74 - 41 - 32$
c) $312 - 74 - 43 - 36 - 28$
d) $425 - 37 - 41 - 66 - 54$

4
a) $74 + 37 - 81 + 27 - 36$
b) $48 - 29 + 17 + 38 - 27$
c) $94 - 36 + 24 - 17 - 38$
d) $76 + 48 - 29 - 32 + 14$

5
a) $64 - (42 - 18)$, $68 - (47 - 29)$
b) $84 - (23 + 19)$, $94 - (42 + 39)$
c) $28 + (46 - 17)$, $39 + (74 - 35)$
d) $74 + (83 - 64)$, $65 + (96 - 78)$

6
a) $(48 - 17) - (55 - 48 + 17)$
b) $95 - (23 - 16 + 5) + (54 - 32)$
c) $86 - (73 - (52 - 43)) - (52 - (43 - 5))$
d) $425 - ((196 - 11) - (27 + 13))$
e) $((612 - (314 - 216)) + (104 - 66)$

7
a) $5627 + 3846$
b) $7852 + 369$
c) $586 + 9537$
d) $8529 - 4326$
e) $6253 - 867$
f) $5283 - 4625$

8
Schreibe stellengerecht untereinander und addiere. Führe zunächst eine Überschlagsrechnung durch.
a) $5673 + 876 + 24\,713 + 51\,612$
b) $6374 + 1231 + 16\,519 + 314$
c) $24 + 24\,024 + 224 + 2424$
d) $3599 + 834 + 27\,625 + 6314$
e) $7781 + 34\,978 + 63\,517 + 8912$
f) $808 + 73\,059 + 6534 + 12\,307$

9
a) $8612 - 1236 - 2507 - 1608$
b) $12\,314 - 5659 - 312 - 2529$
c) $34\,007 - 6813 - 36 - 12\,500$

10
Wie lauten die fehlenden Ziffern?
a) $4\square67\square9 + \square20\square52 = 67\square94\square$
b) $6318\square - 2\square7\square5 = \square\square95$
c) $\square651\square - \square2\square9 = 38\square34$

11
a) Um wieviel ist 538 517 größer als die Differenz aus 53 184 und 12 898?
b) Wieviel muß man zu 4359 addieren, um die größte 5stellige Zahl zu erhalten?
c) Um wieviel ist die Differenz aus 482 und 391 kleiner als die Differenz aus 3722 und 2773?

12
Für ein Klavierkonzert wurden im Vorverkauf nur 154 von 945 Karten abgesetzt. An der Abendkasse wurden 283 Karten mehr verkauft als im Vorverkauf.
Wie viele Plätze bleiben frei, wenn man noch 37 Karten an Studenten verschenkt hat?

13
Herr Schall sammelt Briefmarken aus Europa. Im Jahr 1989 hatte er insgesamt 2437 Stück. 1990 kamen 583 Marken dazu. 1991 war der Zuwachs aber um 124 Marken geringer als 1990. 1992 kamen 89 Marken mehr dazu als 1990.
Wie viele Marken fehlen nun noch, bis die Sammlung 5000 Stück umfaßt?

III Geometrische Grundbegriffe

Euklid
(360–290 v. Chr.)

Zur Geschichte

Das Wort Geometrie ist griechisch. Übersetzt heißt es Erdmessung. Gemeint ist damit die Vermessung von Bauwerken und Grundstükken. Die ältesten Urkunden über geometrische Kenntnisse stammen aus Ägypten und dem Zweistromland zwischen Euphrat und Tigris. Ein Tempel sollte auf die Mittagssonne im höchsten Stand des Jahres ausgerichtet werden, eine Festungsmauer sollte ohne Knick verlaufen, ein Acker sollte durch Grenzsteine markiert werden, und die Lage der Grenzsteine sollte in eine Karte übertragen werden.

In der Vermessung von Grundstücken waren die alten Ägypter vor 4000 Jahren Meister. Wenn der Bauer wissen wollte, ob die Kuh des Nachbarn sich auf seinem Feld sattgefressen hatte, so brauchten die Vermessungsbeamten nur eine Schnur zwischen die Grenzsteine zu spannen. „Seilspanner" hießen diese Leute. Im alten Griechenland, vor etwa 2700 Jahren, machte man aus der Vermessung eine Wissenschaft. Nur noch Gelehrte verstanden die vielen neuen Gedanken. Ein gespanntes Seil reicht nur von Endpunkt zu Endpunkt. Eine Gerade reicht in zwei Richtungen beliebig weit. Das kann man sich nur vorstellen, und auch eine Zeichnung im Sand war nur eine Hilfe für die Vorstellung.

Was die griechischen Wissenschaftler im Laufe von etwa 500 Jahren herausfanden, hat Euklid in einem großen Lehrbuch zusammengefaßt. Merkwürdig wenig weiß man über diesen Gelehrten. Er wurde um 360 v. Chr. geboren, lebte zuerst in Athen, dann in Alexandria in Ägypten und wurde 70 Jahre alt. Wer sein Werk lesen wollte, mußte sich große Mühe geben.

1 Strecken und Geraden

1
Von Eindorf nach Zweistadt kommt man auf der Straße oder auf dem Fußweg. Die Straße ist kürzer als der Fußweg. Vergleiche die Straße und den Fußweg mit der Eisenbahnlinie. Welcher Weg wäre noch kürzer?

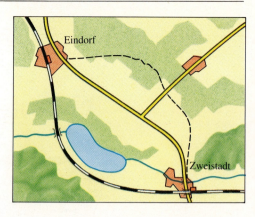

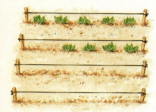

2
Der Gärtner spannt Schnüre, wenn er die Setzlinge in den Boden pflanzt. Was erreicht er damit?

Die kürzeste Verbindung zwischen zwei Punkten ist die **Strecke**. Wir können sie mit dem Lineal oder mit dem Geodreieck zeichnen.

Wir bezeichnen die Verbindungsstrecke der Punkte A und B mit $\overline{AB}$.
Eine **Strecke** hat einen Anfangspunkt und einen Endpunkt.

Beispiel
a) In der Figur rechts ist jeder der Punkte A, B, C, D, E mit jedem anderen durch eine Strecke verbunden. Von jedem Punkt gehen also vier Strecken aus.

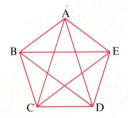

Denkt man sich eine Strecke in beiden Richtungen beliebig weit verlängert, so entsteht eine **Gerade**.
Wir bezeichnen Geraden mit g, h, i, ...
Geraden haben keinen Anfangspunkt und keinen Endpunkt.
Ein **Strahl** oder eine **Halbgerade** hat einen Anfangspunkt, aber keinen Endpunkt.

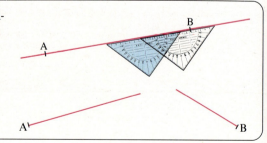

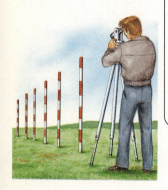

Beispiel
b) Eine neue Bahnlinie ist geplant. Wenn der Vermessungstechniker durch das Fernrohr schaut, sieht er die Markierungspfähle alle in gerader Linie hintereinander stehen.

Strecken und Geraden

Beispiel

c) Die Strecken $\overline{AB}$ und $\overline{CD}$ haben keinen Schnittpunkt. Erst wenn man sie verlängert, entsteht der **Schnittpunkt** P der Geraden g und h.
Der Schnittpunkt zweier Geraden kann außerhalb des Zeichenblatts liegen!

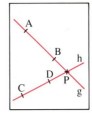
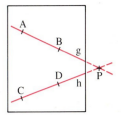

Aufgaben

3
Welches ist eine Strecke, eine Gerade, ein Strahl?

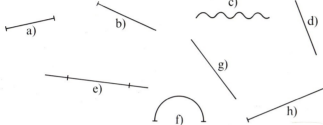

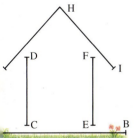

4
Nenne Beispiele für Geraden, Halbgeraden und Strecken aus deiner Umgebung.

5
Schreibe alle Strecken auf, die du in der Figur auf dem Rand siehst.

6
Miß die Länge folgender Strecken und schreibe sie auf ($\overline{AB}$ = ...).

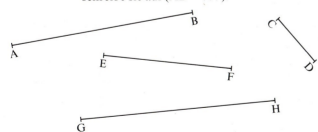

7
Zeichne folgende Strecken:
$\overline{AB}$ = 3 cm; $\overline{CD}$ = 4,8 cm; $\overline{EF}$ = 2,5 cm;
$\overline{GH}$ = 1,3 cm; $\overline{IK}$ = 7,4 cm; $\overline{LM}$ = 10,2 cm

8
Zeichne die Figuren ins Heft und zeichne alle Verbindungsstrecken.

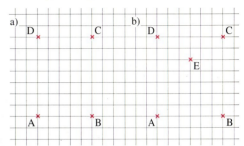

9
Zeichne die Punkte ins Heft. Wähle einen großen Maßstab.
a) Verbinde alle Punkte paarweise.
b) Verbinde die erhaltenen Schnittpunkte. Du erhältst eine schöne Figur.

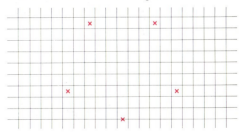

10
Wie viele Geraden und wie viele Strecken enthält die Figur?

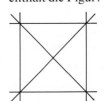
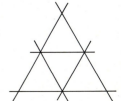

Strecken und Geraden

11*
Ein Pfannkuchen wird durch drei geradlinige Schnitte von Rand zu Rand zerteilt. Wie viele Stücke können dabei entstehen? Zeichne alle Möglichkeiten ins Heft. Eine Möglichkeit siehst du hier.

Fadenbilder
Für diese schönen Bilder benötigst du ein Stück Karton und einen bunten Wollfaden. Zeichne auf den Karton eine Figur; der Rand wird z. B. mit einer Stricknadel gelocht. Nun kannst du die Löcher mit dem Wollfaden verbinden.
Je genauer du arbeitest, desto schöner wird das Ergebnis.

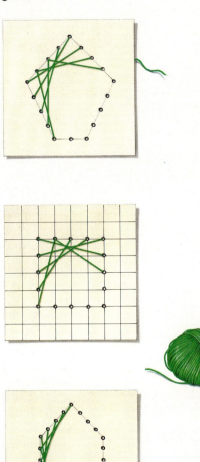

12*
Zeichne die Sternbilder ab und trage solche Verbindungsstrecken ein, die die Namen der Sternbilder verdeutlichen.

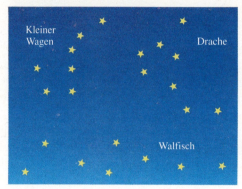

13*
Wie viele Strecken enthält die Figur?

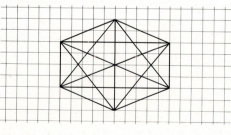

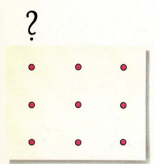

14**
Ist es möglich, die neun Punkte durch vier in einem Zug gezeichnete Strecken zu verbinden? Die Strecken müssen nicht in den vorgezeichneten Punkten enden.

2 Zueinander senkrechte Geraden

1
Straßen können sich auf verschiedene Arten kreuzen. An welcher Kreuzung mußt du besonders scharf aufpassen? Welche Kreuzung ist am übersichtlichsten?

2
Schneide ein Stück Papier aus. Wenn du es so faltest wie in der Abbildung, siehst du nach dem Auffalten Knicklinien, die sich in besonderer Weise kreuzen.

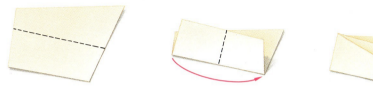

Zwei Geraden, die sich wie die Faltlinien in Aufgabe 2 schneiden, sind **zueinander senkrecht**. Beim Geodreieck sind die lange Seite und die Mittellinie zueinander senkrecht. Wir können deshalb mit dem Geodreieck solche Geraden zeichnen.

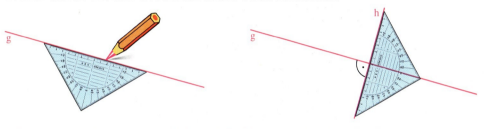

> Stehen die Geraden g und h **zueinander senkrecht**, so schreibt man kurz: g ⊥ h (lies: g senkrecht zu h). In der Zeichnung markiert man sie mit dem Zeichen ⦜ (lies: **rechter Winkel**).

Beispiel
Die Gerade g und der Punkt P sind gegeben. Durch den Punkt P soll die zu g senkrechte Gerade h gezeichnet werden.
Die Abbildung zeigt, wie du das Geodreieck anlegen mußt.
Bemerkung: Auch Strecken können zueinander senkrecht sein.

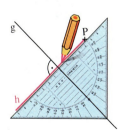

Aufgaben

3
Überlege, wo zueinander senkrechte Strecken vorkommen.
Denke an ein Drehkreuz, an ein Hausdach, an ein Rad mit Speichen, an die Zeiger einer Turmuhr, an die Flügel einer Windmühle! Schau dich auch im Klassenzimmer um.

4
Bei welchen dieser Buchstaben gibt es zueinander senkrechte Strecken?

Zueinander senkrechte Geraden

5

Hier siehst du einen Anschlagwinkel, den der Schreiner täglich braucht.
Beschreibe, wie er damit zueinander senkrechte Linien zeichnet.

6
Übertrage die Tabelle ins Heft.
Kreuze an, welche der Geraden zueinander senkrecht sind. Welche Gesetzmäßigkeit erkennst du?

⊥	g	h	i	k	l	m
g						
h						
i						
k						
l						
m						

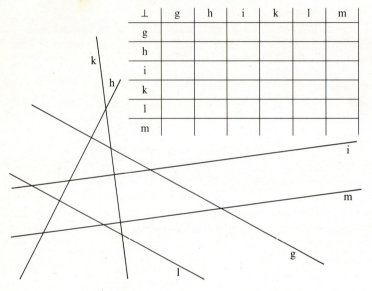

7
Übertrage die Figur ins Heft und zeichne durch jeden der Punkte P, Q und R die Gerade, die zu g senkrecht ist.

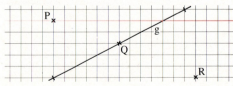

8*
Zeichne eine Gerade g und einen Punkt P, der nicht auf g liegt.
Zeichne durch P die Gerade h mit h ⊥ g, danach die Gerade i durch P mit i ⊥ h.

9
Zeichne die Figuren in dein Heft.
Trage die Verbindungslinien gegenüberliegender Ecken ein und prüfe mit dem Geodreieck, in welchen Vierecken sie zueinander senkrecht sind.

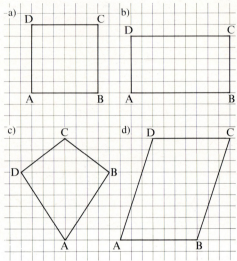

10*
a) Zeichne das Dreieck ab. Trage die Strecken ein, die jeweils vom Eckpunkt zur gegenüberliegenden Seite laufen und zu dieser senkrecht sind.

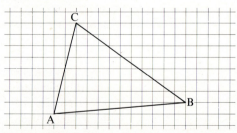

b) Wiederhole die Aufgabe mit einem Dreieck, das du ohne Vorlage gezeichnet hast.

11*
Schneide ein unregelmäßig geformtes Stück Papier aus und falte es viermal so, daß die zweite Knicklinie senkrecht zur ersten, die dritte senkrecht zur zweiten und die vierte senkrecht zur dritten ist. Wie steht nun die erste Knicklinie zur vierten? Überlege vor dem Auseinanderfalten.

3 Zueinander parallele Geraden

1
Nimm zwei Buntstifte in die Hand und halte sie so, daß sie fest aneinanderliegen. Führe einen der Stifte an einem Lineal entlang. Zeichne mit beiden Stiften.

2
Falte aus einem unregelmäßig ausgeschnittenen länglichen Stück Papier einen Streifen. Falte dann das Papier auf und beschreibe den Verlauf der Knicklinien.

Zwei Geraden, die zu einer dritten Geraden senkrecht stehen, haben keinen Schnittpunkt. Solche Geraden heißen **zueinander parallel**.

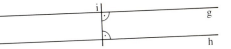

> Sind die Geraden g und h **zueinander parallel**, so schreibt man kurz: g∥h (lies: g parallel zu h).

Beispiel
Der Punkt P und die Gerade g sind festgelegt. Durch P soll eine zu g parallele Gerade gezeichnet werden.
Zuerst zeichnest du eine beliebige zu g senkrechte Gerade i. Dann zeichnest du die zu i senkrechte Gerade h, die durch P geht. Dazu legst du das Geodreieck mit der Mittellinie auf die Gerade i und schiebst es in die richtige Lage.
Bemerkung: Geraden, die sich außerhalb des Zeichenblatts schneiden, sind nicht parallel.
Zwei Strecken nennen wir parallel, wenn sie auf zueinander parallelen Geraden liegen. Wir schreiben $\overline{AB} \parallel \overline{CD}$.

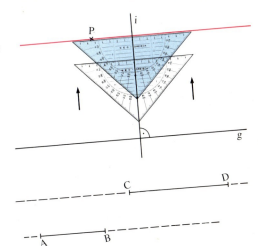

Aufgaben

3
Überlege, wo zueinander parallele Strecken vorkommen. Schau dich im Klassenzimmer um. Denke auch an Sport, Musik und die Eisenbahn.

parallel?

4
Welche Geraden sind zueinander parallel?

Zueinander parallele Geraden

5
Übertrage die Tabelle in dein Heft. Kreuze an, wenn die Geraden parallel zueinander sind. Welche Gesetzmäßigkeit erkennst du?

∥	g	h	i	k	l	m
g						
h						
i						
k						
l						
m						

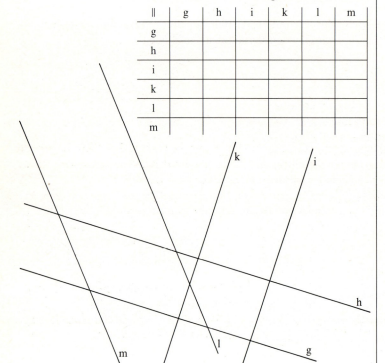

6
Übertrage die Figur ins Heft. Zeichne die Gerade h durch P mit h∥g.

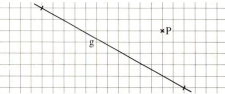

7
Übertrage die Figur ins Heft. Zeichne
a) die Gerade i durch P mit i∥g
b) die Gerade k durch Q mit k∥h.

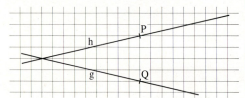

Parallele Geraden?
Solche Bilder nennt man optische Täuschungen.

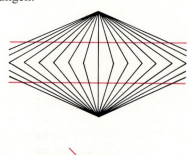

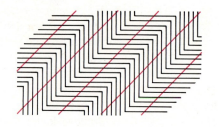
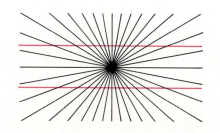
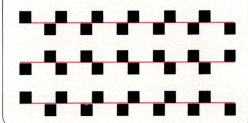

Lotrecht. Waagerecht.

Du weißt, wann Geraden oder Strecken zueinander senkrecht sind. Im täglichen Leben kommt aber auch der Begriff „**lotrecht**" vor, oft in Verbindung mit „**waagerecht**". Ein Fahnenmast steht lotrecht, wenn er nach unten genau zum Erdmittelpunkt zeigt. Weil die Erde Kugelgestalt hat, sind an verschiedenen Orten stehende lotrechte Masten nicht parallel.
Waagerecht heißt die Linie, die zur lotrechten Linie senkrecht ist. Du erkennst sie an einem windstillen Tag am Meer.

Die Wasserwaage ist ein praktisches Gerät, mit dem der Maurer lotrechte und waagerechte Kanten herstellt.
Die Wasserwaage besitzt zwei kleine Röhrchen, die mit Wasser und einer kleinen Luftblase gefüllt sind. Ist die Luftblase in der Mitte des Röhrchens an der langen Seite, so ist die Steinreihe waagerecht.
Ein Gewicht an einer Schnur hängt lotrecht nach unten.
Kannst du die Wasserwaage auch beim Anpinnen eines Posters gebrauchen?

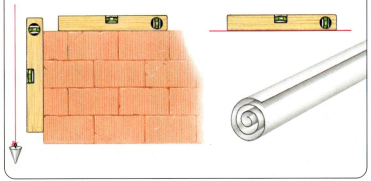

Zueinander parallele Geraden

8
Zum Zeichnen von parallelen Geraden kannst du auch die parallelen Hilfslinien auf dem Geodreieck verwenden.

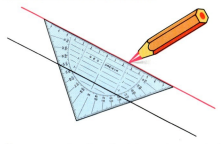

Übertrage die Figur in dein Heft. Lege beim Zeichnen der Parallelen das Geodreieck so, wie es hier gezeigt wird.

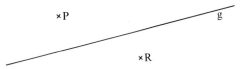

a) Zeichne die Gerade h durch P, die zu g parallel ist.
b) Zeichne die Gerade k durch R, die zu g parallel ist.

c) Verfahre mit dieser Figur genauso, wie mit der ersten Figur.

9
Zeichne die Gerade g und die Punkte A, B, C, D, E, F in ähnlicher Lage in dein Heft. Zeichne dann die zu g parallelen Geraden durch die sechs Punkte.

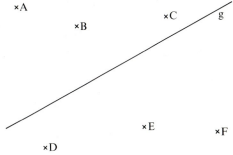

4 Quadratgitter

1

Manche Städte haben schachbrettartig angelegte Stadtteile. Kennst du auch solche Städte?

2

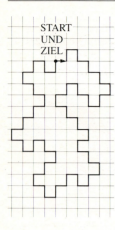

Susanne hat ein Spiel entworfen. Auf dem Weg sollen die Figuren vom Start zum Ziel laufen.
Wie viele Schritte führt der Weg nach rechts? Wie viele nach oben?
Wie oft führt er nach links? Wie oft führt er nach unten?

Auf Kästchenpapier ist ein **Quadratgitter** gedruckt. Die Schnittpunkte der Geraden sind die Gitterpunkte.
Um einen einzelnen Gitterpunkt festzulegen, zeichnest du zueinander senkrecht eine **Rechtsachse** und eine **Hochachse**. Dann zählst du die Kästchen nach rechts und nach oben ab.
Den Schnittpunkt der Achsen nennt man **Nullpunkt** oder **Ursprung**.

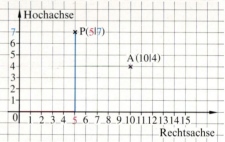

Wenn der Punkt P den **Rechtswert** 5 und den **Hochwert** 7 hat, schreibt man P(5|7).

Beispiel

Der Punkt A wird durch den Rechtswert 2 und den Hochwert 4 beschrieben, B hat den Rechtswert 4 und den Hochwert 2.
Man sagt auch: A hat die **Koordinaten** 2 und 4, B hat die Koordinaten 4 und 2.

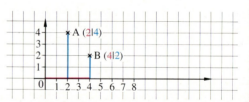

Aufgaben

3

Übertrage die Figuren ins Heft.

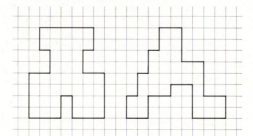

4

Gib die Rechts- und die Hochwerte der Punkte an. Schreibe: A (1|3), ...

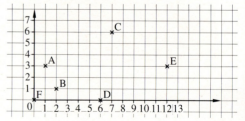

Quadratgitter

5
a) Zeichne Rechts- und Hochachse und trage die Punkte P(2|2), Q(7|1), R(8|6) und T(3|7) ein. Verbinde dann jeden Punkt mit jedem anderen.
b) Wiederhole dasselbe mit den Punkten A(6|4), B(16|4), C(20|12), D(16|20), E(6|20), F(2|12).

6
a) Zeichne die Punkte A(6|8), B(12|9) und C(8|12).
b) Gehe von A, B und C jeweils um 9 Kästchen nach rechts und um 4 Kästchen nach oben. So erhältst du die Punkte D, E und F.
c) Zeichne die Verbindungsstrecken $\overline{AB}, \overline{BC}, \overline{CA}, \overline{DE}, \overline{EF}, \overline{FD}, \overline{AD}, \overline{BE}, \overline{CF}$.

7
Übertrage die Figur in dein Heft. Zeichne jeweils eine weitere Figur nach folgender Regel:
a) Vergrößere die Rechtswerte um 5 und die Hochwerte um 3.
b) Vergrößere die Rechtswerte um 5, verkleinere die Hochwerte um 3.
c) Verkleinere die Rechtswerte um 5, vergrößere die Hochwerte um 3.

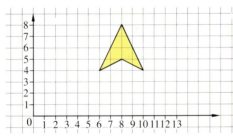

8
Welche Koordinaten haben die Eckpunkte der Quadrate? Zähle nicht nur.

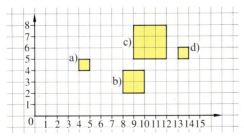

9
In der Figur ist das Quadratgitter weggelassen. Welchen Rechtswert und welchen Hochwert haben die Punkte E und F?

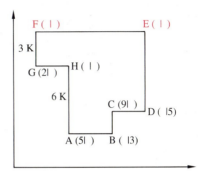

10
Zeichne alle Punkte, deren Rechtswert und deren Hochwert mindestens 1 und höchstens 8 ist.
Markiere sie

rot,   wenn der Rechtswert und der Hochwert gerade Zahlen sind;

blau,   wenn der Rechtswert und der Hochwert ungerade Zahlen sind;

grün,   wenn der Rechtswert eine gerade und der Hochwert eine ungerade Zahl ist;

gelb,   wenn der Rechtswert eine ungerade und der Hochwert eine gerade Zahl ist.

11
Suche einen Weg von A nach B, der im Innern des abgegrenzten Feldes ganz auf Gittergeraden verläuft und keinen der markierten Punkte trifft.

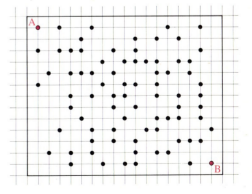

5 Entfernung und Abstand

1 Die Fahrbahn der Brücke ist an Tragseilen aufgehängt. Vergleiche lange und kurze Tragseile. Wie verlaufen sie jeweils zur Fahrbahn?

2 Warum wäre der falsch gezeichnete Zebrastreifen gefährlicher?

Die Punkte A, B, C, ... der Geraden g haben vom Punkt P unterschiedliche **Entfernungen** (linkes Bild). Die kürzeste Entfernung ist auf der Strecke $\overline{PC}$ abzulesen. Sie liegt auf der zu g senkrechten Geraden durch P.

Die Geraden g und h sind parallel (rechtes Bild). P ist ein Punkt auf g. Die Strecke, auf der wir den Abstand zwischen P und h ablesen, steht auf h und auch auf g senkrecht. Alle zu g und h senkrechten Verbindungsstrecken zwischen Punkten von g und h sind gleich lang.

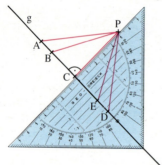 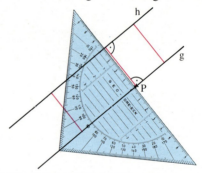

> Die kürzeste Entfernung zwischen einem Punkt P und einer Geraden g heißt **Abstand** zwischen P und g. Der Abstand wird an der Strecke abgelesen, die P senkrecht mit g verbindet.
>
> Die Länge einer Strecke, die zu zwei parallelen Geraden senkrecht ist und zwei Punkte dieser Geraden verbindet, heißt **Abstand** der zwei Geraden.

Beispiel
In der Zeichnung ist die Gerade g vorgegeben. Eine zu g parallele Gerade h ist im Abstand von 4 cm zu zeichnen. Dazu zeichnest du eine zu g senkrechte Gerade i. Vom Schnittpunkt S aus trägst du nach der einen und der anderen Seite 4 cm ab. Durch die so gezeichneten Punkte P oder Q legst du die Senkrechten zu i. Es gibt zwei Lösungen.

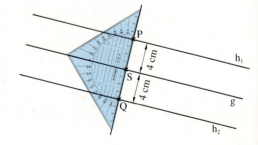

Entfernung und Abstand

Aufgaben

3
Übertrage die Figur in dein Heft. Miß den Abstand zwischen P und g in mm.

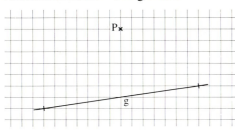

4
Zeichne Rechts- und Hochachse und trage die Punkte A(2|2), B(13|3), C(13|8) und D(5|10) ein. Miß die Entfernungen aller Punkte voneinander in mm.

5
Zeichne
a) die Gerade g durch A(2|4) und B(14|1) und den Punkt P(11|9)
b) die Gerade g durch A(16|4) und B(4|11) und den Punkt P(4|1).
Wie groß ist jeweils der Abstand zwischen P und g?

6
Übertrage die Figur ins Heft und bestimme die Abstände der Punkte P, Q, R und S von der Geraden g.

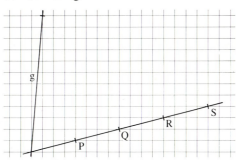

7
Die Gerade g geht durch A(5|8) und B(15|12). Zeichne die zu g parallelen Geraden h und i, die zu g den Abstand 2 cm haben.

8
Zeichne eine beliebige Gerade g, die keine Gittergerade ist. Zeichne die zwei dazu parallelen Geraden im Abstand 4 cm.

9
Zeichne die Gerade g durch die Punkte A(2|7) und B(15|5). Zeichne auf beiden Seiten von g je drei Parallelen zu g jeweils im Abstand 2 cm, 4 cm und 6 cm.

10*
Übertrage die Figur ins Heft. Bestimme alle Abstände zwischen den Punkten P, Q, R, S und den Geraden g, h.

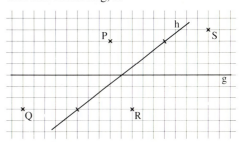

11
Auf der Landkarte sind die Schiffahrtslinien Warnemünde – Gedser und Travemünde – Helsinki zu sehen.
a) Wie weit ist es von Warnemünde bis Gedser?
b) In welcher Entfernung fahren die Schiffe an dem (im roten Kreis erkennbaren) Feuerschiff vorbei?

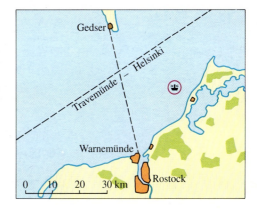

Entfernung und Abstand

12*
Übertrage die Figur ins Heft. Zeichne
a) einen Punkt   b) alle Punkte,
die von g den Abstand 1 cm und von h den Abstand 2 cm haben.

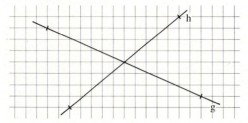

13
a) Wie weit ist Bergdorf von Talhausen in Luftlinie entfernt?
b) Wie lang ist der kürzeste Weg von Talhausen zur Landstraße 111, wenn man geradeaus über Stock und Stein geht?

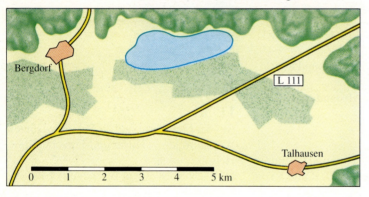

14*
Übertrage die Figur ins Heft. Zeichne den Punkt P, der
von der Geraden g denselben Abstand hat wie der Punkt A und
von der Geraden h denselben Abstand hat wie der Punkt B und
im gelben Bereich liegt.

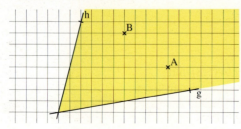

15
Bevor der Hund zum Freßnapf kommt, muß er um Mauern herumlaufen. Zeichne die Bilder ins Heft und suche für den Hund den kürzesten Weg.

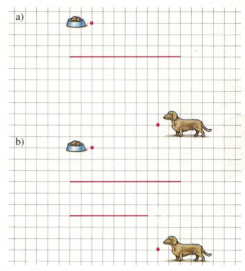

16*
Peter hat auf seinem Zeichenblatt die Gerade g und den Punkt P gezeichnet. Er mißt den Abstand zwischen P und g längs der rot markierten Strecke. Warum ist das falsch? Sabine kann den Abstand messen, ohne über das Blatt hinauszuzeichnen. Wie hat sie das geschafft? Zeichne selbst ins Heft.

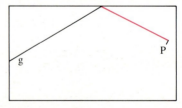

17*
Miß den Abstand zwischen den zwei parallelen Geraden, ohne über das Blatt hinauszuzeichnen.

6 Achsensymmetrische Figuren

1
Zeichne das Gesicht ab und stelle einen Spiegel (oder auch ein Geodreieck) darauf. Wo muß der Spiegel stehen, damit du genau das vollständige Gesicht siehst? Kannst du den Spiegel auch so aufstellen, daß du zwei Gesichter siehst?

2
Drei der vier abgebildeten Blätter haben eine gemeinsame Eigenschaft. Welches Blatt paßt nicht zu den anderen?

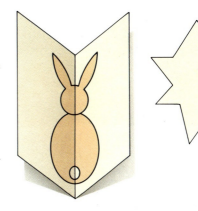

3
Vera hat einen schönen Osterhasen ausgeschnitten, Jens einen Weihnachtsstern. Wie wäre Jens ein schönerer Stern gelungen?

Viele Figuren bestehen aus zwei zueinander spiegelbildlichen Hälften. Durch Falten können die zwei Teile miteinander zur Deckung gebracht werden.

> Eine Figur, die aus spiegelbildlichen Hälften besteht, ist **achsensymmetrisch**.
> Die Gerade, die beide Teile voneinander trennt, heißt **Spiegelachse** oder **Symmetrieachse**.

Beispiel
In die Figuren sind die Symmetrieachsen eingezeichnet. Manche Figuren haben nur eine Symmetrieachse, manche haben zwei oder noch mehr Symmetrieachsen.
Die zwei Symmetrieachsen des Rechtecks gehen durch die Mittelpunkte gegenüberliegender Seiten.
Die zwei Symmetrieachsen der Raute gehen durch gegenüberliegende Eckpunkte.
Die drei Symmetrieachsen des gleichseitigen Dreiecks gehen durch einen Eckpunkt und eine Seitenmitte.

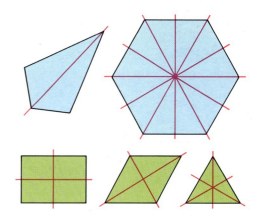

Aufgaben

4
Nenne Gegenstände aus deiner Umgebung, die achsensymmetrische Flächen haben.

5
Falte ein Blatt Papier, schneide vom Faltknick her eine Figur aus und klebe sie auseinandergefaltet ins Heft.
Wo liegt ihre Symmetrieachse?

6
Die Namensschilder wurden ungeschickt gefaltet. Wie heißt die Dame, wie heißt der Herr?

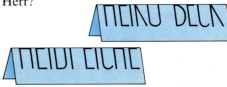

Achsensymmetrische Figuren

ABCDEFGHIJKLMNOPQRSTUVWXYZ

7 Wie viele Symmetrieachsen haben die Blütenbilder? Beschreibe ihre Lage.

Knabenkraut — Gelber Enzian — Veilchen — Erdbeere

8 Bauwerke haben oft symmetrische Vorderansichten oder Grundrisse. Prüfe, ob die Symmetrie genau eingehalten ist.

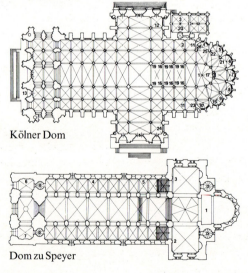

Kölner Dom

Dom zu Speyer

9 Welche großen Druckbuchstaben kannst du so schreiben, daß sie
a) eine b) zwei c) mehr als zwei Symmetrieachsen haben?

10 Übertrage die Vierecke ins Heft und zeichne die Symmetrieachsen ein.

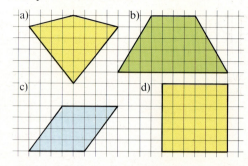

11 Übertrage die Figuren ins Heft und zeichne die Symmetrieachsen ein.

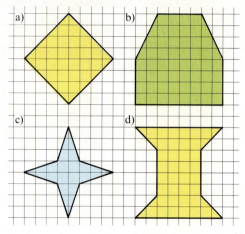

12* a) Übertrage die Figuren ins Heft und zeichne die Symmetrieachsen ein.

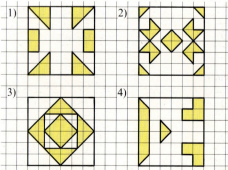

b) Zeichne selbst solche Figuren mit Symmetrieachsen.

Achsensymmetrische Figuren

Was bedeutet die Botschaft?

13*
Übertrage die Figuren mehrmals in dein Heft. Färbe die Felder so, daß eine Figur
a) mit einer b) mit zwei c) mit vier Spiegelachsen entsteht.

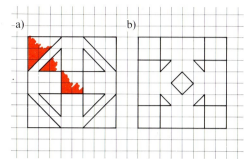

14
Wie viele Symmetrieachsen haben die sechs Würfelbilder? Zeichne im Heft.

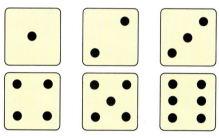

15**
Christa und Heiner haben 13 Lämpchen auf ein Brett montiert. Jedes Lämpchen kann einzeln ein- und ausgeschaltet werden. Christa und Heiner suchen Leuchtbilder mit verschiedenen Symmetrieachsen.
a) Beide Kinder finden symmetrische Leuchtbilder mit sieben angeschalteten Lämpchen. Zeichne solche Bilder ins Heft. (Für ein leuchtendes Lämpchen malst du den Kreis gelb aus.)
b) Christa und Heiner finden auch symmetrische Leuchtbilder mit einem, mit zwei, mit drei, ..., mit zwölf Lämpchen. Zeichne selbst.
c) Den Kindern fällt auf, daß ihre Leuchtbilder in einigen Fällen ganz ähnlich oder sogar gleich sind. Überlege, ob es für jede Anzahl von Lämpchen ein Leuchtbild mit vier Symmetrieachsen gibt.
Zeichne die Bilder ins Heft.

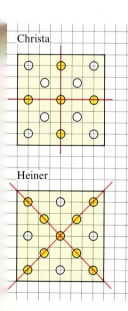

Christa

Heiner

Scherenschnitte

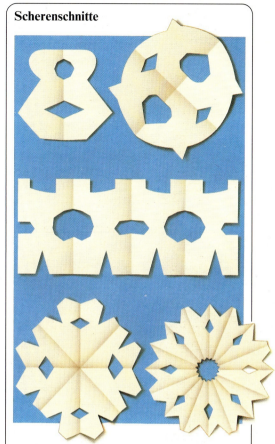

Falte ein rechteckiges Stück Papier und schneide am Rand und an der Faltlinie einige Ecken aus. Klappe wieder auf und beschreibe das entstandene Muster.

Falte ein quadratisches Stück Papier längs der beiden Diagonalen und schneide einige Kerben und Bögen hinein. Wie viele Symmetrieachsen hat das Muster, das nach dem Auffalten erscheint?

Wie ist das Muster im Scherenschnittstreifen entstanden? Stelle selbst einen solchen Scherenschnitt her.

Wodurch unterscheiden sich die beiden abgebildeten Scherenschnittsterne? Wie kannst du selbst solche aus einem runden Stück Papier herstellen?

7 Spiegeln mit dem Geodreieck

1
Wo müssen die fehlenden vier Eckpunkte liegen, damit eine achsensymmetrische Figur entsteht? Nenne die Rechts- und die Hochwerte der fehlenden Punkte.

2
Zeichne auf Papier ohne Quadratgitter eine Gerade und die linke Hälfte eines Schmetterlings. Ergänze dann mit freier Hand die Hälfte zum ganzen Schmetterling. Prüfe mit dem Geodreieck, ob du genau gezeichnet hast.

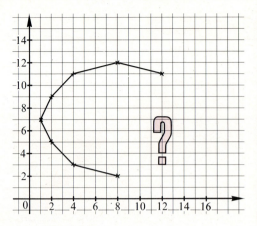

Im Quadratgitter können wir das Spiegelbild eines Punktes an einer Gittergeraden durch Auszählen von Kästchen finden. Dasselbe gilt auch, wenn die Spiegelachse diagonal durch die Kästchen läuft.
Wenn man beim **Spiegeln** das Quadratgitter nicht zu Hilfe nehmen kann, benutzt man das Geodreieck. Die Mittellinie des Dreiecks liegt auf der Spiegelachse, und spiegelbildliche Punkte liegen links und rechts von der Achse in gleichem Abstand.
Alle Punkte werden von der einen Seite auf die andere Seite von g gespiegelt, nur die Punkte auf der Spiegelachse selbst bleiben fest.
Wir nennen den Punkt, der gespiegelt wird, auch den **Originalpunkt**. Der gespiegelte Punkt heißt **Bildpunkt**.
Ebenso sprechen wir von der Originalform und der Bildfigur.

> Das Spiegelbild P′ des Punktes P an der Spiegelachse g wird mit Hilfe des Geodreiecks gezeichnet:
>
> Die Mittellinie des Geodreiecks liegt auf der Spiegelachse. Der Spiegelpunkt P′ liegt im gleichen Abstand von der Spiegelachse wie der Punkt P.

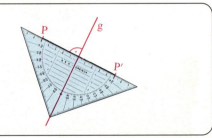

Beispiele
a)

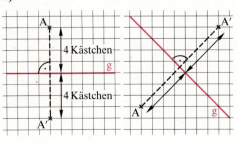

b)

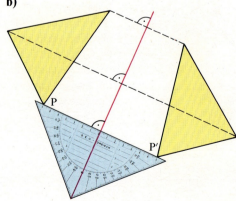

Spiegeln mit dem Geodreieck

Aufgaben

3
Ulrike findet vier Fehler. Wie viele findest du?
a)

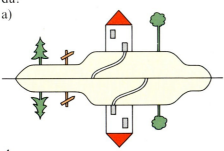

4
Zeichne das Spiegelbild des Schiffes und das des Hauses.

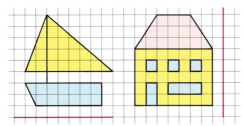

5
Ergänze jede Figur zu einer achsensymmetrischen Figur.

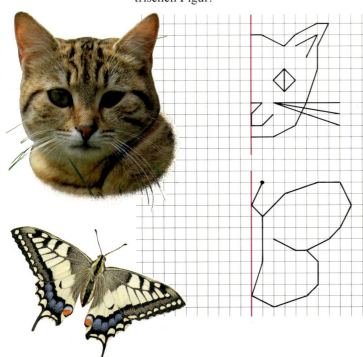

6
Spiegle die Zahlen in Leuchtziffern an der rot eingetragenen Spiegelachse.

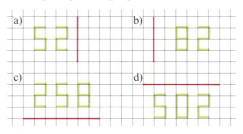

7
So sieht man das Gartentor von der Straße aus. Zeichne, wie es vom Garten aussieht.

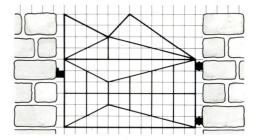

8
Bei einer Achsenspiegelung hat A(1|3) den Bildpunkt A′(9|3). Welche Rechts- und Hochwerte haben die Bilder der Punkte B(2|4), C(5|2), D(4|1), E(4|9)?
Zeichne die Spiegelachse und die Bildpunkte.

9
Der Buchstabe „F" ist zweimal hintereinander gespiegelt worden. Zeichne das Bild ab und trage die zwei Spiegelachsen ein. Ergänze das fehlende „F".

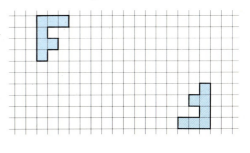

Spiegeln mit dem Geodreieck

Auch die Natur bietet eine Fülle von Beispielen für achsensymmetrische Figuren. Findest du weitere Beispiele? Oft haben sie allerdings kleine Fehler. Entdeckst du sie?

10
Zeichne Original, Spiegelachse und Spiegelbild mit freier Hand.

a) b)

c)

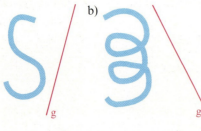

11
Zeichne jeweils die Figur und die Spiegelachse ins Heft. Zeichne dann das Spiegelbild mit Hilfe des Geodreiecks. (Die Spiegelpunkte sind meist keine Gitterpunkte!)

12
Zeichne ein ähnliches Sechseck und die Spiegelachse in ähnlicher Lage auf unliniertes Papier. Zeichne das Spiegelbild mit Hilfe des Geodreiecks. Überprüfe deine Zeichnung mit einem Spiegel.

13
Übertrage die Figur ins Heft und spiegle die Strecken an der Geraden g.

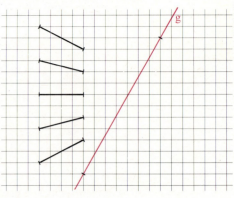

14
Zeichne ein beliebiges Dreieck ABC. Spiegle es an den drei Geraden AB, BC und AC.

15*
Zeichne die zwei Dreiecke A(2|2), B(9|1), C(6|5), und A'(8|14), B'(13|9) und C'(8|9). Sie liegen spiegelbildlich. Zeichne die Spiegelachse.

16
Die Vierecke
A(2|1), B(5|2), C(2|11), D(1|4) und A'(14|5), B'(11|4), C'(8|13), D'(13|9) liegen erst dann spiegelbildlich, wenn du einen falsch angegebenen Eckpunkt korrigierst. Zeichne.

17*
Spiegle das Dreieck so an einer geeigneten Geraden, daß Originalfigur und Bildfigur zusammen ein
a) Viereck   b) Dreieck
c) Fünfeck   d) Sechseck   bilden.

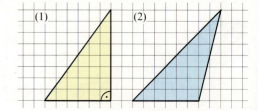

8 Vermischte Aufgaben

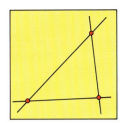

1
Zeichne drei Geraden so, daß drei Schnittpunkte entstehen.
Zeichne nun eine vierte Gerade so dazu, daß
a) drei neue Schnittpunkte entstehen
b) zwei neue Schnittpunkte entstehen
c) kein neuer Schnittpunkt entsteht.

2
a) Übertrage die Figur in dein Heft.

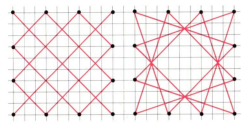

b) Übertrage die Punkte in dein Heft und entwirf Muster wie in a).

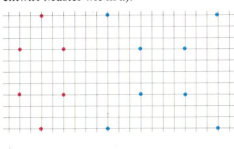

3
Was ist in der Figur auf dem Rand falsch?

4
Trage die Punkte in ein Gitternetz ein:
A(2|1), B(4|1), C(6|1), D(8|1), E(10|1), F(1|2), G(1|4), H(1|6), I(1|8), J(1|10).
Verbinde A mit J, B mit I, C mit H, D mit G, E mit F.

5
Zeichne die Punkte A(1|2), B(2|4), C(3|8), D(4|16) und dazu die Punkte E, F, G, H, die aus A, B, C, D durch Vertauschen von Rechts- und Hochwert entstehen.
Verbinde alle Punkte so, daß eine schöne Figur entsteht.

6
a) Übertrage die Figur ins Heft. Zeichne die Geraden ein, die durch P gehen und die sechs Strecken jeweils senkrecht schneiden.
b) Wie viele Geraden erhältst du? Was schließt du daraus?

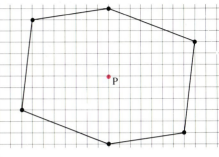

7
Zeichne die Punkte in dein Heft und verbinde sie in der angegebenen Reihenfolge.
(5|0), (5|5), (4|6), (3|3), (1|2), (1|3), (2|4), (3|8), (3|10), (6|12), (8|11), (10|11), (13|10), (14|7), (13|5), (13|0), (11|0), (11|5), (9|4), (7|5), (7|0), (5|0) und (5|8), (7|7), (8|7), (9|10), (8|13), (7|13), (5|11).

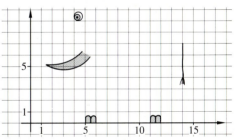

8
Übertrage die Figur ins Heft. Miß die Abstände der Punkte P, Q und R von den Seiten des Dreiecks. Addiere für jeden Punkt die drei Abstände. Bei welchem Punkt wird die Summe am kleinsten?

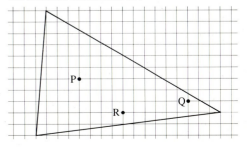

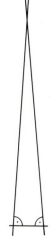

Welche Strecke ist länger, die rote oder die grüne? Erst schätzen, dann messen.

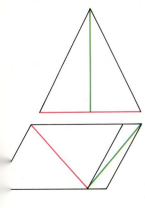

Vermischte Aufgaben

9
1 cm auf der Landkarte ist in Wirklichkeit 20 km. Entnimm der Karte die Entfernungen (Luftlinie):
Brandenburg – Frankfurt, Strausberg – Fürstenwalde, Berlin (Mitte) – Kyritz, Rathenow – Oranienburg.
Warum sind die Angaben im Atlas größer als deine Werte?

10
Wie viele Symmetrieachsen haben die Schneekristalle?

11
An welchen Flaggen erkennst du Symmetrieachsen, wenn du auf das Muster und auf die Farben achtest?

Dänemark

Frankreich

Japan

Kanada

Wege im Gitter
Zeichne in dem Gitter einen möglichst langen Weg in einem Zug. Kein Teilstück darf doppelt gegangen werden. Der Start ist frei. Findest du einen längeren Weg?

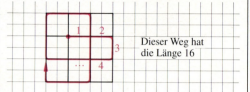
Dieser Weg hat die Länge 16

Löse die Aufgabe auch für andere Gitter.

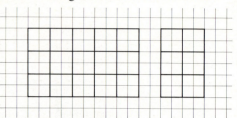

Suche einen möglichst kurzen und einen möglichst langen Weg von A nach B, der alle Punkte verbindet, aber durch keinen Punkt mehrmals geht.

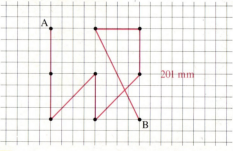
201 mm

Der Gärtnermeister soll im Stadtgarten 4 Reihen mit je 3 Bäumen bepflanzen. Er hat aber nur 6 Bäume. Wie kann er sich helfen? (Hinweis: Zeichne Punkte und Linien auf unliniertem Papier.)

Vermischte Aufgaben

12
Stelle zwei kleine Taschenspiegel auf die roten Linien.

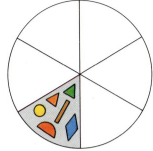

13
Wie viele Symmetrieachsen hat der Grundriß der Stauferburg Castel del Monte in Italien?

14
Spiegle den Pfeil an der Geraden g und sein Spiegelbild an der Geraden h.

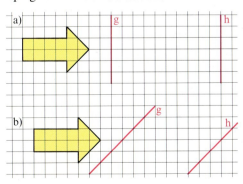

15
Die Grundaufstellung einer Fußballmannschaft war früher das „WM-System".
a) Zeichne die Aufstellung ab und trage die Positionen der Gegenmannschaft ein.
b) Wie viele Symmetrieachsen hat die Aufstellung einer Mannschaft oder beider Mannschaften zusammen?

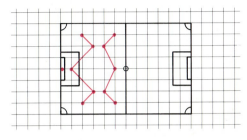

16
Kannst du zerrspiegeln? Zeichne selbst!

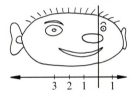

17
Spiegle ähnliche Figuren mit Hilfe des Geodreiecks auf unliniertem Papier.

a)

b)

WIR BASTELN

1 **Wir basteln eine Laterne als Weihnachtsbaumschmuck.**

Für die Laterne brauchst du ein Stück Goldfolie. Sie soll 10 cm lang und 7 cm breit sein. Hierzu zeichnest du mit dem Lineal eine 10 cm lange Strecke. Dann zeichnest du zwei jeweils 7 cm lange Strecken, die senkrecht zur ersten Strecke liegen. Nun mußt du die Endpunkte verbinden. Die neue Strecke ist auch 10 cm lang und ist parallel zur ersten Strecke. Bitte kontrolliere dies. Schneide das Rechteck aus.

2 **Wir basteln einen zweifarbigen Stern.**

Für den Stern brauchst du eine zweifarbige Metallfolie. Schneide dir ein Quadrat mit der Kantenlänge 14 cm zurecht. Beachte: Die benachbarten Strecken stehen senkrecht zueinander, die gegenüberliegenden Strecken sind parallel zueinander.

Falte das Quadrat folgendermaßen:

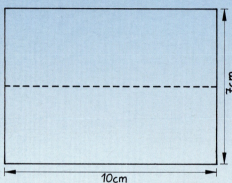

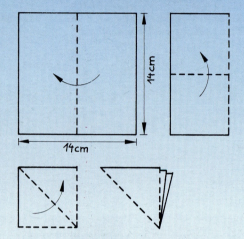

Jetzt faltest du die schmale Seite zur Hälfte und schneidest von der Faltlinie aus im Abstand von ungefähr 5 mm zueinander parallele Strecken ein. Du darfst aber die Folie nicht ganz durchtrennen.

Nun schneide dein Dreieck fünfmal so ein, daß die Einschnitte parallel sind und du die gegenüberliegende Seite nicht durchschneidest.

Jetzt falte dein Dreieck vorsichtig auseinander und knicke den ersten, dritten und fünften Streifen nach außen.

Nun nimmst du die Folie vorsichtig auseinander und klebst die kurzen Kanten aneinander. Aus einem Rest Folie klebst du einen Aufhänger an die Laterne.

FÜR WEIHNACHTEN

3 **Wir stellen eine Weihnachtskarte her.**
Du benötigst weißen Tonkarton und grünes Tonpapier. Beides erhältst du im Schreibwarenladen oder im Bastelgeschäft. Aus dem weißen Tonkarton schneidest du dir eine Doppelkarte von 20 cm Länge und 15 cm Breite zurecht. Bedenke auch hier wieder, daß die benachbarten Strecken zueinander senkrecht und die gegenüberliegenden Strecken zueinander parallel sind.

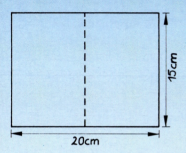

In die Innenseite der Karte kannst du einen Text schreiben.
Aus einem grünfarbigen Rechteck mit den Maßen 13 cm und 4,5 cm schneidest du die Umrisse eines halben Tannenbaumes aus. (Du kannst dir natürlich auch ein anderes Motiv wählen, z. B. eine Tannenbaumkugel oder eine Kerze.)

Nun klebst du die grüne Fläche an den Außenrand der weißen Karte und den ausgeschnittenen Tannenbaum links daneben.

4 **Wir basteln einen transparenten Stern.**
Dieser Stern sieht sehr schön aus, aber er ist auch sehr schwer herzustellen. Du brauchst dafür Transparentpapier in hellen Farben. Du mußt sehr sorgfältig schneiden und kleben.
Du benötigst 8 rechteckige Blätter mit den Maßen 19 cm Breite und 25,5 cm Länge.

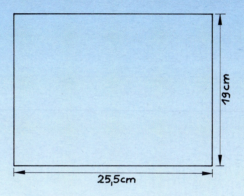

Alle 8 Blätter mußt du wie folgt falten:

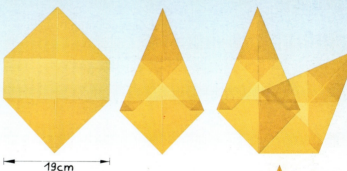

Nun werden die einzelnen Faltblätter zu einem Stern zusammengeklebt: Benutze nur wenig Klebstoff. Verfahre mit 7 Faltblättern, wie in der Skizze rechts oben angegeben ist.

Bei dem 8. Faltblatt mußt du beachten, daß die eine Hälfte unter und die andere Hälfte über das benachbarte Faltblatt geklebt wird.

Rückspiegel

1
Schreibe auf, welche Geraden zueinander senkrecht und welche zueinander parallel sind. Verwende die Zeichen ⊥ und ∥.

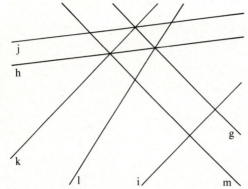

2
Übertrage die Punkte A, B, C in dein Heft.
a) Zeichne $\overline{AB}$, $\overline{BC}$ und $\overline{CA}$.
b) Zeichne durch C eine Parallele zu $\overline{AB}$.
c) Zeichne eine Gerade durch C, die senkrecht zu $\overline{AB}$ ist.
d) Zeichne eine Gerade durch B, die senkrecht zu $\overline{CA}$ ist.

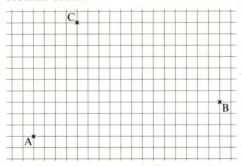

3
Wie verlaufen die Geraden g und h?
a) g∥k und k∥h   b) g∥k und k⊥h
c) g⊥k und k∥h   d) g⊥k und k⊥h
Überlege zuerst ohne Zeichnung.

4
a) Zeichne 4 Geraden so, daß 4 Schnittpunkte entstehen.
b) Zeichne 5 Geraden so, daß 5 Schnittpunkte entstehen.
c) Zeichne 6 Geraden so, daß 6 Schnittpunkte entstehen.

5
a) Zeichne Rechts- und Hochachse und trage die Punkte A(6|0), B(8|4), C(12|6), D(8|8), E(6|12), F(4|8), G(0|6) und H(4|4) ein.
b) Verbinde die Punkte in der Reihenfolge A D G B E H C F A.

6
Übertrage die Figur in dein Heft. Miß den Abstand
a) A von $\overline{BC}$ b) B von $\overline{AD}$
c) C von $\overline{AB}$ d) D von $\overline{AB}$.

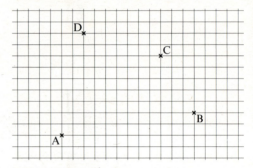

7
Wie viele Symmetrieachsen haben die zwei Figuren?

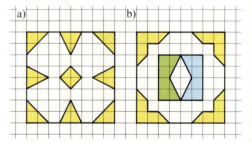

8
Ergänze zu achsensymmetrischen Figuren.

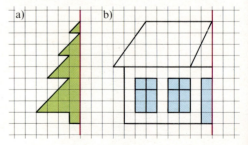

IV Multiplizieren und Dividieren

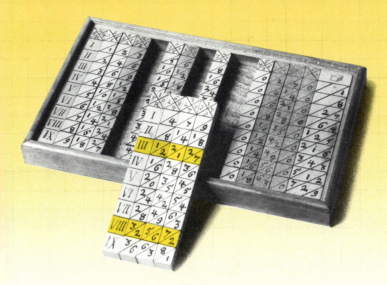

Die Rechenstäbe von John Neper

In Italien wurde im Mittelalter das Multiplizieren im schrägen Gitter gelehrt.

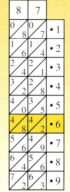
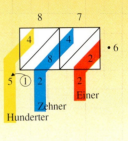

Nepersche Rechenstäbchen aus dem 18. Jahrhundert

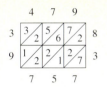

In jedem Streifen steht die 1 × 1-Reihe einer Zahl, 8, 16, 24, 32, ... und 7, 14, 21, 28, ... Die Einer und Zehner sind durch eine schräge Linie getrennt. Die Aufgabe 87 × 6 kann man nun an den Stäben 8 und 7 ermitteln, man muß nur die Zahlen in der 6. Zeile addieren.

Auch große Zahlen können mit dieser Methode multipliziert werden:

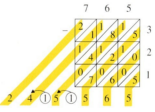

765 • 321 = 245 565

Der Schotte John Neper (1550–1617) hat für dieses Verfahren die Rechenstäbchen entwickelt, die älteste „Rechenmaschine". Die Rechenstäbchen fanden damals in Europa eine weite Verbreitung.
Um 1623 stellte der Tübinger Professor Wilhelm Schickard (1592–1635) eine erste mechanische Rechenmaschine für Addition und Subtraktion vor.

1 Multiplizieren

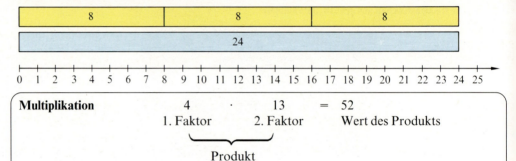

1
Die Konzertagentur Abel plant in Trier, Berlin, Cottbus und Dresden Auftritte von den Prinzen, den Scorpions und U 2. Jede Gruppe soll in jeder Stadt genau einmal auftreten.
Um wie viele Konzerttermine muß sich Frau Abel kümmern?

2
In einem Jugendzentrum findet während der Sommerferien jeden Samstagabend ein Konzert mit Nachwuchsbands statt. Die Feuerschutzordnung erlaubt 250 Besucher bei jeder Veranstaltung.
Wie viele Besucher können während der sechs Ferienwochen höchstens kommen?

Sind in einer Summe alle Summanden gleich, so können wir diese Additionsaufgabe auch als Multiplikationsaufgabe schreiben: $8 + 8 + 8 = 3 \cdot 8 = 24$

8	8	8

24

0 1 2 3 4 5 6 7 8 9 10 11 12 13 14 15 16 17 18 19 20 21 22 23 24 25

Multiplikation   4   ·   13   =   52
                  1. Faktor 2. Faktor   Wert des Produkts
                         Produkt

Beispiele
a) $3+3+3+3+3 = 5 \cdot 3 = 15$ b) $4 \cdot 1 = 1+1+1+1 = 4$ c) $3 \cdot 0 = 0+0+0 = 0$

Bemerkung: Manche Multiplikationen kannst du leichter durchführen, wenn du schrittweise vorgehst:

d) $8 \cdot 37$
$\overline{}$
$8 \cdot 30 = 240$
$8 \cdot 7 = 56$
$\overline{8 \cdot 37 = 296}$

e) $64 \cdot 7$
$\overline{}$
$60 \cdot 7 = 420$
$4 \cdot 7 = 28$
$\overline{64 \cdot 7 = 448}$

Aufgaben

3
a) Schreibe als Summe und berechne.
5·2;   6·4;   4·1;   3·7
4·14;   5·17;   6·21;   3·95
b) Schreibe als Produkt und berechne.
$8+8+8$ $12+12+12+12$
$17+17+17$ $19+19+19$
$29+29+29+29$ $53+53+53+53$

4
Welche Multiplikationsaufgaben sind dargestellt?
a)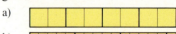
b)
c)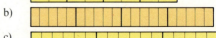

Multiplizieren

3
Rechne im Kopf.
a) 2·16   b) 6·13   c) 18· 8
   3·17   7·11   7·18
   5·13   5·15   18· 5
   4·19   9·12   6·15

4
Rechne geschickt.
a) 4·21   b) 7·29   c) 9·24
   6·31   6·39   11·26
   5·41   8·49   33· 9
   4·32   4·28   35·11

5
Schreibe die Zahlen als Produkt mit zwei
Faktoren. Beispiel: 56 = 7·8.
a) 49; 35; 54; 81; 42; 32; 36; 48; 27
b) 26; 28; 78; 76; 98; 66; 72; 84; 34
c) 128; 162; 114; 108; 136; 112; 104

6
Wähle den ersten Faktor aus der linken
Wolke, den zweiten aus der rechten und be-
rechne das Produkt. Beispiel: 2·15 = 30

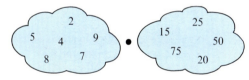

Wie viele Produkte kannst du bilden?

7
Ordne die Produkte nach der Größe.
Beispiel: 5·4 < 5·7 < 5·8
a) 5·12; 8·12; 12·9
b) 4·16; 9·13; 5·17
c) 3·18; 3·14; 2·17

8
Schreibe die Ergebnisse der Reihe nach auf.

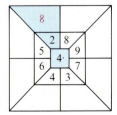 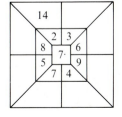

9
Beim Multiplizieren zweier Zahlen, die Nullen am Ende haben, hast du es leicht.
   7 ·100 =   700
   4 ·600 = 2400
 120 ·300 = 36000
 500·40 = 20000

Rechne nun geschickt.
a) 3·100   b) 7·1000   c) 4·700
   5·300   30·40   50·300
   4·120   60·150   1300·4
   50·600   12·800   700·80

10
a) Berechne das Doppelte von:
   56   225   2300   6450
   80   417   6000   7600
b) Multipliziere mit 5. Rechne geschickt.
   12   29   180   224
   42   84   240   644

11
Silke trägt für eine Lebensmittelkette Wurf-
sendungen aus. Jeweils 50 Blätter werden
von einem Gummiband zusammengehal-
ten. Je sechs solcher Packen liegen in einem
Karton. Silke bekommt drei Kartons. Wie
viele Blätter muß sie austragen?

12
Für eine Freilichtbühne wird eine Zuschau-
ertribüne gebaut. Es entstehen drei Blöcke.
Jeder Block hat 20 Reihen mit je 30 Plätzen.
Wie viele Zuschauer finden Platz?

13
Das Herz eines Jugendlichen schlägt im
Schlaf etwa 55mal in der Minute.
a) Wie oft schlägt es in einer Stunde?
b) Wie oft schlägt es in 8 Stunden?

14
Im Freibad bezahlt Karla 3 DM Eintritt.
Die Zehnerkarte kostet 25 DM.
a) Wieviel spart Karla, wenn sie die Karte
ganz ausnutzt?
b) Ab welcher Anzahl von Freibadbesu-
chen lohnt sich die Zehnerkarte?

Multiplizieren

·	5	7	9	11
8				
12				
15				
30				
60				
120				
250				
510				

15

·	30	50	70	80	120	160
20	B	K	A	O	D	I
40	T	B	T	R	F	U
60	R	N	G	C	M	Y
90	U	E	S	L	N	N

a) Unser Held heißt 600, 2700, 4200, 6300, 2000, 6400, 3000, 10800, 9600.
b) Seine Lieblingsspeise ist 1000, 1400, 1800, 1600, 1200, 2800, 4500, 14400.

16
a) Multipliziere 21 mit 19. Welche Zahl erhältst du?
b) Berechne den Wert des Produkts von 30 und 24.
c) Der erste Faktor eines Produkts heißt 12, der zweite 25. Wie groß ist der Produktwert?
d) Beide Faktoren eines Produkts heißen 13. Welchen Wert hat das Produkt?

17
Frau Alt verkauft in ihrer Galerie Bilderrahmen. Sie bietet 5 Größen in 12 Farben an. Wie viele Angebote stehen zur Auswahl?

18
Herr Sauer hat seinen Sicherheitsschlüssel verloren. Nun müssen in dem Haus, in dem er wohnt, an den 8 Wohnungstüren die Schlösser ausgewechselt werden. Für jedes Schloß werden 3 Schlüssel benötigt. Wie viele Schlüssel muß der Hausverwalter bestellen?

19

Waagerecht:
1.) 5·15   3.) 9·13
5.) 3·140   8.) 3·2010
10.) 12·40   12.) 13·6
13.) 222·3   15.) 6·144

Senkrecht:
2.) 6·9   3.) 4·25
4.) 6·120   6.) 4·65
7.) 21·7   9.) 42·8
11.) 8·111   13.) 16·4
14.) 4·17

20
Die Bundesbahn schafft 30 neue Großraumwagen an. Jeder Wagen hat 16 Fenster. Wie viele Scheiben müssen bestellt werden?

21
Hans findet auf der Wanderkarte 5 Wege, die von Forst nach Weiher führen und 7 Wege, die von Weiher nach Waldhütte führen. Wie viele verschiedene Wege führen von Forst nach Waldhütte?

22*
a) Welche Zahl bekommst du, wenn du zum Produkt aus 12 und 8 die Zahl 200 addierst?
b) Welche Zahl bekommst du, wenn du zu 450 das Produkt der Zahlen 13 und 5 addierst?

23*
a) Verdopple die Zahlen 16; 29; 37; 118; 259; 364; 532; 811; 957.
b) Verdreifache 19; 33; 52; 107; 425.
c) Verdopple das Produkt von 18 und 15.
d) Verdreifache die Summe von 17 und 4.
e) Wie groß ist das Zehnfache der Differenz von 21 und 3?
f) Wie groß ist das Sechsfache der Differenz von 34 und 17?

24*
Warum nennt man 1 das neutrale Element bezüglich der Multiplikation?
a) Überlege, wie sich der Faktor 1 auf den Wert des Produktes auswirkt.
b) Finde drei Multiplikationsaufgaben mit dem neutralen Element als einen Faktor.

25*

☐ · ☐ ☐

Setze die Ziffern 4, 5 und 6 ein.
a) Der Wert des Produkts soll möglichst groß werden.
b) Der Wert des Produkts soll möglichst klein werden.
c) Der Wert des Produkts soll 270 sein.

2 Potenzieren

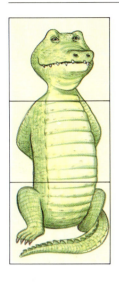
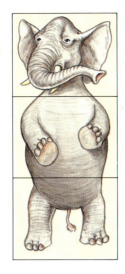
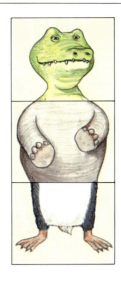

1
Auf den vier Seiten des Holzblocks findest du: ein Krokodil, einen Elefant, einen Nasenbär und einen Pinguin. Das Oberteil, das Mittelteil und das Unterteil des Holzblocks kannst du verdrehen. Dann erhältst du neue „Tiere", z. B. einen Kro-le-in.
Wie viele Möglichkeiten gibt es?

2
Jörg überlegt sich, wie viele Urgroßeltern er hat.
Berechne die Zahl seiner Ur-Ur-Urgroßeltern.
Wie viele Vorfahren hatte Jörg vor 6 Generationen?

Sind in einem Produkt alle Faktoren gleich, so können wir diese Multiplikationsaufgabe auch kürzer schreiben: $3 \cdot 3 \cdot 3 \cdot 3 = 3^4$; (lies: 3 hoch 4).
Diese Rechenart nennt man **Potenzieren**.

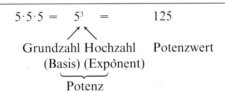

$$5 \cdot 5 \cdot 5 = 5^3 = 125$$

Grundzahl Hochzahl   Potenzwert
(Basis)   (Exponent)
    Potenz

Bemerkung: Die Grundzahl gibt den Faktor an, die Hochzahl die Anzahl der Faktoren.

Beispiele
a) $4 \cdot 4 \cdot 4 = 4^3 = 64$; $2 \cdot 2 \cdot 2 \cdot 2 \cdot 2 = 2^5 = 32$
b) $1^6 = 1 \cdot 1 \cdot 1 \cdot 1 \cdot 1 \cdot 1 = 1$; $7 = 7^1$
c) $8^2 = 8 \cdot 8 = 64$; $12^2 = 12 \cdot 12 = 144$
Potenzen mit der Hochzahl 2 heißen **Quadratzahlen**.
d) $10^2 = 10 \cdot 10 = 100$; $10^4 = 10 \cdot 10 \cdot 10 \cdot 10 = 10\,000$
Potenzen mit der Grundzahl 10 heißen **Zehnerpotenzen**.
e) $4^3 = 4 \cdot 4 \cdot 4 = 64$; $5^3 = 5 \cdot 5 \cdot 5 = 125$
Potenzen mit der Hochzahl 3 heißen **Kubikzahlen**.

Aufgaben

3
Schreibe die Produkte als Potenz und berechne den Wert.
a) $4 \cdot 4 \cdot 4 \cdot 4$ b) $2 \cdot 2 \cdot 2 \cdot 2 \cdot 2 \cdot 2$
$6 \cdot 6 \cdot 6$ $10 \cdot 10 \cdot 10 \cdot 10$
$123 \cdot 123$ $1 \cdot 1 \cdot 1 \cdot 1$
$11 \cdot 11 \cdot 11$ $3 \cdot 3 \cdot 3 \cdot 3$

4
Schreibe die Potenzen als Produkt und berechne den Wert.
a) $2^3; 3^2; 3^3$ b) $4^2; 2^4; 4^1$
c) $2^5; 4^4; 8^2$ d) $12^2; 14^2; 15^2$
e) $1^5; 10^3; 100^2$ f) $9^3; 20^2; 30^2$
g) $6^2; 7^2; 13^2$ h) $8^2; 9^2; 11^2$

Potenzieren

5
Stelle die Zahlen als Potenz dar.
a) 49; 81; 100; 64; 900
b) 27; 8; 125; 216; 8000

6
Berechne die Zweierpotenzen von 2^1 bis 2^{10}.

7
Nimm ein großes Blatt einer Tageszeitung, das noch nicht gefaltet ist. Wenn du es einmal faltest, erhältst du zwei Lagen. Wenn du es nochmal faltest, erhältst du vier Lagen. Wenn du es ein drittes Mal faltest, erhältst du acht Lagen usw.
Wie oft müßtest du falten, bis du mehr als 1000 Lagen erhältst?

8
In diesem Bild sind die natürlichen Zahlen auf ganz besondere Art angeordnet.
a) Übertrage das Bild in dein Heft und ergänze die nächsten Zahlen.
b) Wo kannst du in dem Bild die Quadratzahlen ablesen?
c) Berechne schnell mit Hilfe des Bildes
$1 + 3;\quad 1 + 3 + 5;\quad 1 + 3 + 5 + 7;\ldots$
d) Berechne alle Quadratzahlen von 1 bis 20 und lerne sie auswendig.

9
Vergleiche und ersetze das Kästchen durch $<$, $>$ oder $=$.
a) $3^2 \square 2^3$ b) $4^2 \square 2^4$
c) $3^4 \square 9^2$ d) $3^3 \square 6^2$
e) $10^2 \square 2^6$ f) $1^7 \square 1^{12}$
g) $4^3 \square 8^2$ h) $5^2 \square 2^5$
i) $3^2 \square 2^4$ k) $3^3 \square 4^2$

10
Schreibe als Zehnerpotenz.
a) tausend   b) hunderttausend
c) eine Million   d) zehn Millionen
e) eine Milliarde   f) eine Billion
g) eine Billiarde   h) zehn Billiarden
Schreibe als Zehnerpotenz und benenne.
$10 \cdot 10 \cdot 10 \cdot 10$
$10 \cdot 10 \cdot 10 \cdot 10 \cdot 10 \cdot 10$
$10 \cdot 10 \cdot 10 \cdot 10 \cdot 10 \cdot 10 \cdot 10 \cdot 10$

11
Welche Zahl kannst du anstelle des Sterns schreiben?
a) $2^5 = *$ b) $2^* = 64$
c) $*^3 = 1000$ d) $3^* = 81$
e) $*^7 = 1$ f) $1^* = 1$

12
Knöpfe wurden früher häufig in Dutzend und Gros gezählt. Dabei bedeutete:
    1 Dutzend   12 Stück
    1 Gros   12 Dutzend
a) Wieviel Stück sind ein Gros?
b) Wie viele Knöpfe sind 7 Gros, 10 Dutzend und 11 Stück?

13
Bakterien vermehren sich sehr schnell. Bei Bakterien einer bestimmten Sorte verdoppelt sich die Anzahl etwa alle 5 Stunden. Wenn zu Beginn 100 vorhanden waren, so sind es also nach 5 Stunden 200, nach 10 Stunden 400 usw. Wie viele Bakterien sind nach 20 Stunden vorhanden?

14
Untersuchungen haben ergeben, daß sich die Anzahl der Keime in frisch gemolkener Kuhmilch etwa jede halbe Stunde verdoppelt. Wieviel Keime sind nach 4 Stunden vorhanden, wenn zu Beginn 700 Keime vorhanden waren?

Der „kohlweißliche" Stammbaum

Ein weiblicher Kohlweißling legt 200 Eier. Aus der Hälfte werden nach einem Monat wieder weibliche Schmetterlinge.
Wie viele Urenkelinnen hat ein einziger Kohlweißling?

3 Dividieren

1
Kristina wohnt in Guben. Sie möchte in den Osterferien mit ihren Eltern eine fünftägige Fahrradtour machen. Sie kauft eine Übersichtskarte. Darin findet sie eine Strecke, die 280 Kilometer lang ist.
Wie weit muß die Gruppe jeden Tag etwa fahren?
Suche auf der Karte nach möglichen Übernachtungsorten.

Bei dem Rechenausdruck 18:3 dividieren wir die Zahl 18 durch die Zahl 3.
18 wird in 3 gleiche Teile geteilt. Das Ergebnis dieser Division ist 6.

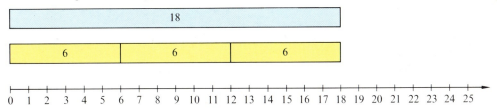

Am Zahlenstrahl erkennen wir den Zusammenhang zwischen Division und Multiplikation:
18:3 = 6 und 6·3 = 18. So kannst du die Ergebnisse von Divisionsaufgaben überprüfen.
Die Division ist die Umkehrung der Multiplikation, und die Multiplikation ist die Umkehrung der Division.

```
Division        32    :    8    =    4
              Dividend   Divisor   Wert des Quotienten
                     Quotient
```

Teilen durch Null

Beispiele
a) 60: 5 = 12, denn 12· 5 = 60
   60:12 = 5, denn 5·12 = 60
b) 7:7 = 1, denn 1·7 = 7
   7:1 = 7, denn 7·1 = 7
c) 78: 6 = 13
   780: 60 = 13
   7800:600 = 13
d) 0: 3 = 0, denn 3· 0 = 0

Der Quotient 3:0 kann nicht berechnet werden, weil es keine Zahl gibt, die mit 0 multipliziert 3 ergibt.

Beachte: Durch Null kann man nicht dividieren!

Bemerkung: Manche Divisionsaufgaben kannst du leichter durchführen, wenn du schrittweise vorgehst.

e) 192:16
   160:16 = 10
    32:16 = 2
   192:16 = 12

f) 693:33
   660:33 = 20
    33:33 = 1
   693:33 = 21

Dividieren

:	2	4	6	12
72				
96				

:	2	3	9	15
90				
270				

:	2	6	7	14
84				
252				

:	3	6	5	15
210				
630				

Aufgaben

2
Rechne im Kopf.

a) $45:5$ b) $36:6$ c) $80:5$
   $32:4$ $81:9$ $63:7$
   $36:4$ $56:7$ $27:9$
   $27:3$ $42:6$ $48:6$
   $35:5$ $72:8$ $63:9$
   $30:2$ $72:9$ $44:4$

3
Dividiere und überprüfe dein Ergebnis mit einer Probe.
Beispiel: $48:6=8$ $8\cdot 6=48$
a) $55:5;\ 50:10;\ 60:12;\ 49:7;\ 70:5$
b) $100:20;\ 42:3;\ 60:15;\ 90:18$
c) $32:2;\ 120:12;\ 70:5;\ 120:15$

4
Halbiere die Zahlen.
a) 38; 48; 64; 70; 76; 88; 92; 98
b) 108; 150; 182; 198; 212; 336
c) 500; 1500; 2050; 4150; 8250
d) 2222; 8888; 2468; 1010; 7090

5
Rechne im Kopf.

a) $45:5$ b) $84:6$ c) $72:12$
   $64:4$ $105:7$ $112:16$
   $54:3$ $162:9$ $84:14$
   $44:4$ $128:8$ $99:11$
   $90:5$ $98:7$ $91:13$
   $57:3$ $171:9$ $136:17$

6
Übertrage das Bild in dein Heft.
a) Suche alle Zahlen, die sich durch 12 dividieren lassen, und färbe die Felder rot.
b) Suche alle Zahlen, die sich durch 15 dividieren lassen, und färbe die Felder blau.

65	84	30	96	100
72	45	18	15	108
27	75	85	150	74
60	90	175	135	120
58	48	105	36	39

7
Dividiere.
a) 48 durch 2, 3, 4, 8, 12 und 16
b) 50 durch 2, 5, 10, 25 und 50
c) 32 durch 2, 4, 8, 16 und 32
d) 100 durch 2, 4, 5, 10, 20 und 25
e) 90 durch 2, 3, 6, 9, 15 und 30

8
Dividiere durch die erste Zahl, dann das Ergebnis durch die zweite Zahl.

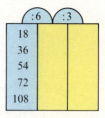
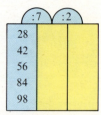

9
Ersetze □ durch die passenden Zahlen.

a) $48:6=\square$ b) $350:\square=7$
   $72:\square=9$ $\square:80=90$
   $\square:5=6$ $150:30=\square$
c) $18\cdot 6=\square$ d) $70\cdot\square=560$
   $\square\cdot 12=144$ $280\cdot 30=\square$
   $25\cdot\square=175$ $\square\cdot 90=180$

10
Übertrage in dein Heft und ergänze die fehlenden Zahlen.

a)

:	3	6	9	12	36
72					
108					

b)

:	2	3		16
96			16	
		72		12

11
Wenn Dividend oder Divisor Nullen am Ende haben, kannst du leicht rechnen.

$420:7=60$
$5000:25=200$
$4200:700=6$
$240000:120=2000$

Rechne nun geschickt.

a) $3\,500:5$ b) $5\,400:27$
   $56\,000:7$ $7\,000:35$
   $720:9$ $165\,000:55$
c) $1\,600:80$ d) $3\,000:600$
   $32\,000:40$ $9\,600:3200$
   $48\,000:240$ $13\,000:650$

Dividieren

12
a) Berechne den Wert des Quotienten der Zahlen 120 und 30.
b) Der Dividend lautet 98, der Divisor 7. Welchen Wert hat der Quotient?
c) Der Wert des Quotienten ist 8, der Dividend ist 120. Wie heißt der Divisor?
d) Der Divisor ist 11, der Quotient hat den Wert 15. Wie heißt der Dividend?
e) Bilde den Quotienten aus der Summe von 8 und 4 und der Differenz dieser beiden Zahlen und berechne seinen Wert.
f) Bilde den Quotienten aus dem Produkt der Zahlen 6 und 15 und der Summe der Zahlen 2 und 13 und berechne seinen Wert.

13
a) Martina möchte eine 210 cm lange Leiste in 7 gleiche Teile zersägen. Wie lang ist ein Teilstück?
b) Wie viele Teilstücke würde sie bekommen, wenn die Teilstücke 35 cm lang werden sollten?

14
Eine Treppe mit 30 Stufen ist insgesamt 4,80 m hoch. Wie hoch ist eine Stufe? (Rechne die 4,80 m in cm um.)

15*
Setze die Ziffern 8, 4 und 2 ein.
a) Der Wert des Quotienten soll möglichst groß sein.
b) Der Wert soll möglichst klein sein.
c) Der Wert des Quotienten soll 24 sein.
d) Der Wert des Quotienten soll 3 sein.

16*

Waagerecht:
1.) 225 : 15
3.) 3150 : 3
6.) 1212 : 3
8.) 12 012 : 4
9.) 5050 : 5
10.) 88 : 2
11.) 990 : 9
12.) 4800 : 4
13.) 241 812 : 3

Senkrecht:
1.) 750 : 6
2.) 750 : 15
3.) 5005 : 5
4.) 1086 : 2
7.) 121 212 : 3
9.) 888 : 8
10.) 12 000 : 30

17
Ersetze die □ durch die richtigen Zahlen.

a) $72 \xrightarrow{:9} \square$ b) $108 \xrightarrow{:12} \square$
   $63 \xrightarrow{:\square} 9$ $169 \xrightarrow{:\square} 13$
   $\square \xrightarrow{:8} 7$ $\square \xrightarrow{:19} 9$

c) $125 \xrightarrow{:\square} 5$ d) $\square \xrightarrow{:90} 8$
   $380 \xrightarrow{:19} \square$ $3200 \xrightarrow{:20} \square$
   $\square \xrightarrow{:26} 4$ $600 \xrightarrow{:\square} 50$

18
Zu jeder Divisionsaufgabe gehört eine entsprechende Multiplikationsaufgabe. Übertrage die Tabelle in dein Heft und ergänze die fehlenden Zahlen.

Dividend	54	210			
Divisor	6		70	40	
Wert des Quotienten	9	7	60	9	25
1. Faktor	9			9	
2. Faktor	6			9	
Wert des Produkts	54	210		280	625

19
Das größte und schwerste Tier ist der Blauwal. Er kann bis zu 171 000 kg wiegen. Das entspricht etwa dem Gewicht von 30 afrikanischen Elefantenbullen.
Wie schwer etwa ist ein Elefantenbulle?

20
Für den Schulausflug wird ein Bus bestellt, der 480 DM kostet. Wie teuer ist die Fahrt für einen Schüler, wenn die Klasse 24 Schüler hat?
Was muß jeder Schüler der Parallelklasse bezahlen, wenn die Klasse insgesamt 30 Schüler hat?

21
In einer Öl-Raffinerie werden 600 Liter Motorenöl in Halbliterflaschen abgefüllt. Je 6 Flaschen werden in einen Karton verpackt. Wie viele Kartons werden benötigt?

4 Rechengesetze. Rechenvorteile

1
Im Frischmarkt sind drei Kassen geöffnet. In jeder Reihe warten fünf Kunden. Zwei weitere Kassen werden geöffnet. Einige Kunden wechseln, und wieder stehen gleich viele Kunden an jeder Kasse.
Wie viele sind es jetzt?

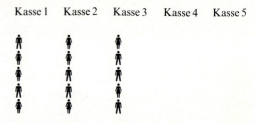

2
Bianca soll das Produkt 13·25·4 im Kopf ausrechnen. Bei der Multiplikation von 13 und 25 muß sie lange nachdenken. Peter schlägt vor, zunächst 25·4 zu berechnen.
Erhält man beidemal dasselbe Ergebnis?

Bei der Multipliktion von zwei Zahlen ergibt das Vertauschen der beiden Zahlen denselben Produktwert. $\quad\quad\quad 3\cdot 8 = 8\cdot 3$.

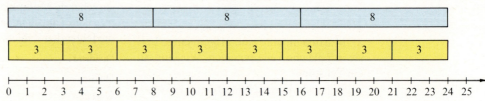

Bei der Multiplikation von mehr als zwei Zahlen können wir beliebig zusammenfassen.
$$(2\cdot 3)\cdot 4 = 2\cdot (3\cdot 4)$$

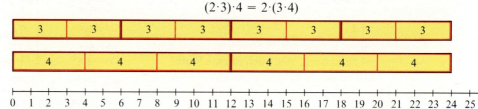

Vertauschungsgesetz (Kommutativgesetz) $\quad\quad 5\cdot 7 = 7\cdot 5$
In Produkten dürfen die Faktoren vertauscht werden.

Verbindungsgesetz (Assoziativgesetz) $\quad\quad (3\cdot 4)\cdot 5 = 3\cdot (4\cdot 5) = 3\cdot 4\cdot 5$
In Produkten dürfen beliebig Klammern gesetzt oder auch weggelassen werden.

Bemerkung: Du kannst Rechenvorteile nutzen, wenn du diese Rechengesetze anwendest.

Beispiele
a) $5\cdot 12\cdot 13 = (5\cdot 12)\cdot 13$
$ = 60\cdot 13 = 780$

b) $37\cdot 4\cdot 25 = 37\cdot (4\cdot 25)$
$ = 37\cdot100 = 3700$

c) Manche Produkte kannst du vorteilhaft berechnen, wenn du beide Rechengesetze anwendest: $\quad 7\cdot 25\cdot 5\cdot 4\cdot 20 = 7\cdot 25\cdot 4\cdot 5\cdot 20 \quad\quad$ Vertauschungsgesetz
$ = 7\cdot (25\cdot 4)\cdot (5\cdot 20) = 70\,000 \quad\quad$ Verbindungsgesetz

Beachte: Beide Rechengesetze gelten beim Dividieren nicht.
$\quad\quad\quad (150:15):5 \quad\quad$ ist nicht gleich $\quad\quad 150:(15:5)$,
denn $\quad\quad\quad 10:5 = 2 \quad\quad$ und $\quad\quad\quad\quad 150:3 = 50$.
Von den Divisionsaufgaben 10:5 und 5:10 kannst du nur eine ausrechnen.

Rechengesetze. Rechenvorteile

Aufgaben

3
Wenn du die nebenstehende Tabelle in deinem Heft ausfüllst, kannst du ein Rechengesetz erkennen. Welches?

·	3	4	5	9	10
3					
4					
5					
9					
10					

4
a) Tim bekommt für sein gutes Zeugnis zwei Fünfmarkstücke. Sandra erhält fünf Zweimarkstücke. Wer hat mehr?
b) Hannes und Andreas wollen auf dem Schulfest Holzflugzeuge verkaufen. Hannes bastelt fünf Tage lang jeden Tag 12 Flugzeuge. Andreas läßt sich 12 Tage Zeit. Er schafft jeden Tag 5 Flugzeuge.
Wer hat mehr Flugzeuge hergestellt?

5
Fasse geschickt zusammen und berechne.
a) $7 \cdot 4 \cdot 5$ b) $40 \cdot 25 \cdot 17$
   $5 \cdot 20 \cdot 9$ $19 \cdot 5 \cdot 200$
   $9 \cdot 2 \cdot 50$ $8 \cdot 125 \cdot 7$
   $4 \cdot 25 \cdot 11$ $23 \cdot 4 \cdot 250$

6
Fasse geschickt zusammen.
Beispiel: $4 \cdot 25 \cdot 7 \cdot 5 \cdot 12$
$= 100 \cdot 7 \cdot 60$
$= 100 \cdot 420 = 42\,000$
a) $4 \cdot 5 \cdot 12 \cdot 10$ b) $3 \cdot 5 \cdot 2 \cdot 25 \cdot 2$
c) $2 \cdot 3 \cdot 14 \cdot 5$ d) $2 \cdot 5 \cdot 13 \cdot 5 \cdot 20$

7
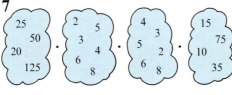

Bilde acht Produkte. Wähle aus jeder Wolke einen Faktor. Achte auf Rechenvorteile.

8
Vertausche und rechne geschickt.
Beispiel: $125 \cdot 6 \cdot 8 \cdot 15 \cdot 3$
$= 125 \cdot 8 \cdot 6 \cdot 15 \cdot 3$
$= 1000 \cdot 90 \cdot 3 = 270\,000$
a) $2 \cdot 7 \cdot 5 \cdot 3$ b) $9 \cdot 4 \cdot 8 \cdot 5 \cdot 25$
c) $25 \cdot 20 \cdot 4 \cdot 5 \cdot 9$ d) $2 \cdot 35 \cdot 5 \cdot 9$

9
Vertausche nicht nur „Nachbarn".
Beispiel: $40 \cdot 6 \cdot 125 \cdot 5 \cdot 50 \cdot 8$
$= 5 \cdot 6 \cdot 125 \cdot 8 \cdot 50 \cdot 40$
$= 30 \cdot 1000 \cdot 2000$
$= 60\,000\,000$

a) $4 \cdot 8 \cdot 5 \cdot 5 \cdot 2 \cdot 25$
b) $125 \cdot 50 \cdot 20 \cdot 8 \cdot 4 \cdot 30$
c) $30 \cdot 125 \cdot 25 \cdot 8 \cdot 30 \cdot 4$
d) $40 \cdot 15 \cdot 75 \cdot 2 \cdot 4 \cdot 20$
e) $19 \cdot 5 \cdot 25 \cdot 4 \cdot 5 \cdot 4$

10
Ordne die Zahlen zunächst vorteilhaft an und rechne dann im Kopf aus.
a) Produkt aus 230, 4 und 50
b) Produkt aus 125, 15 und 8

11
Schreibe zunächst einen Rechenausdruck.
a) Multipliziere das Produkt aus 7 und 25 mit 4.
b) Multipliziere 22 mit dem Produkt aus 5 und 4.
c) Multipliziere das Produkt von 2 und 17 mit dem Produkt von 5 und 3.

12
Ergänze die fehlenden Klammern.
a) $75:15:5 = 1$ b) $75:15:5 = 25$
c) $36:12:3 = 9$ d) $36:12:3 = 1$
e) $480:12:4 = 10$ f) $480:12:4 = 160$
g) $280:14:2 = 40$ h) $280:14:2 = 10$

13
Manchmal können dir das Vertauschungsgesetz und das Verbindungsgesetz helfen, große Zahlen im Kopf zu multiplizieren.
Beispiele: $36 \cdot 25$ $24 \cdot 75$
$= (4 \cdot 9) \cdot 25$ $= (6 \cdot 4) \cdot (3 \cdot 25)$
$= 9 \cdot (4 \cdot 25)$ $= (6 \cdot 3) \cdot (4 \cdot 25)$
$= 9 \cdot 100$ $= 18 \cdot 100$
$= 900$ $= 1800$
a) $32 \cdot 25$ b) $48 \cdot 125$
c) $75 \cdot 28$ d) $125 \cdot 15$
e) $28 \cdot 125$ f) $175 \cdot 36$
g) $325 \cdot 48$ h) $24 \cdot 225$

5 Klammern. Punktrechnung. Strichrechnung

1
Lisa blickt vom Dachgeschoß auf den Parkplatz und zählt 17 Autos. Sie schreibt auf einen Zettel:

$5 + 4 \cdot 3$.

Tim findet den Zettel und überlegt, wie viele Autos Lisa wohl gesehen hat:

5 plus 4 sind 9; 9 mal 3 sind 27.

Wie kam es zu diesen unterschiedlichen Ergebnissen?

2
Berechne und vergleiche die Ergebnisse:
$(3 + 4) \cdot 5$ und $3 + (4 \cdot 5)$ $4 \cdot 5 + 6$ und $4 \cdot (5 + 6)$

Bei den verschiedenen Rechenarten unterscheiden wir:

	Strichrechnungen	und	**Punktrechnungen**
	Addition +		Multiplikation ·
	und Subtraktion −		und Division :

Wenn in einem Rechenausdruck Punktrechnung und Strichrechnung vorkommen, muß man darauf achten, daß die Rechenarten in der richtigen Reihenfolge durchgeführt werden. Es sind folgende Regeln festgelegt:

> Reihenfolge beim Berechnen von Rechenausdrücken:
> 1. Hat ein Rechenausdruck Klammern, so mußt du zuerst berechnen, was in den Klammern steht.
> 2. Punktrechnung kommt vor Strichrechnung.

Punkt vor Strich

Beispiele

a) Punktrechnung vor Strichrechnung.

```
   16 + 5·8        20 − 4·3        9 + 15:3        15 − 30:10
 = 16 + 40       = 20 − 12       = 9 +  5        = 15 −  3
 =    56         =    8          =   14          =   12
```

b) Klammer zuerst.

```
   (12 + 4)·5     (15 − 5)·3      (27 + 9):4      (96 − 12):7
 =    16 ·5     =    10 ·3      =    36 :4      =    84 :7
 =    80        =    30         =     9         =    12
```

c) $38 − (8 + 6 \cdot 12) : 4$ Punkt vor Strich in der Klammer
  $= 38 − (8 + 72) : 4$ Klammer
  $= 38 − 80 : 4$ Punkt vor Strich
  $= 38 − 20$
  $= 18$

Bemerkung: In manchen Rechenausdrücken kommen in den Klammern nochmals Klammern vor. Du mußt dann zuerst die inneren Klammern ausrechnen.

d) $(3 + 2 \cdot (4 + 5)) : 7$ innere Klammer
  $= (3 + 2 \cdot 9) : 7$ Punkt vor Strich in der Klammer
  $= (3 + 18) : 7$ äußere Klammer
  $= 21 : 7$
  $= 3$

Klammern. Punktrechnung. Strichrechnung

Aufgaben

3
Schreibe für jeden Rechenbaum den zugehörigen Rechenausdruck und berechne.

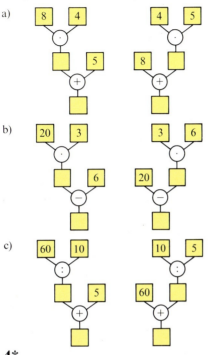

4*
In den Rechenausdrücken für diese Rechenbäume mußt du auch Klammern verwenden. Schreibe den Rechenausdruck auf.

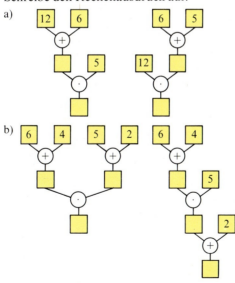

5
Zeichne zunächst den Rechenbaum und berechne.
Beispiel:

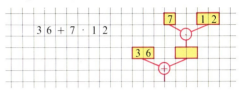

a) $25 \cdot 3 + 45$ b) $37 + 16 \cdot 5$
c) $148 - (44 + 56)$ d) $186 + (254 - 64)$
e) $9 \cdot 7 + 15 \cdot 4$ f) $28 \cdot 10 - 56 \cdot 5$
g) $15 \cdot (75 : 25)$ h) $360 : (12 \cdot 30)$

6
Berechne die Rechenausdrücke. Achte auf eine übersichtliche Darstellung.
Beispiel: $2 \cdot 17 + 3 \cdot 12$
       $= 34 + 36$
       $= 70$

a) $27 + 8 \cdot 16 + 7$
b) $9 \cdot 11 + 4 \cdot 13$
c) $8 \cdot 16 - 5 \cdot 12$
d) $23 + 18 : 3$
e) $54 - 12 : 4 + 5$
f) $7 \cdot 8 + 56 : 7 - 120 : 4$
g) $30 : 5 - 30 : 6 + 9 : 3$
h) $72 : 6 + 144 : 12 - 169 : 13$

7
Berechne.
a) $(17 + 33) \cdot 7$
b) $3 + 6 \cdot (25 + 75)$
c) $(18 - 3 \cdot 4) \cdot 15$
d) $4 \cdot 7 + 12 : 2 - (28 - 12)$
e) $(2 + 19 \cdot 3) \cdot (25 - 23)$
f) $135 - 3 \cdot (6 + 4 \cdot 3)$
g) $100 - 72 : (16 - 4) + 9 \cdot (4 + 5)$

8
Berechne.
a) $4 \cdot (12 + 3) - 6 \cdot 2$
b) $9 + 3 \cdot 8 - (14 + 6)$
c) $14 \cdot 3 + 2 \cdot (8 + 4)$
d) $17 \cdot 2 + (8 - 5) \cdot 3$
e) $15 + 5 \cdot 4 - (20 - 15)$

Klammern. Punktrechnung. Strichrechnung

9
a) Multipliziere die Summe der Zahlen 43 und 47 mit 20.
b) Dividiere die Differenz der Zahlen 257 und 47 durch 70.
c) Berechne den Quotienten aus 420 und der Summe von 22 und 48.
d) Berechne das Produkt aus 7 und der Differenz von 226 und 17.

10*
„Klammerolympiade"
$[2 \cdot (3+4) - (5-4) \cdot 3 - 2] \cdot (1+2)$
$1 + 2 \cdot [3 + 4 \cdot (5-4) + 3 \cdot (2-1)]$
$9 - 8 + [7 \cdot (6-5) - 4 : (3-2)] \cdot 1$
$[27 \cdot (52-48) - 2 \cdot (42-36)] : [4 \cdot (17-14)]$

11*
Versuche mit den Rechenzeichen $+, -, \cdot, :$ und den vorgegebenen Zahlen möglichst viele verschiedene Ergebnisse zu bekommen.

a) 2 8 10
b) 3 5 15
c) 4 4 5 7
d) 6 6 9 9

$6 : 3 + 4 = 6$
$4 + 3 \cdot 6 = 22$
$3 \cdot 4 + 6 = 18$
$\ldots$

12*
Bei einem Tunnelbau fahren 6 Lastwagen mit einer Tragfähigkeit von 10 t, 7 Lastwagen mit 12 t und 11 Lastwagen mit 15 t die Erde ab. Jeder Lastwagen fährt täglich 8mal. Wieviel Erde wird in einem Jahr (200 Arbeitstage) abgefahren?

13*
Übertrage die Aufgaben in dein Heft und setze Klammern, so daß die vorgegebenen Ergebnisse richtig sind.

a) $3 + 7 \cdot 5$	50
b) $3 + 6 \cdot 11 - 2$	81
c) $3 \cdot 3 + 11 \cdot 2$	40
d) $5 \cdot 6 + 3 \cdot 2$	90
e) $28 - 2 \cdot 5 + 8$	2
f) $16 + 5 \cdot 4 - 13$	71
g) $36 \cdot 2 + 3 - 2$	178
h) $28 \cdot 5 - 56 : 4$	21

15 gewinnt
Ein Spiel für mindestens zwei Spieler und drei Würfel.
Die Aufgabe besteht darin, aus den drei gewürfelten Zahlen mit Hilfe von $+, -, \cdot, :$ und Klammern eine Zahl möglichst nahe an 15 zu bilden oder sogar die Zahl 15 selbst.
Beispiel:

Man kann dann rechnen $2 + 5 + 6 = 13$ oder $2 \cdot 5 + 6 = 16$ oder aber auch $(6 : 2) \cdot 5 = 15$.

Spiel 71
Dies ist ein Spiel für zwei Spieler; gewürfelt wird mit drei Würfeln.
Ein Zug besteht darin, aus den drei gewürfelten Zahlen wie im Spiel „15 gewinnt" eine Zahl zu berechnen.
Du würfelst abwechselnd mit deinem Mitspieler, eure Ergebnisse werden nacheinander addiert.

Gewonnen hat, wer zuerst die Zahl 71 erreicht hat. Wer über 71 hinauskommt, hat verloren.
In dem Beispiel hat Peter verloren, weil er in seinem letzten Zug weder 0 noch 1 kombinieren kann.

6 Verteilungsgesetz. Rechenvorteile

1
Im Barockgarten stehen links und rechts vom Weg Linden in 18er Reihen. Im linken Teil sind es 17 Reihen, im rechten 13 Reihen. Der Parkwächter rechnet 17·18 und 13·18 und bekommt durch Addition die Gesamtzahl der Bäume.
Hast du eine bessere Idee?

2
Rechne die Aufgaben im Kopf und schreibe auf, wie du gerechnet hast.
7·51   17·101   8·59

Bei manchen Rechenausdrücken können wir durch das Setzen einer Klammer geschickter rechnen.

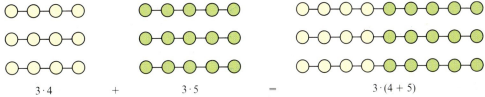

3·4   +   3·5   =   3·(4 + 5)

Dieser Vorgang wird auch **Ausklammern** genannt.
Bei anderen Rechenausdrücken ist es vorteilhaft, umgekehrt zu rechnen.
$$(40 + 1) \cdot 12 = 40 \cdot 12 + 1 \cdot 12$$
Hier sprechen wir vom **Ausmultiplizieren**.
Auch bei Multiplikationen von Differenzen mit einer Zahl können wir diesen Vorteil nutzen.
$$48 \cdot 7 = (50 - 2) \cdot 7 = 50 \cdot 7 - 2 \cdot 7$$
Dieses Rechengesetz heißt **Verteilungsgesetz oder Distributivgesetz**.

Verteilungsgesetz (Distributivgesetz)
Du kannst eine Summe mit einer Zahl multiplizieren, indem du jeden Summanden mit der Zahl multiplizierst und die Produkte addierst:
$$3 \cdot (4 + 5) = 3 \cdot 4 + 3 \cdot 5.$$
Entsprechend gilt für die Multiplikation einer Differenz:
$$3 \cdot (10 - 4) = 3 \cdot 10 - 3 \cdot 4.$$

Beispiele
a) 9·(7 + 8)   9·7 + 9·8   b) 12·7 + 8·7   (12 + 8)·7
  = 9· 15   = 63 + 72   = 84 + 56   = 20 ·7
  = 135   = 135   = 140   = 140

c) 5·(12 − 4)   5·12 − 5·4   d) 23·4 − 3·4   (23 − 3)·4
  = 5· 8   = 60 − 20   = 92 − 12   = 20 ·4
  =   40   =   40   =   80   = 80

Bemerkung: Das Verteilungsgesetz (Distributivgesetz) gilt auch für die Division einer Summe oder einer Differenz.

e) (80 + 32):16   80:16 + 32:16   f) 119:17 − 51:17   (119 − 51):17
  = 112 :16   = 5 + 2   = 7 − 3   = 68   :17
  =   7   =   7   =   4   =   4

Aufgaben

3
Schreibe die Rechenbäume als Rechenausdrücke. Berechne und vergleiche.

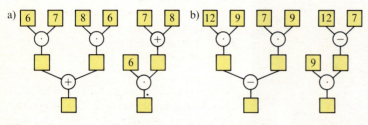

4
Schreibe einen Faktor als Summe und berechne dann geschickt im Kopf.
Beispiel: $36 \cdot 8 = 30 \cdot 8 + 6 \cdot 8 = 288$
a) $23 \cdot 6$ b) $61 \cdot 12$ c) $102 \cdot 9$
    $34 \cdot 7$ $72 \cdot 11$ $203 \cdot 8$
    $51 \cdot 9$ $13 \cdot 81$ $7 \cdot 510$

5
Schreibe einen Faktor als Differenz und berechne dann im Kopf.
Beispiel: $49 \cdot 7 = (50 - 1) \cdot 7 = 343$
a) $29 \cdot 8$ b) $39 \cdot 11$ c) $98 \cdot 7$
    $39 \cdot 9$ $49 \cdot 12$ $199 \cdot 6$
    $48 \cdot 6$ $13 \cdot 59$ $4 \cdot 499$

6
Berechne geschickt.
a) $21 \cdot 8$ b) $49 \cdot 7$ c) $6 \cdot 102$
    $31 \cdot 7$ $39 \cdot 8$ $8 \cdot 199$
    $6 \cdot 51$ $8 \cdot 49$ $44 \cdot 11$
    $62 \cdot 9$ $7 \cdot 99$ $12 \cdot 29$

7
Berechne durch Ausmultiplizieren.
Beispiel: $8 \cdot (20 + 3) = 8 \cdot 20 + 8 \cdot 3 = 184$
a) $5 \cdot (10 + 7)$ b) $7 \cdot (30 - 2)$
c) $6 \cdot (20 + 6)$ d) $9 \cdot (50 - 3)$
e) $4 \cdot (25 + 3)$ f) $(20 - 2) \cdot 17$
g) $12 \cdot (20 + 7)$ h) $(60 + 3) \cdot 14$

8
Berechne geschickt.
a) $26 \cdot 8 - 16 \cdot 8$ b) $7 \cdot 34 - 7 \cdot 14$
c) $5 \cdot 98 - 5 \cdot 28$ d) $9 \cdot 47 - 9 \cdot 32$
e) $52 \cdot 3 - 3 \cdot 27$ f) $12 \cdot 138 - 58 \cdot 12$

9
Berechne durch Ausklammern.
Beispiel: $7 \cdot 23 + 7 \cdot 17 = 7 \cdot (23 + 17) = 280$
a) $5 \cdot 17 + 5 \cdot 33$ b) $4 \cdot 71 + 4 \cdot 19$
c) $6 \cdot 22 + 6 \cdot 48$ d) $9 \cdot 14 + 9 \cdot 66$
e) $11 \cdot 19 + 11 \cdot 61$ f) $95 \cdot 8 + 105 \cdot 8$
g) $101 \cdot 7 + 7 \cdot 99$ h) $19 \cdot 12 + 18 \cdot 12$
i) $12 \cdot 23 + 27 \cdot 12$ k) $21 \cdot 18 + 22 \cdot 21$

10
Verwandle den Dividenden in eine Summe oder eine Differenz und berechne.
Beispiel: $472 : 8 = (400 + 72) : 8$
$= 400 : 8 + 72 : 8 = 59$
a) $648 : 6$ b) $315 : 15$
c) $279 : 9$ d) $792 : 8$

11
In den folgenden Aufgaben fehlen die Klammern. Schreibe die Aufgaben mit Klammern in dein Heft.
a) $9 \cdot 5 + 6 + 99$
b) $55 - 5 \cdot 4 = 200$
c) $5 + 9 \cdot 10 = 140$
d) $3 \cdot 11 - 7 = 12$
e) $5 + 13 + 12 \cdot 8 = 560$
f) $27 + 22 + 21 \cdot 8 = 560$
g) $29 \cdot 7 + 14 - 11 = 290$
h) $15 \cdot 21 + 37 - 43 = 225$

12
Schreibe den Rechenausdruck auf und berechne dann seinen Wert:
a) Multipliziere 9 mit der Summe von 7 und 23.
b) Multipliziere 27 mit der Differenz von 38 und 28.
c) Addiere das Produkt von 17 und 38 und das Produkt von 17 und 12.
d) Subtrahiere das Produkt von 18 und 13 vom Produkt von 68 und 13.
e) Addiere den Quotienten von 215 und 5 zum Quotienten von 85 und 5.
f) Subtrahiere den Quotienten von 96 und 12 vom Quotienten von 144 und 12.
g) Subtrahiere das Produkt von 412 und 13 vom Produkt von 662 und 13.

7 Schriftliches Multiplizieren

Durchschnittlicher Verbrauch pro Kopf und Tag (1991)

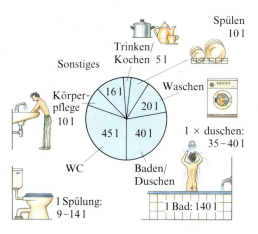

1
Die Ausstattung der Wohnungen mit Bädern, Duschen, Spültoiletten, Wasch- und Geschirrspülmaschinen hat den Wasserverbrauch im Haushalt je Tag und Einwohner in der Bundesrepublik in den letzten 30 Jahren auf 140 Liter steigen lassen.
Wieviel Wasser verbraucht ein Einwohner durchschnittlich in einem Jahr?

2
Das Herz eines jungen Menschen schlägt etwa 75mal in einer Minute. Wie oft schlägt es in einer Stunde, an einem Tag oder in einem Jahr? Wie oft hat dein Herz bis heute geschlagen?

Wenn in einem Produkt mehrstellige Faktoren vorkommen, können wir meist nicht mehr im Kopf rechnen. Durch Umwandeln eines Faktors in eine Summe können wir schrittweise multiplizieren.

```
   467·8
  400·8 = 3 200
+  60·8 =   480
+   7·8 =    56
  467·8 = 3 736
```

Kurzform:
```
467·8
3 736
```

Sprechweise:
8·7 ist 56   schreibe 6, übertrage 5
8·6 ist 48 plus 5 ist 53   schreibe 3, übertrage 5
8·4 ist 32 plus 5 ist 37   schreibe 37

```
8579·532
4289500
 257370
  17158
   1211
4564028
```

Schriftliches Multiplizieren
Beim Multiplizieren einer Zahl mit einem mehrstelligen Faktor berechnet man der Reihe nach die Teilprodukte mit einstelligen Faktoren, schreibt sie stellenweise untereinander und addiert sie.
Die schwarzen Nullen brauchst du nicht zu schreiben.

Beispiele

a) 674·28
   1348
   5392
      1
  18872

b) 703·45
   2812
   3515
      1
  31635

c) 423·206
    846
    000
   2538
      1
  87138

d) 317·240
    634
   1268
    000
      1
  76080

Bemerkung: Es ist vorteilhaft, vor der schriftlichen Multiplikation von großen Zahlen eine **Überschlagsrechnung** zu machen. In der Regel genügt es, jeden Faktor auf die höchste Stelle genau zu runden. Du sollst dann im Kopf rechnen.

e) 431·28
Überschlag:
400·30 = 12 000
genaues Ergebnis: 12 068

f) 9 748·826
Überschlag:
10 000·800 = 8 000 000
genaues Ergebnis: 8 051 848

Schriftliches Multiplizieren

·	54	76	98
473			
596			
372			
817			
653			
794			
968			

Aufgaben

3
Berechne.
a) 231·3
   312·4
   610·8
   117·5

b) 8 116·7
   2 131·6
   5 103·5
   1 072·8

c) 15 000·6
   40 700·7
   31 100·9
   86 200·5

d) 25 036·9
   17 009·4
   38 013·5
   70 102·7

4
Multipliziere.
a) 123; 456; 789   mit 7
b) 1 234; 56 789   mit 8
c) 987; 654; 321   mit 9
d) 6 347; 5 639; 4 287   mit 6
e) 4 732; 6 925; 1 540   mit 5

5
Berechne.
a) 456·30
   273·60
   768·70
   307·80
   999·90

b) 613·400
   392·700
   1 618· 50
   2 042· 40
   708·900

6
Berechne.
a) 326·16
   418·21
   513·27
   691·35
   705·41

b) 1 291·18
   3 625·29
   2 045·33
   5 104·51
   6 002·45

7
Berechne der Reihe nach und suche das Lösungswort auf dem Rand.
a) 67·87   94·58   73·58   57·38
   74·63   83·48   48·92
   53·86   76·83   49·67

b) 431·182   543·216   647·314
   715·246   671·513   812·631

c) 54·212   46·324   63·223
   513· 24   426· 32   529· 42
   425· 36   537· 42

a) 5452|E   4662|N
   4234|G   2166|E
   4416|O   4558|G
   3283|N   5829|R
   3984|B   6308|E

b) 175 890|I   117 288|C
   512 372|M   203 158|H
   344 223|R   78 442|S

c) 14 049|W   22 218|T
   22 554|R   11 448|G
   15 300|E   14 904|E
   13 632|T   12 312|I

8
Multipliziere.
a) 633; 811; 738   mit 25
b) 1 234; 1 376; 2 341   mit 31

9*
Führe eine Überschlagsrechnung durch, bevor du rechnest.
a) 832·32   b) 721·512
   218·45   316·851
   634·21   774·368
c) 3 628·402   d) 3 043·234
   4 314·208   4 306·316
   6 998·706   6 080·179
e) 5 460·570   f) 5 036·507
   4 370·680   4 307·308
   7 230·460   6 503·606

10*
Berechne und vergleiche dein Ergebnis mit einer Überschlagsrechnung.
a) 20 202·303   b) 555·55
   30 303·404   666·66
   40 404·505   777·77
   50 505·606   888·88
   60 606·707   999·99

11*
Berechne die Produkte
   108 901 089·9
und 109 999 989·9.
Schreibe deine Ergebnisse in umgekehrter Ziffernfolge auf und vergleiche sie mit dem 1. Faktor der Produkte.

12*
Ersetze die Sternchen durch die richtigen Ziffern.

a) 439·*7
    1756
    3*73
   2*633

b) 2*9·2*
     478
    **12
   66*2

c) 24*7·6*
   ***42
   ***8
   1****
   ******6

d) 6048·***
   1***4
   **432
   42***6
   ****056

Schriftliches Multiplizieren

Waagrecht:
1.) 34·47
5.) 217·39
8.) 91·48
9.) 33·23
10.) 72·13

Senkrecht:
2.) 147·38
3.) 24·34
4.) 503·14
6.) 23·212
7.) 39·87

13
Fülle das Kreuzzahlrätsel aus.

	¹1	²5	³8		
⁴7		5		1	
0	⁵8	⁶4		⁷3	
⁸4	3	6	8	3	
2		⁹7	5	9	
	¹⁰9	3	6	3	

14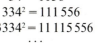
Hier wurde falsch gerechnet. Suche die Fehler und rechne die Aufgaben im Heft richtig.

a) 218·31
    654
    218
    872

b) 703·42
   2812
    146
  28266

c) 237·305
    711
   1185
  8295

d) 620·270
   1240
   4340
 16740

15
Berechne.
a) 4·13·17
   23·12·26
   21·22·23

b) 214·3·18
   507·9·25
   29·4·6·11

16*
Oft ist es vorteilhaft, die Faktoren zu vertauschen: 16 0335   444924
a) 21·7635
   19·5438
   10 3322

b) 102·4362
   333·76284
   25 402 572

17**
Mit den Ergebnissen von
634·4 = 2536 und 634·7 = 4438 kannst du 634·47 durch Addieren berechnen.
a) Berechne ebenso die Produkte
634· 74   634·740
634·704   634·470
634·407   634· 11.
b) Welche Produkte kannst du aus
413·6 = 2478 und
413·5 = 2065 berechnen?

Knobelei und Zauberei

Setze links den Malpunkt richtig.
a) 8 1 1 8 1 = 65 691
b) 6 9 9 6 1 = 42 639
c) 4 2 4 2 4 = 16 968
d) 1 3 1 3 1 = 1 703
e) 1 1 1 1 1 = 1 111
f) 5 5 5 5 5 = 30 525
Suche die richtige Stelle mit Hilfe einer Überschlagsrechnung und prüfe dann durch Rechnung nach.

☐ ☐ ☐ ☐ ☐ = 3 185

Verteile die Ziffern 1, 2, 3, 4, 5 und den Malpunkt so, daß die Rechnung stimmt.

$34^2 = 1156$
$334^2 = 111\,556$
$3334^2 = 11\,115\,556$
...

Wie geht es wohl weiter? Vermute und rechne nach.

Berechne 111 111 111 · 111 111 111.
Es geht sehr schnell, wenn du die Regel findest, die sich in der folgenden Aufstellung zeigt. Prüfe nach.
1·1 = 1
11·11 = 121
111·111 = 12321
1111·1111 = 1234321

Falsch geschrieben und trotzdem richtig gerechnet.

666·666	777·777
36	49
3636	4949
363636	494949
3636	4949
36	49
443556	603729

Kannst du nun 555·555 und 5555·5555 berechnen?

Berechne.
12 345 679· 9   12 345 679·18
12 345 679·36   12 345 679·45
12 345 679·54   12 345 679·81

Schriftliches Multiplizieren

18
Hamburg ist der viertgrößte Hafen Europas nach Rotterdam, London und Antwerpen. Täglich kommen in Hamburg etwa 60 Seeschiffe an, außerdem 80 Binnenschiffe, 3 500 Eisenbahnwaggons und 4 000 LKW. Rechne diese Angaben auf ein Jahr (365 Tage) um.

19
Im Londoner Hafen werden täglich ungefähr 5 000 Eisenbahnwaggons und 6 000 LKW abgefertigt (ein Waggon bzw. ein LKW hat 20 t). Wieviel Tonnen sind dies in einem Jahr mit 300 Arbeitstagen?

20
Ein Bananenschiff ist von Mittelamerika nach Hamburg unterwegs. Es hat 200 000 Kartons Bananen an Bord.
a) Berechne das Gewicht der Ladung, wenn ein Karton 12 kg wiegt.
b) Wieviel Stück Bananen hat das Schiff geladen, wenn ein Karton etwa 75 Bananen enthält?

21
Die Geschwindigkeit von Schiffen wird in kn (Knoten) angegeben. Bei einem Knoten legt ein Schiff 1 852 m, das ist eine Seemeile, in der Stunde zurück.
Welche Strecke legt ein Stückgutfrachter, der 20 kn schafft, in einer Stunde zurück?

22*
a) Ein Tanker macht 17 kn. Berechne seine Stundengeschwindigkeit in Kilometer.
b) Das Fahrgastschiff BREMEN ist sogar 23 kn schnell. Rechne um.

23*
Die Bundesbahn-Schnellbahnstrecke von Berlin nach Hannover wird etwa 250 Kilometer lang.
a) Für einen Streckenkilometer werden 1 560 Gleisschwellen verlegt. Wie viele Schwellen benötigt man für die gesamte Strecke?
b) Eine Gleisschwelle wiegt 260 kg. Wie schwer sind alle 1 560 zusammen, die man für einen Streckenkilometer braucht?
c) Wie groß ist das Gewicht aller Gleisschwellen der Strecke Berlin – Hannover, wenn zwei Spuren verlegt werden?
d) Ein 1 Meter langes Gleisstück aus Spezialstahl wiegt 60 kg. Wie groß ist das Gesamtgewicht eines Gleiskilometers?
e) Ein ICE-Hochgeschwindigkeitszug legt auf der Strecke in einer Minute etwa 4 Kilometer zurück. Wieviel Kilometer fährt er in in einer Stunde?
f) Wie lange braucht der ICE von Berlin nach Hannover?
g) Die Deutsche Bundesbahn wirbt für ihren neuen ICE mit dem Motto: „Doppelt so schnell wie das Auto, halb so schnell wie das Flugzeug." Überprüfe dies mit Zahlen.

8 Schriftliches Dividieren

1
Für ein Handballspiel kostete jede Karte 6 DM. Im Vorverkauf wurden für 3 000 DM einzelne Karten verkauft, für 600 DM kaufte eine Firma Karten und 96 DM wurden am Abend eingenommen. Wie hoch war die Gesamteinnahme und wie viele Karten wurden verkauft?

2
In einem Filmvorführraum sollen 98 Stühle in 12er Reihen angeordnet werden. Warum ist dies nicht möglich?

Wenn in einer Divisionsaufgabe größere Zahlen vorkommen, können wir häufig nicht mehr im Kopf rechnen. Dann lösen wir die Aufgabe durch schriftliches Dividieren.

```
3682 : 7 = 526          17440 : 40 = 436         9129 : 17 = 537
35      5·7             160      4·40            85      5·17
──                      ───                      ──
 18                      144                      62
 14     2·7              120     3·40             51     3·17
 ──                      ───                      ───
 42                      240                      119
 42     6·7              240     6·40             119    6·17
 ──                      ───                      ───
  0                        0                        0
```

Multiplizieren wir das Ergebnis jeweils mit dem Divisor, so erhalten wir wieder den Dividenden. So können wir das Ergebnis überprüfen (**Probe**).

```
Probe:  526·7          Probe:  436·40         Probe:  537·17
        ─────                  ──────                 ──────
        3682                   17440                   537
                                                      3759
                                                      ────
                                                      9129
```

Bei manchen Aufgaben hat die letzte Differenz nicht den Wert 0. Es entsteht dann ein **Rest**.

```
3293 : 14 = 235 + 3 : 14
28
──
 49
 42
 ──
  73
  70
  ──
   3
```

Schriftliches Dividieren
1. Dividiere nach dem dir bekannten Verfahren.
2. Den Wert der letzten Differenz in der Division nennt man Rest.

Die Überprüfung des Ergebnisses bei einer Division mit Rest erfordert zwei Rechenschritte:

```
235·14
─────
 235
 940
────
3290
```
und 3290 + 3 = 3293.

Bemerkung: Wenn du in der Division überlegst, wie oft der Divisor in der ersten Zahl enthalten ist, hilft dir eine Überschlagsrechnung weiter.

Schriftliches Dividieren

Beispiele

a) 2853 : 9 = 317
   27
   ――
   15
    9   Probe:
   ――
   63   317·9
   63   2853
   ――
    0

b) 6210 : 30 = 207
   60
   ――   Probe:
   21
    0   207·30
   ――
   210   6210
   210
   ――
    0

c) 8820 : 36 = 245
   72
   ――   Probe:
   162
   144   245·36
   ――
   180   735
   180   1470
   ――
    0   8820

d) 7189 : 20 = 359 + 9 : 20
   60
   ――   Probe:
   118
   100   359·20
   ――
   189   7180
   180   7180 + 9 = 7189
   ――
    9

e) 13171 : 43 = 306 + 13 : 43
   129
   ―――   Probe:
   27
    0   306·43
   ―――
   271   1224
   258   918
   ――― 13158
   13
         13158 + 13 = 13171

Bemerkung: Die Überschlagsrechnung kannst du auch zur Kontrolle deines Ergebnisses benutzen. Dabei mußt du die Zahlen so vereinfachen, daß du leicht im Kopf rechnen kannst.

a) 2853 : 9
   2700 : 9 = 300

b) 6210 : 30
   6000 : 30 = 200

c) 8820 : 36
   8800 : 40 = 220

d) 7189 : 20
   7000 : 20 = 350

e) 13 171 : 43
   12 000 : 40 = 300

Aufgaben

3
Berechne.

a) 882 : 6
   936 : 8
   822 : 6
   665 : 5

b) 868 : 4
   981 : 3
   994 : 7
   738 : 6

c) 376 : 4
   588 : 6
   544 : 8
   623 : 7

4

a) 8715 : 7
   6985 : 5
   9499 : 7

b) 9896 : 8
   5432 : 4
   8256 : 6

c) 4134 : 6
   4123 : 7
   4485 : 5

5

a) 6340 : 20
   8340 : 30
   7920 : 40

b) 4740 : 30
   8220 : 60
   9720 : 90

c) 8680 : 40
   9730 : 70
   9540 : 90

6

a) 3360 : 40
   6020 : 70
   5520 : 80

b) 2910 : 30
   4450 : 50
   7470 : 90

c) 2680 : 40
   4980 : 60
   3760 : 80

7
Dividiere

a) 1876; 2436; 1932; 4823 durch 7
b) 2552; 3912; 2936; 4584 durch 8
c) 3852; 5562; 5256; 5553 durch 9
d) 6248; 7832; 3707; 9636 durch 11.

8
Berechne den Quotienten.

a) 22 839 450 : 5
   20 740 734 : 6
   16 419 746 : 7
   9 876 536 : 8

b) 173 840 : 20
   278 880 : 40
   537 840 : 60
   445 060 : 70

9
Wie oft paßt

a) 20 in 84; 63; 56; 112; 98?
b) 30 in 169; 96; 141; 118; 72?
c) 43 in 147; 403; 317; 399; 217?
d) 150 in 842; 603; 947; 491; 217?
e) 250 in 5 248; 4 395; 4 737; 5 007?

Schriftliches Dividieren

10
Berechne und führe die Probe durch.
a) 3 978 : 17
   7 518 : 21
   5 094 : 18
   5 658 : 23
   8 996 : 26
   8 118 : 33

b) 23 083 : 41
   14 445 : 45
   17 595 : 51
   29 640 : 65
   28 684 : 71
   39 895 : 79

11
Führe eine Überschlagsrechnung durch, bevor du rechnest.
a) 21 861 : 21
   46 184 : 23
   39 104 : 26
   33 759 : 33
   70 633 : 37

b) 82 246 : 41
   53 041 : 59
   50 904 : 63
   64 468 : 71
   72 001 : 89

	O	T	E	A
	670	728	803	484
	K	D	R	S
	642	325	666	523
	B	A		
	509	681		

12
Die Lösung auf dem Rand bringt dich schnell voran.
a) 32 949 : 63
c) 51 756 : 76
e) 53 801 : 67
g) 62 980 : 94
i) 51 282 : 77

b) 54 570 : 85
d) 59 696 : 82
f) 37 157 : 73
h) 31 944 : 66
k) 28 600 : 88

13
Berechne. Du erhältst bei diesen Aufgaben einen Rest.
a) 1 414 : 6
   1 862 : 8
   2 112 : 9
   2 266 : 7

b) 2 898 : 12
   4 915 : 14
   7 040 : 17
   9 977 : 19

c) 6 886 : 31
   9 339 : 39
   8 665 : 44
   7 007 : 59

14

Waagerecht:
1.) 5 535 : 45
3.) 50 463 : 89
5.) 5 808 : 66
7.) 21 978 : 33
9.) 147 186 : 9
12.) 27 984 : 66
19.) 117 128 : 44
20.) 248 871 : 7
21.) 160 485 : 13

Senkrecht:
1.) 10 665 : 79
2.) 37 020 : 15
4.) 72 720 : 12
7.) 137 403 : 21
8.) 51 285 : 65
9.) 69 104 : 56
11.) 117 128 : 44
13.) 40 293 : 33
15.) 273 581 : 77
16.) 43 956 : 66
17.) 9 936 : 23
18.) 30 525 : 55

15*
In folgenden Rechnungen sind einige Ziffern verlorengegangen. Suche diese Ziffern.

a) 1*784 : 7*1 = 2*
   1482
   ────
   29**
   2**4
   ────
     0

b) 3*6* : 13 = *3*
   26
   ──
   4*
   **
   ──
   78
   **
   ──
    0

c) **** : 24 = *55
   72
   ──
   13*
   ***
   ───
   2
   ***
   ───
    0

d) 228**0 : *57 = 8*0
   2***
   ────
   2313
   ****
   ────
   000
   ***
   ───
    0

16**
Schreibe eine beliebige 3stellige Zahl zweimal so nebeneinander, daß insgesamt eine 6stellige Zahl entsteht.
Beispiel: 673 673.
Du wirst feststellen: Diese Zahl ist ohne Rest durch 7, 11 und 13 teilbar.
Probiere, ob dies auch für andere dreistellige Zahlen gilt.

17**
Berechne.
a) 28 482 : 202
   88 266 : 313
   82 602 : 353
   83 984 : 464
   77 824 : 512

b) 220 398 : 337
   234 576 : 432
   496 070 : 565
   194 526 : 642
   189 776 : 818

18**
Bei diesen Divisionsaufgaben erhältst du fast immer einen Rest.
Rechne, bis sich der Rest wiederholt. Kannst du diese Zahl schon ohne zu rechnen finden?
a) 100 : 7
   200 : 7
   300 : 7
   400 : 7
   ⋮
   usw.

b) 100 : 11
   200 : 11
   300 : 11
   400 : 11
   ⋮
   usw.

Schriftliches Dividieren

19
Berechne und überprüfe dein Ergebnis mit einer Probe.
a) 945 : 21
12 312 : 27
21 917 : 31
18 648 : 56
31 968 : 72
b) 458 : 17
5 632 : 19
78 304 : 25
16 835 : 31
26 726 : 42

20*
Suche alle Zahlen zwischen 100 und 200, die bei der Division durch 21 den Rest 2 haben.

21
Welche Aufgaben haben einen Rest?
a) 50 237 : 11
50 348 : 11
50 458 : 11
50 505 : 11
b) 17 341 : 17
34 680 : 17
52 021 : 17
56 661 : 17

22
Welche Ziffern kannst du für die Sternchen setzen, so daß die Division aufgeht?
a) *444 : 4
b) 26* : 5
c) 6*6 : 6

23*
Wo muß links das Divisionszeichen stehen? Überschlage.
a) 4 0 7 2 8 = 509
b) 6 3 0 3 5 = 18
c) 5 2 8 8 8 = 6
d) 8 5 6 2 1 4 = 4
e) 9 6 5 7 9 = 1073
f) 6 2 5 2 1 2 = 521

24*
Die Zettel sind durcheinandergeraten. Welcher gehört auf welchen Nagel?

25
In einem Personenaufzug ist folgendes Schild angebracht:

Max. Belastung 1800 kg oder 24 Personen
MEYER & Co.

Mit welchem durchschnittlichen Gewicht einer Person wurde hier gerechnet?

26
Eier werden in Packungen zu je 6, 10, 12, 18, 36 Stück verkauft. Wie viele Schachteln werden jeweils benötigt, um 24 000 Eier zu verpacken?

27
In einer Metallfabrik werden 72 000 Nägel abgepackt. In einem Karton sind 150 Nägel. Wie viele Kartons werden gefüllt?

28
In einer Großkonditorei werden 13 478 Pralinen eingetütet. In einer Tüte sind 23 Stück. Wie viele Tüten werden gefüllt?

29
Eisenbahnschienen werden aus 30 m langen Stücken zusammengeschweißt. Wie viele Stücke benötigt man für eine zweigleisige Bahnlinie mit 78 600 m Länge?

30
Eine Schulklasse mit 28 Schülerinnen und Schülern mietet für einen Ausflug einen Omnibus. Die Miete beträgt 420 DM. Wieviel muß jede Person bezahlen?

31
Ein achttägiger Schulausflug der Klasse 5 b (26 Schülerinnen und Schüler) kostet insgesamt 3224 DM.
a) Wieviel DM muß jede Schülerin und jeder Schüler bezahlen?
b) Wie hoch sind die Kosten pro Tag für eine Person?

Schriftliches Dividieren

32*
Bei einem Volksfest haben die Veranstalter 7 452 000 DM Einnahmen errechnet. Es wurden ungefähr 324 000 Besucher gezählt. Wieviel DM hat ein Besucher ausgegeben?

33*
Ein Erdsatellit umfliegt mit einer Geschwindigkeit von 28 000 km pro Stunde die Erde auf einer 42 000 km langen Bahn.
a) Wie viele Stunden und Minuten dauert ein Umlauf?
b) Wie viele Umläufe macht der Satellit in einem Jahr?

34*
Eine Raumfähre braucht für einen Umlauf um die Erde 90 min. Wieviel Erdumrundungen macht sie bei einem 10tägigen Aufenthalt im Weltall?

35*
1490 wurde in Deutschland die erste Postverbindung eingerichtet. Die über 1000 km lange Strecke führte von Mechelen in den Niederlanden nach Innsbruck in Österreich. Alle 30 bis 50 km kamen frische Pferde zum Einsatz, so wurden Tagesleistungen von bis zu 160 km möglich.
a) Wie häufig wurden die Pferde täglich etwa gewechselt?
b) In wieviel Tagen bewältigten die Boten die Poststrecke?

36**
a) Die Flugstrecke der Rauchschwalbe beim Vogelzug beträgt etwa 10 000 km. Sie fliegt mit einer Spitzengeschwindigkeit von 45 km in der Stunde. Wie viele Stunden müßte sie mindestens fliegen?
b) Eine Weinbergschnecke kriecht mit ihrer Höchstgeschwindigkeit in 4 Stunden über ein 16,80 m breites Grundstück. Wieviel cm schafft sie in einer Minute?
c) Eine Libelle erreicht eine Fluggeschwindigkeit von 54 km in der Stunde. Wieviel m legt sie in einer Sekunde zurück?

37**
Ein Bienenvolk liefert etwa 75 kg Honig im Jahr. Für 150 g Honig sind etwa 20 000 Blütenbesuche notwendig.
Berechne die Anzahl der Flüge für die gesamte Honigmenge.

38**
Die Tabelle zeigt die Fluggeschwindigkeit pro Stunde und die Flügelschläge pro Minute verschiedener Vögel.

Vogelart	Fluggeschwindigkeit km pro Stunde	Flügelschläge pro Minute
Sperling	42	630
Turmfalke	75	300
Mauersegler	180	715

Wieviel m etwa schafft jeder Vogel pro Flügelschlag?

9 Aussagen und Aussageformen

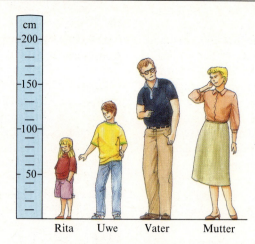

1
Ergänze die folgenden Sätze
Vater ist □ groß. Mutter ist □ groß.
Uwe ist □ groß. Rita ist □ groß.

2
Vater ist größer als Mutter. Rita ist kleiner als Uwe.
a) Bilde weitere Sätze mit „kleiner" und „größer".
b) Verkürze die Sätze mit den Zeichen <, >.
c) Ordne alle Personen der Größe nach. Beginne mit dem Vater und setze das Zeichen >.

Wir bilden täglich Sätze, die entweder falsch oder wahr sind. Manchmal z. B. bei Lückentexten, muß man Sätze ergänzen, um entscheiden zu können, ob sie wahr oder falsch sind.

> Ein Satz, bei dem man entscheiden kann, ob er
> **wahr** oder **falsch** ist, heißt **Aussage**.   (w) lies: wahr
> Ein Satz mit einem **Platzhalter** heißt **Aussageform**,
> wenn durch Einsetzen für den Platzhalter eine   (f) lies: falsch
> Aussage entsteht.

Beispiele
a) „Der Juni ist der 7. Monat im Jahr" ist eine falsche Aussage.
b) $5 + 3 = 8$ (w); $5 - 2 = 1$ (f)
c) „Cottbus ist eine Stadt in □ ", ist eine Aussageform. Durch Einsetzen des Wortes Brandenburg wird die Aussageform zu einer wahren Aussage.
d)   Aussageform: $□ \cdot 7 = 35$
         wahre Aussage ↙   ↘ falsche Aussage
         $5 \cdot 7 = 35$ (w) $6 \cdot 7 = 35$ (f)
e) Fragen und Befehle sind keine Aussagen, weil sie nicht wahr oder falsch sein können:
Kannst du mich besuchen? Komm her!
f) Der Satz „Der nächste Sommer wird schöner als dieser Sommer" ist keine Aussage, weil man nicht eindeutig entscheiden kann, ob er wahr oder falsch ist.
Bemerkung: Ausdrücke aus Zahlen, Rechenzeichen $+, -, \cdot, :$ und kleinen Buchstaben als Platzhalter nennt man **Terme**. Beispiele: $5 - 3$, $7 \cdot a$, $9 + x : 2$, $z + k$, $4 \cdot (h + 9) : 7$

Aufgaben

3
Welche Sätze sind Aussagen?
a) Ein Hund hat 5 Beine.
b) Ist das richtig?
c) Kai ist lieb.
d) $24 : 8 = 3$

4
Welche Aussagen sind wahr?
a) Klaus ist ein Junge.
b) Vögel bellen.
c) $3 + 5 + 3 + 9 + 10 = 31$
d) Ägypten ist ein Staat.

Aussagen und Aussageformen

5
Unterscheide zwischen Aussage, Aussageform und Term:
a) $1\,000:100=10$
b) $7\cdot x=56$
c) $410+2\,112=2\,512$
d) $36\cdot 34$
e) $7\,132<7\,133$
f) $5\cdot 8<50$
g) $555-10=535+10$
h) $15+a\cdot 5$
i) $234+11-235+10$
k) $(345-154)+z<200$

6
Bilde 4 falsche und 4 wahre Aussagen.

7
Welche Sätze sind Aussageformen?
a) Klaus hat □ Augen.
b) Laubbäume erkennt man an Blättern.
c) Meine Lieblingsfarbe ist □ .
d) $18\,000:□=300$
e) $500+□<4\,000$
f) Die Farbe Blau ist schöner als Rot.

8
Ergänze die folgenden Aussageformen zu wahren Aussagen.
a) In meiner Klasse sind □ Jungen.
b) In meiner Klasse gibt es □ Mädchen als Jungen.
c) Das Alphabet hat □ Buchstaben.
d) Jede Katze besitzt einen □ .
e) Katzen jagen mit Vorliebe □ .

9
a) Bilde 5 Aussageformen.
b) Mache diese zu wahren Aussagen.

10
Ersetze den Platzhalter so, daß wahre Aussagen entstehen.
a) $3+□=12$
b) $120-□=90$
c) $□<523$
d) $500+□>910$
e) $□:20=40$
f) $320\cdot□=4\,160$
g) $8+24+□=51$
h) $60-□\cdot 8=72$
i) $(51+□)-3>50$
k) $□\cdot 8-5=163$

11
a) Bilde Aussageformen wie in der Aufgabe 10.
b) Bilde dann wahre Aussagen.

12
Familie Reinhard hatte im Mai folgende Ausgaben:

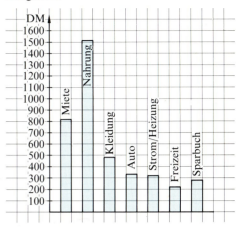

a) Bilde zu dem Diagramm 5 wahre und 5 falsche Aussagen.
b) Bilde 5 Aussageformen und mache sie dann zu wahren Aussagen.
c) Wieviel gibt die Familie insgesamt aus?

13
a) Bilde mit den Zahlen 26 und 15 vier verschiedene Aussageformen. Benutze als Platzhalter x.
b) Bestimme x, wenn möglich.

14
Bestimme den Platzhalter
a) $3\cdot x=36$
b) $e:12=4$
c) $138-a=16$
d) $1\,879+x=4\,289$
e) $144:t=24$
f) $y\cdot 17=425$
g) $(512-17)+r=555$
h) $(k+15)\cdot 3=75$

15

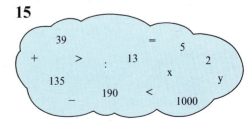

a) Bilde daraus 10 verschiedene Aussageformen.
b) Unterstreiche die Terme.
c) Bestimme jeweils den Platzhalter.

10 Gleichungen und Ungleichungen

1
Auf einer Balkenwaage befinden sich die abgebildeten Gewichtsstücke und ein kleiner Pudel.
a) Wie groß ist das Gewicht auf der linken Seite der Waage insgesamt?
b) Wie groß ist das Gewicht auf der rechten Seite der Waage insgesamt? Begründe.
c) Wie schwer ist der Pudel?

2
Daniel möchte mit seinem kleinen Boot Kisten über einen Fluß transportieren. Das Boot kann aber nur bis zu 50 kg Fracht tragen. Welche Kisten kann Daniel auf einmal mit dem Boot transportieren?

Durch Messen, Wiegen und Abzählen können wir Dinge vergleichen; somit stellen wir Gemeinsamkeiten oder Unterschiede fest. Wir sprechen von ‚gleich' und ‚ungleich'.
In eine Aussageform wie $3 \cdot x = 24$ kann man Zahlen einsetzen. Durch Probieren findet man dann die Zahlen, die zu einer wahren Aussage führen.

Besitzt eine Aussage oder Aussageform ein Gleichheitszeichen, so heißt sie **Gleichung**.
Besitzt eine Aussage oder Aussageform ein Größerzeichen ($>$) oder Kleinerzeichen ($<$), so heißt sie **Ungleichung**.
Alle Zahlen, die zu einer wahren Aussage führen, bilden die **Lösungsmenge (L)**.

Gleichung: $6 + 9 = 15$ $7 \cdot x = 21$
$L = \{3\}$

Ungleichung: $18 - 4 > 10$ $9 + x < 20$
$L = \{0, 1, 2 \ldots 10\}$

Beispiele
a) Gleichungen: $4 = 4$, $y = 3$, $3 \cdot 1 = 3$, $4 \cdot (5 - c) = 120$, $3 \cdot 5 - 9 - 2 \cdot x + x = 3 \cdot x - x$
b) Ungleichungen: $5 > 3$, $d < 13$, $18 : a < 7$, $(4 - b) : 3 < 16$, $16 - y + 7 + 2 \cdot y > y + 4$
Bemerkung: Für Gleichungen und Ungleichungen mit einem Platzhalter können wir die Lösungsmenge bestimmen.
c) $5 \cdot x = 15$. Wir setzen nacheinander die Zahlen 0, 1, 2, 3, 4, … ein. Nur die 3 erfüllt die Gleichung. Die Lösungsmenge ist $L = \{3\}$.
d) $4 \cdot x < 21$. Wir setzen nacheinander die Zahlen 0, 1, 2, 3, 4, 5, 6, … ein. Nur 0, 1, 2, 3, 4, 5 erfüllen die Ungleichung. Die Lösungsmenge lautet $L = \{0, 1, 2, 3, 4, 5\}$.

Aufgaben

3
Auf einer Waage befinden sich Gewichtsstücke. Zeichne die Waage.
a) linke Seite 7 kg; rechte Seite 3 kg, 1 kg, 1 kg, 2 kg
b) linke Seite 9 kg; rechte Seite 15 kg

4
Welche Gewichtsstücke fehlen zum Gleichgewicht?
a) linke Seite 10 kg, 2 kg; rechte Seite 5 kg
b) linke Seite 10 kg, 2 kg; 2 kg; rechte Seite 5 kg, 5 kg, 2 kg, 2 kg, 1 kg

5
Welche der Gewichtsstücke 10 g, 20 g, 50 g, 100 g darfst du auflegen, bevor die Waage zum Gleichgewicht kommt?

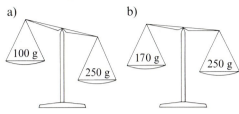

a) b)

6
Welcher Wert aus der Grundmenge G = {0,1,2,3,4,5,6,7,8} macht die Aussageform zu einer wahren Aussage? Schreibe L = { . . .}.
a) x = 5   b) k = 8   c) x = 9
d) x + 4 = 10   e) 7 + a = 15   f) 5 − d = 3
g) 1 + s = 10   h) 3 · x = 12   i) 24 : x = 3

7
Gib die Lösungsmenge der folgenden Gleichungen an. Die Grundmenge ist ℕ.
a) x = 25   b) 2 · k = 12   c) r + 5 = 21
d) 13 − t = 8   e) x − 12 = 8   f) 36 : x = 6
g) 2 · y = 17   h) 143 : v = 11   i) 7 = 19 − x

8
Welche Werte aus der Grundmenge G = ℕ machen die Aussageform zu einer wahren Aussage? Schreibe L = { . . .}.
a) x < 4   b) c < 2   c) x < 10
d) u > 2   e) x > 4   f) h > 5
g) x + 1 < 4   h) 9 − x > 6   i) 8 > k − 1

9
Gib die Lösungsmenge der folgenden Ungleichungen an. Die Grundmenge ist ℕ.
a) x < 14   b) t > 18   c) 18 < a
d) u > 0   e) 3 + g < 9   f) 16 − s > 10
g) v > 1 200   h) 4 · c > 14   i) 18 < p : 2

10
Löse die Gleichungen und Ungleichungen. Die Grundmenge ist ℕ*.
a) 3 + z = 8   b) 4 + u < 10   c) y − 10 = 56
d) 9 · r < 37   e) 18 > 4 + h   f) 118 = k − 9
g) z : 6 = 8   h) j − 99 = 99   i) 1 · f < 1

11
Löse die Gleichungen und Ungleichungen. Beachte die Grundmenge.
a) x + 5 = 19   G = {1,2,5,9,14,17,24}
b) 19 − c > 11   G = {0,1,2,3,7,10,19,20}
c) e · 3 = 36   G = {1,2,3,6,11,12,33,34}
d) 18 : h = 9   G = {0,1,2,3,4,5,6,18}
e) r − 12 < 4   G = {17,18,19,20,23,24,25}
f) 8 · g = 40   G = {0,1,2,3,4}

12
Das Pferd und der Esel tragen Kisten. Wie viele sind es?
a) Wenn du die Anzahl der Kisten des Pferdes verdoppelst, erhältst du 16.
b) Wenn du von der Anzahl der Kisten des Esels 8 abziehst, erhältst du 17.

13*
Schreibe die Gleichung auf und löse sie.
a) Addiere zu x die Zahl 6, und du erhältst 19.
b) Subtrahiere von einer Zahl die Zahl 3, und du erhältst 17.
c) Multipliziere eine Zahl mit 5, und du erhältst 35.
d) Dividiere 27 durch die gesuchte Zahl, und du erhältst 9.
e) Addiere 12 zum Doppelten der gesuchten Zahl und du erhältst 48.

14*
Bestimme die Lösungsmenge.
a) x ist durch 4 teilbar.
b) p ist durch 2 und 3 teilbar.
c) y ist ein Vielfaches von 3.

11 Vermischte Aufgaben

1
Achte stets auf die Nullen.
a) $280:70$ $\quad$ $2\,800:7$ $\quad$ $2\,800:700$
b) $560:80$ $\quad$ $56\,000:800$ $\quad$ $5\,600:8$

2
Rechne vorteilhaft.
a) $50 \cdot 19 \cdot 2$ $\qquad$ b) $2 \cdot 48 \cdot 50$
c) $4 \cdot 112 \cdot 25$ $\qquad$ d) $8 \cdot 7 \cdot 125$

3
Denke an die Rechenregeln.
a) $34 + 50 \cdot 2$ $\qquad$ b) $236 : 4 + 20$
 $43 + 18 \cdot 3$ $\qquad$ $17 + 3 \cdot 15$
 $6 \cdot 41 + 20$ $\qquad$ $500 + 38 \cdot 5$

4
a) $832 \cdot 32$ $\quad$ b) $634 \cdot 21$ $\quad$ c) $721 \cdot 402$
d) $213 \cdot 45$ $\quad$ e) $2036 \cdot 24$ $\quad$ f) $316 \cdot 503$
g) $657 \cdot 24$ $\quad$ h) $416 \cdot 405$ $\quad$ i) $774 \cdot 321$

5
Berechne die Klammern zuerst.
a) $(18 - 3 \cdot 4) : 2$ $\qquad$ b) $(2 \cdot 17 - 9) \cdot (11 - 11)$
c) $123 \cdot (3 + 11 - 4)$ $\qquad$ d) $3 \cdot 14 - (42 - 3 \cdot 9)$
e) $2 \cdot (3 \cdot (4 + 5) + 2)$ $\qquad$ f) $64 - (2 \cdot (3 + 19))$

6
Achte auf die Rechenzeichen.
a) 4^3 $\quad$ $4 \cdot 3$ $\quad$ $4 + 3$ $\quad$ 3^4
b) 2^5 $\quad$ $2 \cdot 5$ $\quad$ $2 + 5$ $\quad$ 5^2
c) 3^3 $\quad$ $3 \cdot 3$ $\quad$ $3 + 3$

7
Diese Quadratzahlen sind zuerst dem Engländer Hill aufgefallen: Wenn man ihren Wert berechnet, taucht im Ergebnis jede der Ziffern 1 bis 9 genau einmal auf.
a) $12\,363^2$ $\qquad$ b) $11\,826^2$
c) $19\,023^2$ $\qquad$ d) $18\,072^2$
e) $20\,316^2$ $\qquad$ f) $30\,384^2$

8
Die Ergebnisse zeigen dir, ob du richtig gerechnet hast.
a) $6^2 - 5^2$ $\qquad$ b) $3^2 + 6^2$
 $56^2 - 45^2$ $\qquad$ $33^2 + 66^2$
 $556^2 - 445^2 \ldots$ $\qquad$ $333^2 + 666^2 \ldots$

9
Die Quadratzahlen von 41 bis 49 kannst du leicht im Kopf berechnen.
Beispiel: $43^2 = 18\,49$
$43 - 25 = 18$
$50 - 43 = 7; 7^2 = 49$
Prüfe und berechne nun die Quadratzahlen von 41 bis 49.

10
Gib die Lösungsmenge an. $G = \mathbb{N}$.
a) $129 - c = 89$ $\qquad$ b) $21 \cdot f = 147$
c) $m - 298 = 2678$ $\qquad$ d) $s - 56 < 60$
e) $y \cdot 89 = 1246$ $\qquad$ f) $24 - 2 \cdot x = 20$
g) $345 + t > 400$ $\qquad$ h) $w : 34 = 578$
i) $b : 12 = 12$ $\qquad$ k) $z - 123 > 1000$

11
Unangefochtener „Weltrekordler" unter den Zugvögeln ist die Küstenseeschwalbe. 114 Tage fliegt sie, um aus ihrem arktischen Brutgebiet ins antarktische Winterquartier zu gelangen. In 24 Stunden schafft sie eine Entfernung von 123 Kilometern.
a) Wieviel Kilometer legt die Seeschwalbe in dieser Zeit zurück?
b) Wie groß ist etwa ihre Geschwindigkeit pro Stunde?
c) Nach einem Nonstopflug von mehr als 3000 Kilometern erreicht der Regenpfeifer sein Winterquartier. 35 Stunden schlägt er pausenlos mit den Flügeln. Wie weit fliegt er in einer Stunde?

Vermischte Aufgaben

12

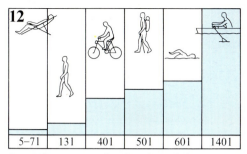

Das Diagramm zeigt den Atemluftverbrauch bei verschiedenen Tätigkeiten pro Minute.
a) Wieviel Liter Luft werden bei einem 90 Minuten langen Spaziergang verbraucht?
b) Wieviel Liter Luft werden bei einem 2000-m-Lauf im Ruderboot in 7 Minuten verbraucht?

13
Ein Buchhändler bestellt zwei verschiedene Bücher. Beim Verlag kostet das eine Buch 17 DM pro Exemplar, das andere 12 DM. Er bestellt von jedem Buch die gleiche Anzahl und erhält eine Rechnung über 348 DM. Wie viele Exemplare hat der Buchhändler von jedem Buch bestellt?

14
Ein Behälter, der 704 Liter Wasser faßt, soll durch zwei Röhren gefüllt werden, von denen die erste 13 Liter, die zweite 19 Liter in der Minute liefert. In welcher Zeit geschieht die Füllung des Behälters, wenn beide Röhren gleichzeitig geöffnet werden?

15
Heidi ist 11 Jahre alt, Franz 16 Jahre und Ute 13 Jahre. In wieviel Jahren sind sie zusammen 100 Jahre alt?

16*
Ein Bücherwurm frißt sich durch das dreibändige Lexikon einer Schülerbücherei. Jeder Band hat 500 Seiten. Der Wurm beginnt bei Seite 1 des 1. Bandes und hört auf bei Seite 500 von Band 3. Er braucht für ein Blatt einen Tag, für einen Deckel 5 Tage. Wie lange hat er „zu tun"?

17
An einer Autobahn sollen vom Kilometerstein 203 bis zum Kilometerstein 212 auf einer Seite Bäume im Abstand von 36 m gepflanzt werden. Wieviel Bäume braucht man, wenn auch an den beiden Kilometersteinen Bäume stehen sollen?

18
Bei einer Bürgermeisterwahl wurden 17 694 Stimmen abgegeben. Davon waren 146 ungültig. Von den gültigen Stimmen bekam Kandidatin Becker die Hälfte, auf die Kandidaten Maier und Schmidt entfiel jeweils die Hälfte der restlichen Stimmen. Wie viele Stimmen bekam jeder Kandidat?

19
Familie Hoffmann bezieht für ihre Wohnung Fernwärme. Dafür bezahlt sie jeden Monat 123 DM. Am Jahresende erfolgt die Schlußabrechnung.
a) Im Jahre 1988 bekamen Hoffmanns eine Rückzahlung von 96 DM.
b) 1989 mußten sie 84 DM nachzahlen.
Berechne jeweils die monatlichen Heizkosten.

20
Die Großhandelsfirma Süd kauft 85 Kisten Pfirsiche zu 23 DM je Kiste. Dazu kommen noch Kosten von insgesamt 170 DM.
Da die Früchte unterschiedliche Qualität besitzen, werden 47 Kisten zu 38 DM und der Rest zu 32 DM verkauft.
a) Wieviel DM muß die Firma für die Lieferung bezahlen?
b) Wieviel DM hat sie eingenommen?
c) Wieviel DM verdient die Firma Süd an den Pfirsichen?

21**
Eine Fabrik baut 3 Sorten Kisten, von jeder Sorte 190 Stück täglich. Für eine Kiste der 1. Sorte werden 6 Bretter und 16 Nägel, für eine Kiste der 2. Sorte 12 Bretter und 32 Nägel, für eine Kiste der 3. Sorte 18 Bretter und 48 Nägel benötigt. Wie viele Bretter und Nägel werden an 5 Tagen verarbeitet?

GESUNDE

In vierzehn Tagen soll das Schulfest stattfinden. Die Klasse 5a hat sich dafür entschieden, die Mitschülerinnen und Mitschüler und natürlich auch die Eltern an ihrem Stand über die Bedeutung gesunder Ernährung zu informieren.

Sven, Gabi und Maik haben sich bereit erklärt, die genauere Planung zu übernehmen. Sie haben aus Zeitschriften und Büchern wichtige Informationen gesammelt und wollen sie am Stand ausstellen.

So soll eines der Plakate aussehen:

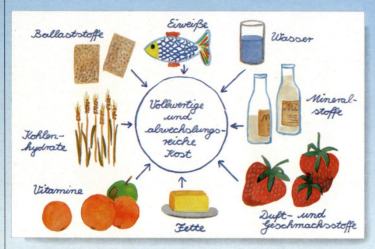

2
Gabi hat in einem Ernährungsbericht eine Tabelle entdeckt, die angibt, wieviel Kinder bei einer bestimmten Körpergröße wiegen sollten.

Größe (cm)	Gewicht (kg)	Größe (cm)	Gewicht (kg)
110	16 – 23	140	28 – 39
114	17 – 24	144	30 – 42
118	18 – 26	148	33 – 45
122	20 – 28	152	35 – 48
126	21 – 30	156	38 – 52
130	23 – 33	160	41 – 55
134	25 – 35	164	44 – 59
138	27 – 38	168	47 – 63

1
Für Schulkinder haben die drei auch eine Empfehlung gefunden, die die Aufteilung des Tagesbedarfes an Nährstoffen nach Mahlzeiten zeigt.
a) Mit welcher Mahlzeit sollte ein Schulkind die größte Menge Eiweiß aufnehmen?
b) Wieviel Kohlenhydrate sollte das Frühstück enthalten?
c) Wieviel g Eiweiß (Fett, Kohlenhydrate) sollte ein Schulkind täglich (in einer Woche) mit der Nahrung aufnehmen?

a) Vergleiche das Gewicht und die Größe der beiden Kinder.
b) Wieviel kg sollten die Kinder bei ihrer Körpergröße wiegen?
c) Bei welcher Größe hätten die Kinder das richtige Gewicht?
d) Wieviel dürftest du bei deiner Körpergröße wiegen?

	Frühstück	Pausenbrot	Mittagessen	Nachmittag	Abendbrot
Eiweiß in g	18	8	32	5	16
Fett in g	19	13	37	6	22
Kohlenhydrate in g	108	48	72	55	78

ERNÄHRUNG

3

Die Angaben, die die Kinder in einem anderen Heft finden, machen sie nachdenklich. Diese Tabelle und eine zweite, die aufzeigt, wieviel Energie verschiedene Bewegungsarten verbrauchen, wollen sie auf einem Plakat gegenüberstellen.

	kcal
1 gehäufter Kaffeelöffel Zucker (8 g)	30
1 Schoko-Keks-Riegel (30 g)	150
1 kleine Tüte Gummibärchen (75 g)	250
1 Eisbecher mit Sahne, Früchten und Waffeln (250 g)	400
1 Apfeltasche (70 g)	170

Bewegungsart	Energieverbrauch pro Minute
Gymnastik	ca. 5 Kilokalorien
Laufen	ca. 10 Kilokalorien
Schwimmen	ca. 7 Kilokalorien
Tennis	ca. 6 Kilokalorien
Fußball	ca. 13 Kilokalorien
Radfahren	ca. 3 Kilokalorien
Spazierengehen	ca. 3 Kilokalorien

a) Wie lange mußt du Fußball spielen, wenn du zwischendurch einen Eisbecher mit Sahne, Früchten und Waffeln gegessen hast und die Kalorien wieder loswerden möchtest?

b) Suche dir noch weitere Beispiele heraus.

4

Auch Getränke sind sehr kalorienreich, denn sie enthalten oft viel Zucker. Berechne die Kilokalorien, die du auf diese Weise am Tag zu dir nimmst. Ein Stück Würfelzucker entspricht ca. 12 kcal.

5

Natürlich sollen an dem Stand auch einige leckere Sachen angeboten werden, die die Kinder zu Hause vorbereiten wollen. Die ganze Klasse hilft begeistert mit. Schließlich einigt man sich auf zwei Rezepte.

Rechne aus, wieviel Lebensmittel sie einkaufen müssen, wenn sie 120 Gläser (je $\frac{1}{4}$ l) Obstbowle und 120 Früchtespieße verkaufen wollen.

Obstbowle

1. Aus dem Wasser und den Malven einen Tee zubereiten, 10 Minuten ziehen lassen, durch ein Sieb abgießen und mit Honig und Zitronensaft abschmecken.
2. In ein Serviergefäß geben, die Zitronenschale hinzufügen und gut gekühlt ziehen lassen.
3. Vor dem Servieren den Erdbeersaft, die halbierten Erdbeeren sowie die Eiswürfel hinzufügen.

Kerniger Früchtespieß

1. Das Brot mit Butter bestreichen. Jede Scheibe in 6 Stücke schneiden. Den Tofu trockentupfen und würfeln.
2. Die Früchte waschen bzw. schälen und in gleich große Stücke teilen. Das Brot, den Tofu und die Früchte abwechselnd auf die Spieße stecken.
3. Die Spieße mit Honig einpinseln. Dann in den Pistazien und dem Sesam wenden. Jeden Früchtespieß auf einem Salatblatt anrichten.

Rückspiegel

1
a) Berechne das Produkt aus den Zahlen 46 und 30.
b) Der Wert eines Produktes ist 169. Der erste Faktor ist 13. Wie heißt der zweite Faktor?
c) Der Wert eines Produktes ist 380. Der zweite Faktor heißt 19. Wie lautet der erste Faktor?
d) Schreibe die Zahl 48 als Produkt mit zwei Faktoren. Gib mindestens drei Möglichkeiten an.
e) Dividiere das Produkt von 15 und 5 durch den Quotienten dieser Zahlen.
f) Berechne den Quotienten aus der Summe und der Differenz von 25 und 15.

2
Berechne.
a) $17 \cdot 13$ b) $21 \cdot 13$ c) $23 \cdot 41$
   $14 \cdot 19$ $25 \cdot 17$ $25 \cdot 36$
   $12 \cdot 16$ $32 \cdot 19$ $21 \cdot 53$
d) $204 : 17$ e) $252 : 12$ f) $306 : 17$
   $247 : 13$ $299 : 13$ $224 : 16$
   $210 : 14$ $294 : 14$ $304 : 19$

3
Berechne möglichst geschickt.
a) $4 \cdot 17 \cdot 25$ $2 \cdot 36 \cdot 5$
b) $23 \cdot 8 \cdot 2 \cdot 125$ $8 \cdot 3 \cdot 25 \cdot 12$
c) $15 \cdot 17 \cdot 4$ $35 \cdot 6 \cdot 17$
d) $4 \cdot 19 \cdot 125 \cdot 2$ $4 \cdot 39 \cdot 2 \cdot 25$

4
Berechne.
a) $5 \cdot 23 + 5 \cdot 7$ b) $12 \cdot 24 + 12 \cdot 16$
c) $23 \cdot 17 + 23 \cdot 23$ d) $36 \cdot 21 + 36 \cdot 19$
e) $6 \cdot (20 + 3)$ f) $67 \cdot (400 + 7)$

5
Berechne. Denke an die Rechenregeln.
a) $6 \cdot (8 - 5)$ b) $10 + 22 \cdot 4$
c) $216 : (8 \cdot 3)$ d) $(216 : 8) \cdot 3$
e) $5 \cdot 3 + 12 \cdot 6 - 16 \cdot 4$ f) $((18 + 36) \cdot 32 : 4) \cdot 91$

6
Setze $>$, $<$ oder $=$ ein.
a) $2^8 \square 8^2$ b) $4^3 \square 4 \cdot 3$
c) $5^3 \square 3^5$ d) $(2 \cdot 5)^3 \square 10^3$

7
Mache zuerst eine Überschlagsrechnung.
a) $124 \cdot 36$ b) $4512 \cdot 74$ c) $672 \cdot 312$
   $258 \cdot 24$ $6050 \cdot 37$ $508 \cdot 320$
   $516 \cdot 32$ $8129 \cdot 53$ $680 \cdot 502$

8
Rechne mit Überschlag.
a) $5535 : 15$ b) $5208 : 56$ c) $3534 : 38$
   $2139 : 31$ $2835 : 81$ $8722 : 89$
   $4183 : 47$ $7252 : 98$ $4140 : 92$

9
Berechne.
a) $136525 : 215$ $213877 : 391$
b) $145068 : 471$ $500633 : 833$
c) $95621 \cdot 4007$ $4003 \cdot 62009$

10
Löse die Gleichungen.
a) $5 + x = 12$ b) $z - 3 = 10$
c) $345 + b = 362$ d) $17 \cdot k = 98$
e) $g \cdot 11 = 330$ f) $170 - s = 100$

11
Löse die Ungleichungen.
a) $x > 27$ b) $19 > r$
c) $17 + g < 63$ d) $36 - k < 29$
e) $4 \cdot b < 25$ f) $6 \cdot h > 55$

12
Jochen hat seine Dias in Magazinen zu je 36 Stück aufbewahrt. Er hat die Magazine in 12 Reihen zu je 9 Stück gestapelt. Wie viele Dias hat er?

13
Marion spart jeden Monat 15 DM. Zu Weihnachten und zum Geburtstag erhält sie von ihrer Oma 50 DM, die sie ebenfalls spart. Wieviel DM hat sie in einem Jahr gespart?

14
Die Entfernung von der Erde bis zum Mond beträgt rund 380000 km. Wie viele Tage würde Tina mit dem Fahrrad für diese Strecke brauchen, wenn sie in der Stunde 15 km fährt?

V Geld. Zeit. Gewicht

An der Stadtkirche von Balingen befindet sich noch eine Sonnenuhr von Philipp Matthäus Hahn.

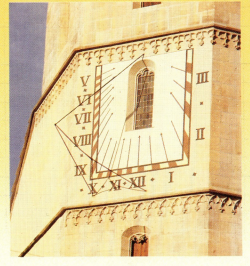

5000 Jahre Zeitmessung

Über viele Jahrtausende hinweg kam der Mensch allein mit dem Lauf der Sonne zurecht, mit Tag und Nacht, Sommer und Winter.

Die alten Kulturvölker in Babylonien und Ägypten hatten schon eine genauere Zeitrechnung. Es waren die babylonischen Astronomen, die um 3000 v. Chr. zum ersten Mal den Tag in 24 gleiche Stunden und die Stunde in 60 Minuten teilten.

Aus dieser Zeit stammen auch die ersten einfachen Sonnenuhren. Die alten ägyptischen Sonnenuhren glichen einem großen liegenden T, dessen Querstück etwas hochgestellt war. Der Schatten fiel auf eine Zeitskala.

Eine Kalenderwerk-Taschenuhr von Hahn mit sieben Zeigern: Sekunde, Minute, Stunde, Wochentag, Monatsdatum, Monat und Tierkreis, Mondphase. (im Uhrenmuseum Wuppertal)

Alte ägyptische Sonnenuhr

Als in Europa um 1300 die ersten mechanischen Uhren gebaut wurden, übernahm man die babylonische Zeiteinteilung.

Am 25. November 1739 wurde in der Nähe von Esslingen der spätere Pfarrer und Erfinder Philipp Matthäus Hahn geboren.

Hahn war aus heutiger Sicht ein genialer Ingenieur. In seiner Werkstatt entwickelte und baute er Waagen, Rechenmaschinen und Uhren. Seine Arbeiten waren in ganz Europa bekannt. Zu seinen Kunden gehörte auch der König von England.

Heutige Uhren sind wahre Präzisionswerke. Es gibt in technischen Bereichen Uhren, die in 1 000 000 Jahren noch keine Sekunde vorgehen oder nachgehen.

Bei Sportwettkämpfen wird heute mit einem Zielfoto die Zeit der Erstplazierten in Hundertsteln von Sekunden angegeben.

1 Größen

1
Was ist eigentlich größer, ein Lastwagen oder ein Segelboot? Warum ist es so schwierig, diese Frage zu beantworten?

2
Wenn Peter 3 m weit springt, und Beate 300 cm, so haben beide dieselbe Weite erzielt. Findest du ähnliche Beispiele?

3
Angelika kauft eine Kiste Sprudel mit zwölf Flaschen. Eine Flasche kostet 70 Pfennig und für die Kiste muß sie 3 DM Pfand bezahlen. Wieviel Geld braucht Angelika?

Um Eigenschaften von Dingen miteinander vergleichen zu können, braucht man einheitliche Vergleichsgrößen, die Maßeinheiten. Einige sind dir bekannt: z. B. Meter für Längen, Kilogramm für die Masse von Körpern, DM für Preise oder Sekunden für Zeitspannen.

> Eine Angabe wie 12 Kilogramm nennt man **Größe**.
>
> 12 ist die **Maßzahl**,   Kilogramm ist die **Maßeinheit** oder kurz **Einheit**.

Bemerkung: Die Einheiten sind oft Abkürzungen eines Wortes und vielfach zu selbständigen Zeichen geworden. Man schreibt:
    m   für   Meter
    kg   für   Kilogramm
    s   für   Sekunde
    DM für   Deutsche Mark

Beispiele
a) kg ist die Abkürzung für Kilogramm, g entsprechend für Gramm.
b) Mit einer Uhr mit Sekundenzeiger kann man z. B. 15 Sekunden messen. Wir können die Maßzahl bestimmen.
c) Bei der Angabe: „Die Fahrtstrecke beträgt 214 km", ist 214 die Maßzahl und km die Maßeinheit.

In Sachaufgaben kommen verschiedene Größen vor.
Du mußt sie addieren, subtrahieren, multiplizieren und dividieren.
Beim Rechnen mit Größen mußt du dabei folgendes beachten:

> Wandle die Größen in einer Rechnung so um, daß alle dieselbe Maßeinheit haben.
> 1. Beim **Addieren** und **Subtrahieren** werden die Maßzahlen addiert oder subtrahiert.
> 2. Beim **Vervielfachen** einer Größe mit einer Zahl wird die Maßzahl mit der Zahl multipliziert.
> 3. Beim **Teilen** einer Größe durch eine Zahl wird die Maßzahl durch die Zahl dividiert.
> Die Maßeinheit wird stets beibehalten.
> Beim **Dividieren** von zwei Größen mit derselben Maßeinheit erhält man eine Anzahl.

Größen

Beispiele

d) 4 cm + 20 mm = 4 cm + 2 cm = 6 cm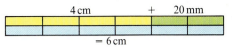

e) Sägt man von einer 2 m langen Latte 50 cm ab, so ist die Latte noch 150 cm lang. Wir rechnen: 200 cm − 50 cm = 150 cm.

f) Werden 20 Schienen mit jeweils 18 cm Länge aneinandergesetzt, so erhält man eine Länge von 360 cm. Wir rechnen: 20 · 18 cm = 360 cm.

g) Sägt man ein 180 cm langes Brett in 10 gleich lange Teile, so ist ein Teil 18 cm lang. Wir rechnen: 180 cm : 10 = 18 cm.

h) Sägt man ein 180 cm langes Brett in Teile von jeweils 20 cm Länge, so erhält man 9 Stück. Wir rechnen: 180 cm : 20 cm = 9.

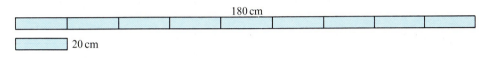

Aufgaben

4
Bei verschiedenen Verkehrsmitteln findest du unterschiedliche Größenangaben. Schreibe einige Beispiele auf.
a) Motorräder b) Flugzeuge
c) Schiffe d) Eisenbahnen

5
Meter gehört zu lang. Suche zu folgenden Adjektiven die passenden Maßeinheiten: schwer, weit, alt, teuer, tief, leicht, höher, dicker, billiger.

6
Welche Maßeinheiten kennst du schon? Welche gehören zusammen? Wie werden sie gemessen?

7
Hier ist vieles durcheinander geraten. Verbessere die Sätze.
a) Das Auto war 6 m hoch und 150 cm lang.
b) Der 5 kg schwere Junge stieß die 9 m schwere Kugel 60 kg weit.
c) Sabine und Kurt liefen 3 Sekunden um die Wette. Kurt war 150 m langsamer als Sabine.
d) Die 24 DM lange Eisenbahnfahrt kostet 1 Stunde und 28 Minuten.

8
Schwer gehört zu Tonne. Suche Adjektive, die zu folgenden Maßeinheiten passen: Kilometer, Stunde, Gramm, Pfennig, Zentimeter, Sekunde.

9
In folgender Geschichte wurden falsche Maßeinheiten verwendet. Schreibe mit den richtigen Maßeinheiten.
„Gestern haben wir eine 25 kg lange Fahrradtour gemacht. Nach etwa 3 m waren wir wieder am Ausgangspunkt. Der 730 min hohe Berg war sehr anstrengend."

10
Bestimme bei den Größen jeweils Maßzahl und Maßeinheit.
a) 5 m; 6 kg; 3,5 t; 12 DM
b) 9 Tafeln; 4 Kisten; 3 Stapel
c) 4,25 DM; 8,4 s; 1,5 h; $\frac{1}{2}$ Pfd
d) 3 Millionen DM; 4,5 Milliarden Menschen; 24 Millionen Liter

11
Mit welchen Maßeinheiten arbeiten folgende Meßgeräte?
Personenwaage, Meterstab, Kilometerzähler, Stoppuhr, Eieruhr.
Suche selbst weitere Beispiele.

2 Geld

1
Kannst du mit dem Geld in der Abbildung eine Rechnung von 328,26 DM bezahlen? Wieviel Geld ist es genau?

2
Welche Geldscheine und Münzen, die in Deutschland gültig sind, kennst du?
Zähle sie auf und zeichne Münzen in ihrer wirklichen Größe in dein Heft.

Die Werte von Waren lassen sich mit Hilfe von Geld angeben und vergleichen. In verschiedenen Staaten werden jeweils eigene Währungen benutzt (z. B. Franc in Frankreich, Schilling in Österreich und Franken in der Schweiz).

In Deutschland werden als Einheiten für **Geld** benutzt:

Deutsche Mark = DM

Pfennig = Pf

Für die Umwandlung gilt: 1 DM = 100 Pf

Beispiele
a) Wenn eine Ware mit 5,60 DM ausgezeichnet ist, heißt dies, daß man 5 DM 60 Pf dafür bezahlen muß.
b) 81 Pf + 1,45 DM = 81 Pf + 145 Pf = 226 Pf = 2,26 DM.
c) Wenn Sabine sich ein Fahrrad für 650 DM kaufen will und 432 DM gespart hat, muß sie noch 650 DM − 432 DM = 218 DM sparen.

Aufgaben

3
Gib für jeden Wert einer Münze und eines Scheins ein Beispiel, was man dafür kaufen könnte.

4
Kennst du auch ausländische Münzen? Weißt du, wieviel sie wert sind?

5
Schreibe in DM und Pf.
a) 776 Pf; 984 Pf; 1 570 Pf; 3 807 Pf
b) 9,36 DM; 8,04 DM; 12,12 DM; 70,07 DM
c) 999 Pf; 9,09 DM; 990 Pf; 9,90 DM
d) 1818 Pf; 8080 Pf; 8008 Pf

6
Schreibe in Pfennig.
a) 5 DM; 8 DM; 150 DM; 5 245 DM
b) 2 DM 18 Pf; 15 DM 38 Pf; 70 DM 12 Pf; 4 DM 25 Pf; 40 DM 40 Pf
c) 12 DM 3 Pf; 21 DM 8 Pf; 20 DM 2 Pf; 50 DM 5 Pf; 33 DM 3 Pf
d) 3,48 DM; 10,26 DM; 0,54 DM; 0,01 DM

Theodor Heuss
(31.1.1884–
12.12.1963)
Bundespräsident der
Bundesrepublik
Deutschland von
1949 bis 1959.

7
Schreibe in DM und Pf.
a) 776 Pf; 984 Pf; 1 570 Pf; 3 807 Pf
b) 9,36 DM; 8,04 DM; 12,12 DM; 70,07 DM
c) 999 Pf; 9,09 DM; 990 Pf; 9,90 DM
d) 1818 Pf; 8080 Pf; 8008 Pf

8
Schreibe in Pfennig.
a) 5 DM; 8 DM; 150 DM; 5 245 DM
b) 2 DM 18 Pf; 15 DM 38 Pf; 70 DM 12 Pf
c) 12 DM 3 Pf; 21 DM 8 Pf; 20 DM 2 Pf
d) 3,48 DM; 10,26 DM; 0,54 DM; 0,01 DM

9
Schreibe in DM (mit Komma):
a) 870 Pf; 1 435 Pf; 709 Pf; 23 456 Pf
b) 5 DM 36 Pf; 12 DM 75 Pf; 150 DM 77 Pf
c) 908 Pf; 6 DM 8 Pf; 20 DM 2 Pf; 10 101 Pf

10
Wandle, wenn nötig, in Pf um und gib das Ergebnis dann wieder in gemischter Schreibweise an.
a) 5 DM 78 Pf + 25 DM 11 Pf + 12 DM
b) 27 DM 11 Pf + 39 DM 78 Pf + 70 DM 19 Pf
c) 777 Pf + 888 Pf + 999 Pf
d) 19 DM 81 Pf − 8 DM 72 Pf
e) 436 DM 44 Pf − 342 DM 79 Pf
f) 111 DM 11 Pf − 111 Pf − 22 DM

11
Verfahre wie in Aufgabe 10; gib das Ergebnis in DM (mit Komma) an.
a) 5,36 DM + 12,32 DM + 9,18 DM
b) 202,58 DM + 58 DM 22 Pf
c) 99,99 DM + 999 Pf + 9 DM 9 Pf
d) 100 DM − 35,26 DM
e) 256 DM 38 Pf − 134,76 DM
f) 200 DM − 58,45 DM − 18,32 DM

12
Berechne:
a) 5 · 9 DM   b) 6 · 1,50 DM
   11 · 36 DM   15 · 3,40 DM
   12 · 17 Pf   21 · 7,85 DM
c) 88 DM : 8   d) 4,50 DM : 9
   114 DM : 6   2,42 DM : 11
   200 DM : 25   12,36 DM : 6

13
Wieviel fehlt noch bis 50 DM?
a) 14 DM; 27 DM; 41 DM; 38 DM
b) 17,24 DM; 28,25 DM; 37,75 DM
c) 23,08 DM; 31,02 DM; 46,06 DM
d) 12 DM 13 Pf; 44 DM 44 Pf; 38 DM 2 Pf

14
Wieviel fehlt noch bis 100 DM?
a) 78 DM; 32 DM; 56 DM; 84 DM
b) 53,50 DM; 77,77 DM; 18,85 DM
c) 12,05 DM; 80,08 DM; 57,07 DM
d) 9 DM 99 Pf; 90 DM 99 Pf; 90 DM 9 Pf

15
Berechne jeweils den Betrag, den der Kassierer zurückgeben muß.

zu zahlen	Käufer gibt
a) 12,78 DM	20 DM
b) 18,56 DM	50 DM
c) 43,13 DM	50 DM 20 Pf
d) 90,59 DM	101 DM
e) 236,51 DM	250 DM 1 Pf

16
a) Warum fragt die Verkäuferin nach 10 Pf, wenn Erwin 9,60 DM bezahlen muß?
b) Es müssen 30,70 DM bezahlt werden. Warum ist es besser, 41 DM zu geben als 40 DM?

17
Paul soll beim Bäcker fünf Brötchen, ein Stück für 35 Pf, ein Brot für 3 DM 20 Pf und zwei Stückchen Kuchen zu je 1,20 DM holen. Er bezahlt mit 10 DM. Wieviel Geld bekommt er zurück?

18
Ulrike kauft Briefmarken. Sie holt fünf 100er-, fünfzehn 80er- und drei 60er-Briefmarken.
a) Wieviel kosten alle Briefmarken zusammen?
b) Wieviel Geld bekommt sie zurück, wenn sie mit einem 20-DM-Schein bezahlt?
c) Wieviel 30-Pf-Briefmarken kann Ulrike noch kaufen, damit der Postbeamte kein Geld zurückzahlen muß?

Geld

19
a) Ria kauft 4 Hefte zu je 0,70 DM und 3 Stifte zu je 0,85 DM. Sie bezahlt mit einem 20-DM-Schein. Wieviel erhält sie zurück?
b) Kai kauft ein Buch für 6,80 DM und 6 Postkarten zu je 65 Pf. Er bezahlt mit zwei 5-DM-Stücken und einem 2-DM-Stück.

20*
Wie viele Münzen benötigst du jeweils mindestens, um jeden Betrag zwischen 1 Pf und 50 Pf ohne Rückgabe bezahlen zu können? Schreibe die Kombinationen auf.

21*
In einem Spiel gibt es folgendes Spielgeld: je zwei 1-Mark-Stücke, 3-Mark-Stücke, 9-Mark-Stücke, 27-Mark-Stücke und ein 81-Mark-Stück.
a) Bezahle damit folgende Beträge: 29 Mark, 55 Mark, 115 Mark.
b) Kann man alle Beträge zwischen 1 Mark und 100 Mark damit bezahlen?

22
Die größte Groschenspende gab es im Saarland während des Lebacher Stadtfestes im Juni 1988. Stattliche 37 580,40 DM kamen zugunsten einer Kinderhilfe zusammen.
a) Wie viele 10-Pfennig-Stücke sind dies?
b) Wie viele Rollen mit je 50 10-Pf-Stücken sind dies?

Aus der Geschichte der Münzen und des Papiergeldes

Etwa 670 vor Christus ließ König Gygers von Lydien (in der heutigen Türkei) die ersten Münzen prägen. Das war das erste Geld, das auch im Handel unter den Völkern gut verwendet werden konnte.

Im heutigen Schwäbisch Hall wurden schon seit 1208 Münzen geprägt – der Heller. Die ersten Heller zeigten eine Hand, das Wappen von Schwäbisch Hall. Für einen Heller bekam man im 14. Jahrhundert etwa 10 Eier.

Unsere heutigen Münzen werden nur noch in fünf Städten geprägt. Du kannst dies an einem Buchstaben erkennen: A – Berlin, J – Hamburg, G – Karlsruhe, F – Stuttgart, D – München.

Das Papiergeld wurde in China erfunden, 812 n. Chr. wurde es erstmals eingeführt.

Die ersten europäischen Banknoten wurden 1661 in Stockholm (Schweden) gedruckt und in Umlauf gebracht.

In den Jahren der Inflation ab 1920 mußte man für Waren immer höhere Geldbeträge bezahlen. 1923 wurde ein 100-Billionen-Mark-Schein ausgegeben. Das Bild zeigt dir einige Geldscheine aus dieser Zeit.

3 Stunden. Minuten. Sekunden

1
Herbert: „Ich lerne jeden Tag bis 15.00 Uhr." Beate erwidert darauf: „Ich lerne sogar immer bis 15.30 Uhr." Warum läßt sich mit diesen Angaben nicht feststellen, wer von beiden mehr Zeit zum Lernen aufwendet?

2
a) Wie kannst du dir selbst Uhren herstellen, mit denen man beispielsweise festlegen kann, wie lange ein Spieler bei einem Ratespiel überlegen darf?
b) Kann man auch Uhren selbst herstellen, auf denen man einen bestimmten Zeitpunkt ablesen kann, beispielsweise für eine Verabredung?

Bei der Zeitmessung unterscheiden wir zwischen Zeitspannen und Zeitpunkten.

Nach **Zeitspannen** fragen wir mit **wie lange**. Wie lange dauert eine Halbzeit bei einem Fußballspiel? Wie lange muß der Kuchen noch im Ofen bleiben?

Nach dem **Zeitpunkt** fragen wir mit **wann** oder **um wieviel Uhr**.
Wann hat die zweite Halbzeit begonnen?
Um wieviel Uhr ist der Kuchen fertig?
Die Uhrzeit wird verschieden angegeben:
14.15 Uhr oder 14:15.
Zwischen zwei Zeitpunkten liegt jeweils eine Zeitspanne.

Die Zeiteinheiten sind:
Stunde   h
Minute   min: 1 h = 60 min
Sekunde s: 1 min = 60 s

Beispiele
a) Umwandeln in eine andere Einheit.
12 min 36 s = 12·60 s + 36 s = 720 s + 36 s = 756 s
615 s = 10·60 s + 15 s = 10 min 15 s
b) Zwischen den beiden Zeitpunkten 14.15 Uhr und 14.50 Uhr liegt eine Zeitspanne von 35 min.

Aufgaben

3
Wie lange dauert: eine Schulstunde; Eierkochen; ein Umlauf des großen Zeigers; ein Musikstück; Zählen bis 1 000?
Welche Zeitangaben sind eindeutig?
Suche weitere Beispiele.

4
a) Schreibe in min: 2 h; 5 h; 24 h; 120 s; 1 h 12 min; 3 h 54 min; 6 h 6 min
b) Schreibe in s: 9 min; 15 min; 60 min; 7 min 45 s; 15 min 15 s; 1 min 1 s; 1 h 5 min
c) Schreibe in h: 180 min; 720 min; 360 min.

Stunden. Minuten. Sekunden

5
Schreibe in anderen Einheiten.
a) 75 min; 115 s; 310 min; 930 s; 200 s
b) 1 h 20 min; 180 min; 9 000 s; 600 min

6
Wieviel fehlt bis zur nächst größeren Einheit?
a) 57 min; 38 s; 1 min; 10 s; 59 min
b) 59 min 59 s; 12 min 8 s; 23 min 23 s

7
Die Zeitdauer wird oft auch als Bruchteil angegeben (Beispiel: $\frac{1}{4}$ h = 15 min). Wandle um.
a) $\frac{3}{2}$ h; $\frac{3}{4}$ h; $\frac{1}{2}$ min; $\frac{1}{4}$ min
b) $1\frac{1}{2}$ min; $1\frac{3}{4}$ min; $2\frac{1}{2}$ h; $11\frac{1}{4}$ min

8
Gib in der in Klammern angegebenen Einheit an:
a) eine halbe Stunde (min)
b) eine viertel Minute (s)
c) eine dreiviertel Stunde (min)
d) dreieinhalb Minuten (s)

9
Was bedeuten eigentlich Zeitangaben wie „viertel neun" oder „dreiviertel zwölf"? Wie sagt man auch statt „viertel vor drei"?

10
Berechne:
a) 17 min + 28 min; 44 min + 39 min;
b) 1 h 12 min + 50 min; 3 h 52 min + 46 min;
c) 1 h 9 min + 2 h 51 min; 2 h 24 min + 3 h 49 min;
d) 1 h − 24 min; 4 h − 41 min;
e) 2 h 40 min − 50 min; 3 h 22 min − 34 min;
f) 2 h 30 min − 1 h 28 min; 4 h 16 min − 2 h 26 min.

11
Wie viele Minuten fehlen noch bis zur nächsten vollen Stunde?
a) 14.45 Uhr; 1.36 Uhr; 9.54 Uhr; 1.04 Uhr
b) halb zwei; viertel vor drei; 10 nach vier

12
Berechne jeweils die Fahrzeit.
Abfahrt 9.15 10.17 11.43 13.04 16.09
Ankunft 9.45 10.52 12.25 15.08 17.23

13
Ergänze die Tabelle:

a) Beginn	8.23 Uhr	10.12 Uhr	9.13 Uhr
Ende	9.18 Uhr	☐	☐
Zeitdauer	☐	25 min	58 min
b) Beginn	2.13 Uhr	13.13 Uhr	☐
Ende	11.09 Uhr	☐	9.11 Uhr
Zeitdauer	☐	12 h 20 min	5 h 2 min
c) Beginn	14.15 Uhr	☐	1.03 Uhr
Ende	☐	16.01 Uhr	23.52 Uhr
Zeitdauer	1 h 2 min	54 min	☐

14*
Auszug aus dem Bundesbahnfahrplan:

Zug	D 246	D 346		D 344
Berlin Friedrichstraße	7.45	9.46		11.34
Berlin Zoo	8.02	10.05		
Helmstedt	11.02	12.53		
Braunschweig	11.22	13.23	**IC 517**	15.57
Hannover	12.04	14.08	14.09	16.57
Hamm	14.13	16.13	15.26	
Köln	15.49	18.28	16.53	19.53
Bonn	16.32	19.15	17.20	20.15

a) Wie lange fährt der D 246 von Berlin nach Bonn?
b) Wieviel Zeit spart Frau Müller bei ihrer Fahrt nach Bonn, wenn sie in Hannover in den IC 517 umsteigt?
c) Frau Müller muß um 18.00 Uhr in Bonn sein. Mit welchen Zügen kann sie fahren?
d) Berechne die Fahrzeit der vier Züge von Hannover nach Bonn. Vergleiche.
e) Berechne die Fahrzeiten der drei D-Züge von Berlin nach Bonn. Vergleiche.

15*
Betrachte die Uhren auf dem Rand.
a) Wie spät ist es bei uns, wenn es in Tokio 10.00 Uhr ist?
b) Wie spät ist es in New York, wie spät in Tokio, wenn es bei uns 12.30 Uhr ist?
c) Warum sollte Angela ihre Brieffreundin in New York nicht um 10 Uhr morgens aus Berlin anrufen?
d) 1964 wurden die Olympischen Spiele in Tokio ausgetragen. Um 15.00 Uhr begann in Tokio die Eröffnungsfeier. Wie spät war es bei uns?

Tokio   20.00

Berlin   12.00

New York   6.00

Stunden. Minuten. Sekunden

6. Woche 38–327

7
Donnerstag
SA 7.51   SU 17.22
MA 2.43   MU 10.33

16
Auf Kalenderblättern ist manchmal der Sonnenaufgang (SA) und der Sonnenuntergang (SU) angegeben. Gib jeweils die Sonnenscheindauer an und ordne die Werte nach der Länge der Zeitspannen:

Datum	16.1.	27.2.	3.4.	22.5.	10.7.	29.8.	10.10.
SA	8.20	7.12	5.54	4.22	4.17	5.30	6.37
SU	16.45	17.59	18.58	20.16	20.37	19.15	17.40

17
Frau Krause fährt mit dem Auto um 14.32 Uhr ab. Unterwegs macht sie zweimal 10 Minuten und einmal eine halbe Stunde Pause. Sie kommt um 19.17 Uhr an. Wie lange war die reine Fahrzeit?

18*
Christian fährt zu seiner Tante mit dem Fahrrad in 2 580 Sekunden. Mit dem Bus dauert die Fahrt 29 Minuten, er muß aber dann noch eine viertel Stunde laufen. Wie kommt er schneller zu seiner Tante?

19*
Beim Basketball beträgt die reine Spielzeit für eine Halbzeit 20 Minuten. Die Halbzeitpause dauert 15 Minuten.
a) Wann endete ein Spiel, das um 19.30 Uhr begann und bei dem es insgesamt 34 Minuten Unterbrechungen gab?
b) Wie lange dauerten die Unterbrechungen, wenn das Spiel um 15.00 Uhr begann und um 16.21 Uhr endete?

20**
In der Schule soll ein Hallenfußballturnier für Jungen und Mädchen stattfinden. Es haben sich jeweils vier Mannschaften gemeldet. Bei Jungen und Mädchen spielt jeweils jede Mannschaft gegen jede.
Die Spielzeit beträgt pro Spiel zweimal 7 min mit 1 min Pause. Zwischen den Spielen sind 2 min Pause zum Wechseln.
a) Erstelle einen Zeitplan, wenn das erste Spiel um 14.00 Uhr beginnen soll.
b) Kann man die Spielzeit auf 2 mal 8 min verlängern, wenn die Halle vier Stunden zur Verfügung steht?

21
Bei den Bundesjugendspielen werden die Zeiten im 50-m-Lauf auf Zehntelsekunden genau gemessen. (Beispiel: 8,6 s bedeutet 8 Sekunden und 6 Zehntelsekunden.) Berechne die Unterschiede der Zeiten von Heike (7,6 s), Bernd (8,2 s), Erik (7,9 s) und Sabine (8,3 s).

Die Berlin-Uhr

Erfunden wurde diese Uhr 1974 von D. Binninger. 1975 wurde sie am Kurfürstendamm in Berlin aufgestellt.
Die Anzeige der Zeit erfolgt durch leuchtende farbige Felder mit Fünfer- und Einerschritten für Stunden und Minuten. Die Zeitablesung ist durch Addition der Werte möglich.

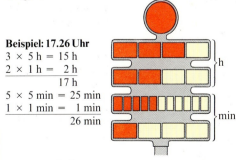

Beispiel: 17.26 Uhr
$3 \times 5\,h = 15\,h$
$2 \times 1\,h = 2\,h$
$\overline{17\,h}$
$5 \times 5\,min = 25\,min$
$1 \times 1\,min = 1\,min$
$\overline{26\,min}$

Zeichne in dein Heft:
04.32 Uhr; 19.03 Uhr; 23.23 Uhr

4 Tage. Monate. Jahre

1
Natalie hat am 29. Februar Geburtstag. Sie ist darüber zum einen sehr traurig, aber sie findet es auch ganz interessant. Wie kannst du das erklären?

2
Frau Frei und Herr Habermann unterhalten sich über die Ferien. Frau Frei sagt, sie bekäme jährlich 30 freie Tage, Herr Habermann bekommt 5 Wochen. Wer ist da eigentlich besser dran?

Für große Zeitspannen hat man weitere Maßeinheiten: Tage, Monate, Jahre. Diese Maßeinheiten haben die Menschen vom Lauf der Erde um die Sonne und vom Lauf des Mondes um die Erde abgeleitet. Die Zeit für einen Umlauf der Erde um die Sonne nennt man 1 Jahr. Die Zeit für eine Umdrehung der Erde um sich selbst heißt 1 Tag. Aus diesen Angaben ergab sich unser Kalender.

---
1 Tag hat 24 Stunden   1 d = 24 h
1 Jahr hat 365 Tage   1 a = 365 d

Ausnahme: 1 Schaltjahr hat 366 Tage. Der 29. Februar heißt Schalttag.

Beispiel
Vom 1. 1. 1988 bis zum 15. 3. 1988 waren es insgesamt 74 Tage, nämlich 31 Tage im Januar, 29 Tage im Februar (1988 war ein Schaltjahr) und 14 Tage im März. Vom 1. 1. 1989 bis zum 15. 3. 1989 war es genau ein Tag weniger.

Bemerkung: Die Länge der Monate ist unterschiedlich. In einem Schaltjahr hat der Februar 29 Tage. Die Schaltjahre sind notwendig, weil die Erde sich nicht genau in 365 Tagen um die Sonne dreht. Sie benötigt etwa 6 Stunden länger. Im allgemeinen sind die Jahreszahlen, die durch 4 teilbar sind, Jahreszahlen von Schaltjahren (vgl. „Der Kalender", Seite 147).

Aufgaben

3
Mit welcher Maßeinheit würdest du folgende Zeitspannen angeben?
a) Dauer der Sommerferien
b) Dauer deiner bisherigen Schulzeit
c) Siegerzeit beim 10 000-m-Lauf
d) Dauer einer kurzen Krankheit
e) Alter bei kleinen Kindern
f) „Alter" der Erde
g) Alter einer Fliege

4
Das Jahr 2000 ist wieder ein Schaltjahr.
a) Welche Jahreszahlen haben die vier Schaltjahre davor und danach?
b) Welche Jahre waren Schaltjahre: 1968, 1932, 1935, 1991, 1906?

5
Eine Woche hat sieben Tage.
a) Welcher Wochentag ist am 12. Mai, wenn der 1. Mai ein Montag ist?
b) Der 1. September ist ein Sonntag. Schreibe das jeweilige Datum für die nächsten zehn Sonntage auf.
c) Welcher Wochentag ist heute in einem Jahr?

6
Schreibe in Tagen (d).
a) 5 Wochen; 17 Wochen; 35 Wochen
b) 48 h; 240 h; 408 h; 1 008 h; 8 760 h
Schreibe in Tagen und Stunden.
c) 500 h; 777 h; 3 d 49 h; 12 d 125 h
d) 3 Wochen 4 d 15 h; 4 Jahre

Tage. Monate. Jahre

Emma Ihrer
(3.1.1857–8.1.1911)
Erste deutsche Gewerkschaftsführerin.

Paula Modersohn-Becker
(8.2.1876–
20.11.1907)
Malerin.

Clara Schumann
(13.9.1819–
20.5.1896)
Pianistin und Komponistin.

Sophie Scholl
(9.5.1921–22.2.1943)
Widerstandskämpferin in der von ihrem Bruder gegründeten „Weißen Rose".

7
Schreibe die Geburtstage einiger deiner Familienmitglieder auf.
a) Berechne von jedem das Alter am heutigen Tag.
b) Wie alt sind die einzelnen am 1.1.2000?
c) Wie alt sind heute alle zusammen?
d) Schreibe das Datum auf, an dem die Personen ihren 80. Geburtstag feiern.

8
Peter, Petra, Paul und Paula nennen ihr Alter.
Peter: Ich werde in 7 Jahren 20 Jahre alt.
Petra: In 5 Monaten bin ich 150 Monate alt.
Paul: Ich bin 4 745 Tage alt.
Paula: Ich bin 1 Jahr 100 Monate und 1 000 Tage alt.
a) Gib jedes Alter in Jahren und Monaten an.
b) Wer ist der Älteste, wer der Jüngste?

9
Wie viele Tage sind es noch bis zum Jahresende, wenn kein Schaltjahr ist
a) vom 8. Dezember   b) vom 14. Oktober
c) vom 7. Juli   d) vom 19. Mai
e) vom 20. Februar   f) vom 3. Januar?
Hinweis: Lies in einem Kalender nach, wie viele Tage die einzelnen Monate haben.

10
a) Am 2. Oktober fragt Ute ihren Bruder: Welches Datum haben wir in 3 Wochen?
b) Am 22. September fragt Emil seinen Freund: Welches Datum haben wir in 14 Tagen?
c) Rechne ähnliche Fragestellungen mit dem heutigen Datum.

11*
Tim, Tom und Jan sind zusammen 33 Jahre alt. Tim und Tom sind zusammen 21, Tim und Jan 22. Wie alt ist jeder?

12
Die Briefmarken zeigen einige berühmte Frauen. Berechne jeweils wie alt sie geworden sind. Gib das Ergebnis in Jahren, Monaten und Tagen an.

13
Oma sagt zu Caroline: „Jetzt werden die Tage wieder länger."
Herr Müller sagt, er müsse Tag und Nacht arbeiten, um fertig zu werden.
Der Lehrer sagt: „1 Tag hat 24 Stunden".
Was meinen die drei jeweils mit „Tag"?

14
Peter will 2 000 Englischwörter lernen.
a) In welcher Klasse kann er alle, wenn er jeden Tag ein Wort dazulernt?
b) Wie viele Wörter muß er jeden Tag lernen, wenn er alle in einem Jahr können will?
c) Wie lange braucht er, wenn er pro Woche 10 Wörter lernt?

15*
Erstaunliches aus einer Zeitung:
Der bekannte Komponist unserer Stadt feiert am Sonntag seinen 18. Geburtstag. Er wird an diesem Tag 72 Jahre alt.
Kannst du das erklären?

16*
Aus der Zeitung:
Eine Postkarte kam mit 228monatiger Verspätung an (14.11.1988).
a) Wie viele Jahre war die Karte unterwegs?
b) Wie alt war der Absender, als die Karte abgeschickt wurde, wenn er heute 43 Jahre alt ist?
c) Berechne den Monat und das Jahr, in dem die Karte abgeschickt wurde.

17*
a) Der Weltrekord im Dauerarbeiten wurde 1984 von einem Jugoslawen aufgestellt. 96 Stunden lang verpackte er ununterbrochen Drahtspulen, von denen jede 15 kg wog. Am Ende waren 3000 Spulen ordnungsgemäß verpackt. Nimm an, er hätte an einem Montag um 12 Uhr begonnen.
Wann wäre er dann fertig gewesen?
b) Den längsten Chorgesang stimmte eine Schule in Arizona am 2. Februar 1989 um 8.00 Uhr an. Nach 80 Stunden und einer Minute verklang der letzte Ton. Gib das Datum und die Uhrzeit an.

Tage. Monate. Jahre

Der Kalender

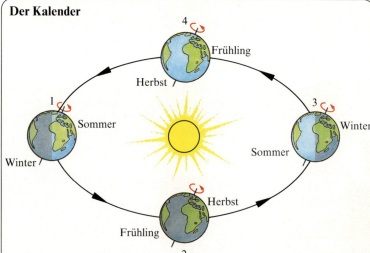

18
Den ersten Alleinflug über den Atlantik von New York nach Paris unternahm 1927 Charles Lindbergh. Er landete nach einer Flugzeit von 33 Stunden und 30 Minuten um 22.20 Uhr in Paris. Wann trat er in New York die Reise an? Hinweis: Rechne ohne Zeitverschiebung.

19
Zeichne einen Zahlenstrahl mit den Jahreszahlen bis 2000 (1 cm für 100 Jahre).

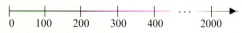

Trage das Datum der Erfindung ein.
A 200 Die ersten Schlittschuhe werden in Skandinavien getragen.
B 600 Das erste Papiergeld kommt in China in den Umlauf.
C 900 Die ersten Windmühlen stehen in Persien.
D 1270 Die ersten Brillen werden in Italien getragen.
E 1436 Erfindung der Buchdruckkunst durch Johannes Gutenberg.
F 1510 Die erste Taschenuhr wird von Peter Henlein in Nürnberg erfunden.
G 1623 Wilhelm Schickard aus Herrenberg erfindet den ersten brauchbaren mechanischen Rechenautomat.
H 1708 Friedrich Böttger brennt das erste europäische Porzellan.

Erkläre mit dem Bild, wodurch der Wechsel von Tag und Nacht entsteht. Kannst du auch die Entstehung der Jahreszeiten erklären?

Wann sind die Nächte lang, wann sind sie kurz?
Wann sind Tag und Nacht gleich lang?
Kannst du erklären, warum im Sommer am Polarkreis an manchen Tagen die Sonne gar nicht untergeht?

Die heutigen Monatsnamen stammen von den Römern. Julius Cäsar gab dem Kalender die heutige Form und führte das Schaltjahr ein. Mit welcher durchschnittlichen Jahreslänge rechnete Cäsar?
Bestimme den Unterschied zur genauen Dauer eines Jahres: 365 d, 5 h, 48 min, 46 s.

Die letzte Veränderung am Kalender wurde von Papst Gregor XIII. durchgeführt. Er ließ den 29. Februar in den Schaltjahren ausfallen, deren Jahreszahl sich durch 100, aber nicht durch 400 teilen läßt.
Mit der vorherigen Aufgabe kannst du dies erklären. Um den Fehler von Cäsar wieder auszugleichen, ließ Papst Gregor XIII. zehn Tage ausfallen, auf den 4. Oktober 1582 folgte sofort der 15. Oktober. In welchem der Jahre 1600, 1700, 1800, 1900, 2000 gab es somit den 29. Februar?

5 Gewicht

1
Die Tafelwaage ist im Gleichgewicht.
Kannst du über das Gewicht des Kästchens
etwas sagen? Wie viele Kästchen sind so
schwer wie 6 Kugeln?

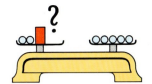

2
In einem alten Backrezept werden 10 Eßlöffel Mehl angegeben. Das neue Kochbuch schreibt 300 g Mehl. Beide meinen etwa dasselbe. Welche Angabe erscheint dir genauer? Kannst du beide Angaben vergleichen?

Zum Messen des Gewichts werden verschiedene Waagen verwendet: Tafelwaage, Balkenwaage, Federwaage, Personenwaage, Autowaage, Briefwaage, Apothekerwaage.
Durch das Festlegen von Maßeinheiten für das Gewicht wird das Vergleichen genauer, einfacher und gerechter. Die Grundeinheit ist das **Kilogramm**. Ein Liter Wasser hat das Gewicht von einem Kilogramm.
1799 wurde in Paris das Urkilogramm vereinbart.

In den Naturwissenschaften unterscheidet man Masse von Gewicht.

Historische Meßgeräte

t:	Tonne	1 t = 1000 kg
kg:	Kilogramm	1 kg = 1000 g
g:	Gramm	1 g = 1000 mg
mg:	Milligramm	
		Die Umwandlungszahl ist 1 000.

Bemerkung: 1 mg $\xrightarrow{\cdot 1000}$ 1 g $\xrightarrow{\cdot 1000}$ 1 kg $\xrightarrow{\cdot 1000}$ 1 t

Die Vorsilbe kilo bedeutet „1000mal": 1 kg = 1000 · 1 g
Die Vorsilbe milli bedeutet „durch 1000": 1 mg = 1 g : 1000

Für die Umwandlung von Gewichtsangaben in andere Gewichtseinheiten oder in die **Kommaschreibweise** eignet sich die Darstellung in einer Stellenwerttafel:

t			kg			g			mg		
H	Z	E	H	Z	E	H	Z	E	H	Z	E
	3 ,	7	6	2							
			4	2 ,	1	8	5				
						7 ,	0	5	8		

3,762 t = 3 t 762 kg = 3762 kg
42,185 kg = 42 kg 185 g = 42 185 g
7,058 g = 7 g 58 mg = 7058 mg

Beispiel
Eine (volle) Tintenpatrone eines Füllers wiegt etwa 1 g; 1 Liter Milch wiegt etwa 1 kg; ein Mittelklassewagen wiegt etwa 1 t.

Bemerkung: Es werden zusätzlich noch andere, ältere Gewichtseinheiten verwendet:
Ein Pfund (1 Pfd) sind 500 g; also sind 2 Pfd = 1 kg.
Ein Zentner (1 Ztr) sind 50 kg; ein Doppelzentner (1 dz) sind 100 Kilogramm.

Hier mußt du beim Umwandeln besonders achtgeben.
12 Pfd = 6 kg = 6 000 g   130 Pfd = 65 kg = 1 Ztr 15 kg

Gewicht

Aufgaben

3
Welche Maßeinheiten verwendet man für die Angabe des Gewichts von folgenden Gegenständen?
Buch, Lokomotive, Fußball, Brotlaib, Körpergewicht, Vogelfeder, Flugzeug, Briefmarke, Apfel, Fahrrad.

4
Bei den Gewichtsangaben für die Tiere wurde alles durcheinander gebracht. Ordne die Angaben wieder richtig zu.

Meise	4 t	Blauwal	0,700 t
Elefant	1 g	Gorilla	10 g
Pferd	180 t	Fliege	300 kg
Katze	30 kg	Hund	6 kg

5

Schätze das Gewicht der drei Angler.

6
Nenne zehn möglichst unterschiedlich schwere Gegenstände aus deiner Umgebung und schätze das Gewicht. Mit welcher Waage könntest du jeweils die geschätzten Größen nachprüfen?

7
Welche Bedeutung hat dieses Verkehrsschild?
Wo hast du sonst schon Gewichtsangaben gelesen? Notiere solche Angaben.

8
Wandle um.
a) in g: 6 kg; 15 kg 625 g; 7 kg 80 g; 2 t; 1 700 mg; 5 kg 5 g; 6 t 40 kg; 400 kg 4 g
b) in kg: 2 t; 22 t; 222 t; 8 t 436 kg; 80 t 136 kg; 9 t 90 kg; 980 000 g
c) in mg: 4 g; 40 g; 17 g 425 mg; 2 kg; 65 g 50 mg; 6 g 6 mg; 3 kg 30 mg

9
Schreibe in der nächstkleineren Einheit.
5 t; 8 kg; 7 g; 17 t; 5 kg 800 g; 555 g; 4 t 940 kg; 170 kg 70 g; 54 t 36 kg

10
Schreibe sowohl in der nächstgrößeren als auch in der nächstkleineren Einheit.
7 000 kg; 4 000 g; 66 000 kg; 17 000 g; 460 000 kg; 111 000 g

11
Stelle die Angaben sinnvoll in gemischter Schreibweise dar.
Beispiel: 4 500 kg = 4 t 500 kg
a) 7 851 kg; 9 466 g; 22 340 kg; 11 976 mg
b) 44 044 g; 2 035 kg; 92 006 mg; 100 001 g

12*
Wandle die Angaben um in g, kg oder t.
a) 3 Pfd; 15 Pfd; $\frac{1}{2}$ Pfd; 140 Pfd; $5\frac{1}{2}$ Pfd
b) 5 Ztr; 12 dz; 105 Ztr; 50 dz; 2000 Pfd
c) 1 Ztr 50 Pfd; 2 dz 90 Pfd; 5 Pfd 450 g

13
Schreibe mit Komma.
a) in g: 7 845 mg; 54 638 mg; 111 111 mg; 9 045 mg; 14 g 736 mg
b) in kg: 4 732 g; 3 038 g; 8 400 g; 1 kg 800 g; 5 kg 78 g; 15 kg 5 g
c) in t: 12 800 kg; 99 999 kg; 4 t 707 kg; 9 t 9 kg; 100 t 100 kg

14
Schreibe ohne Komma.
a) 3,862 t; 4,921 kg; 99,261 g; 1,320 t
b) 10,101 kg; 14,022 t; 7,007 g; 99,8 kg
c) 17,26 g; 5,35 kg; 2,7 t; 1,04 g

15
Ordne nach aufsteigender Größe:
a) 7,745 kg; 7 750 g; 7 kg 740 g
b) 1 t 111 kg; 1,11 t; 1 101 kg
c) 5 000 mg; 5,001 g; 5 g 10 mg

16
Berechne.
a) in g: 1 kg + 365 g; 3 kg + 38 g;
2,5 kg + 280 g; 1,05 kg + 150 g
b) in kg: 15 t + 80 kg; 5 t − 495 kg;
3,2 t + 32 kg; 17,8 t − 900 kg

17
a) Wieviel g fehlen jeweils bis 1 kg?
746 g; 90 g; 0,384 kg; 99 g; 0,041 kg
b) Wieviel kg sind es mehr als 1 t?
1 262 kg; 1 043 kg; 2 115 kg; 1,111 t; 1,01 t
c) Welches Gewicht liegt 10 kg am nächsten?
10,1 kg; 10 kg 10 g; 10 100 g; 9950 g; 9,95 kg

18
Berechne.
a) 12·125 g;   8·15 t;   30·4,5 kg
b) 900 kg : 12;   5 t : 8;   100 kg : 500 g

19
a) Herr Huber sagt, daß er 77 000 g wiege. Gib sein Gewicht in einer sinnvollen Maßeinheit an.
b) Gib dein Gewicht in Gramm an.
c) Pia sagt: Mein Vater wiegt 0,053 t mehr als ich. Was hätte sie auch sagen können?

20
In einer Einkaufstasche sind: 2 kg Mehl, 3 kg Orangen, 2 Flaschen Limonade zu je 800 g, 3 Päckchen Nudeln zu je 255 g und 3 Dosen zu je 590 g. Wie schwer ist der Inhalt der Einkaufstasche?

21*
Auf einer 1 kg schweren vollen Konservendose findest du folgende Angaben:
Füllmenge   825 g
Abtropfgewicht 470 g
a) Wieviel Gramm Flüssigkeit sind in der Dose?
b) Wie schwer ist die leere Dose?

22*
Ersetze die Kästchen durch passende Maßeinheiten
a) Wenn ich 2 000 □ zunehme, wiege ich 43 □.
b) Wenn ich 3 □ mit 3 malnehme, erhalte ich 9 000.
c) Das Vierfache von 250 □ ist 1 □.
d) Die Hälfte von 2 □ ist 1 000 □.
e) Das Doppelte von 3 000 □ ist die Hälfte von 12 □.

23*
Beate kauft mit ihrem Bruder ein. Sie holen ein Brot zu 1,5 kg, 5 Pakete Roggenmehl zu je 1 kg, 3 Pfd Fleisch, 4mal 150 g Wurst, 2½ Pfd Äpfel, 3 Pfd Kirschen, 1 kg Tomaten und 5 kg Waschmittel.
a) Welches Gewicht muß jeder tragen, wenn sie gleich aufteilen?
b) Wie könnten sie einpacken, damit jeder etwa dasselbe Gewicht tragen muß?

24*
Auf einem Bauernhof werden täglich 1 Ztr Futtermittel für die Hühner benötigt.
a) Wie lange reichen 3,5 t Futtermittel?
b) Das Futtermittel wird in 25-kg-Säcke geliefert. Wie viele Säcke sind 6,5 t?

25*
Peter wiegt 41,5 kg; Karin 36,6 kg; Ruth 41,2 kg; Kurt 42,8 kg; Ilse 44,5 kg; Lars 46,1 kg.
1983 wurde der Weltrekord im Superschwergewicht beim Gewichtheben auf 285 kg verbessert. Vergleiche.

Gewicht

26*
Ein Auto hat ein zulässiges Gesamtgewicht von 1 650 kg. Sein Leergewicht beträgt bei vollem Tank 1 240 kg. Wieviel kg Gepäck darf zugeladen werden, wenn vier Personen mit einem Durchschnittsgewicht von 60 kg im Auto sind?

27*
Ein 3,8 t schwerer Lastkraftwagen soll 140 kg schwere Kisten transportieren. Sein Weg führt über eine Brücke mit zulässigem Höchstgewicht von 5,5 t. Wie viele Kisten kann er bei einer Fahrt höchstens laden?

28*
Ein Güterzug besteht aus einer Lokomotive und 36 Wagen. Das Gewicht der Lokomotive beträgt 100 t, ein Wagen wiegt leer 35 t.
a) Berechne das Gesamtgewicht des Zuges.
b) Wie ändert sich das Gesamtgewicht, wenn auf jedem Wagen noch 19 t Ladung transportiert werden?
c) Die Lokomotive kann einen 1700 t schweren Zug ziehen. Wieviel t können auf jeden Wagen geladen werden?

29
Du bekommst einen Wägesatz mit folgenden Gewichtsstücken (jeweils 1 Stück):
1 g, 2 g, 4 g, 8 g, 16 g, 32 g, 64 g, 128 g.
Stelle folgende Gewichte zusammen:
7 g; 34 g; 65 g; 99 g; 154 g; 230 g.

Zum Knobeln

30
Beim Wiegen auf der Balkenwaage kann man auf beiden Seiten der Waage Gewichtsstücke auflegen.
a) Wieviel Gramm wiegt das Säckchen?
b) Welche Gewichte kann man so mit den Gewichtsstücken 10 g, 100 g und 5 g wiegen?

31*
Marion und Frederic wiegen gemeinsam 80 kg. Frederic ist 4 kg schwerer als Marion. Wie schwer ist Marion?

32**
Ein Ziegelstein wiegt 1 kg und einen halben Ziegelstein. Wieviel Gramm wiegt ein Ziegelstein?

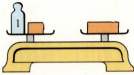

33**
Wie viele Hunde sind gleich schwer wie ein Pony?

34**
Falschgeld im Spiel. Die Abbildung zeigt zehn Stapel, gebildet aus jeweils zehn Münzen. In einem Stapel sind alle Münzen gefälscht, aber wir wissen nicht, welcher das ist. Das Gewicht einer echten Münze ist jedoch bekannt. Wir wissen auch, daß eine falsche Münze ein Gramm mehr wiegt als eine echte.
Mit Hilfe einer Briefwaage kann durch nur einen einzigen Wiegevorgang der Stapel mit den gefälschten Münzen ermittelt werden. Wie stellt man das an?

6 Zuordnungen

1
Ein Schnellzug fährt in einer Stunde durchschnittlich 120 km. Wieviel Kilometer kann er in 5 Stunden zurücklegen?
Ein Güterzug hat in 8 Stunden eine Strecke von 480 km zurückgelegt. Wieviel Kilometer ist er durchschnittlich in einer Stunde gefahren?

2
Beim Einkaufen sieht Jürgen zwei Angebote für Mandarinen. Von der einen Sorte kostet 1 kg 1,95 DM. Der 4-kg-Beutel von der anderen Sorte kostet 7,60 DM. Er möchte die billigere Sorte kaufen.

Wenn wir den Preis für eine Einheit (z. B. 1 kg) kennen, können wir die Kosten für ein Vielfaches davon (z. B. 4 kg) berechnen.
Entsprechend können wir den Preis für eine Einheit berechnen, wenn wir die Kosten für ein Vielfaches davon kennen.
Bei anderen Maßeinheiten und Anzahlen wird genauso verfahren (z. B. DM, h).

> **Zuordnungen** führen
> durch Multiplizieren von der Einheit auf ein Vielfaches
> und
> durch Dividieren vom Vielfachen auf die Einheit.

Beispiele
a) Was kosten 5 Zitronen bei einem Stückpreis von 70 Pf?

$\cdot 5 \begin{pmatrix} 1 \text{ Zitrone kostet 70 Pf} \\ 5 \text{ Zitronen kosten 70 Pf} \cdot 5 \end{pmatrix} \cdot 5$

5 Zitronen kosten also 3,50 DM.

b) Wieviel Gramm sind in einer Packung, wenn 8 Packungen 2 kg wiegen?

$:8 \begin{pmatrix} 8 \text{ Packungen wiegen } 2\,000 \text{ g} \\ 1 \text{ Packung wiegt } 2\,000 \text{ g} : 8 \end{pmatrix} :8$

1 Packung wiegt also 250 g.

Bemerkung: Es ist günstig, beide Sätze so zu formulieren, daß die gegebenen Größen am Anfang des Satzes stehen.

Stückzahl	Preis (DM)
1	1,50
2	3,00
3	4,50
4	6,00
5	7,50

c) Auf dem Markt sollen Sticker zum Stückpreis von 1,50 DM verkauft werden. Was kosten 2; 3; 4; 5; ... Stück?
Enthält eine Aufgabe mehrere Zuordnungsaufgaben, so kann sie geschickt mit einer **Tabelle** gelöst werden.

Aufgaben

3
Eine Schulstunde dauert 45 min. Wie lange dauern 5 (10; 15; 30) Schulstunden ohne Pausen?

4
Eine Omnibusfahrt kostet 600 DM. Die Klasse hat 25 Schülerinnen bzw. Schüler. Wieviel muß ein Schüler bezahlen?

Zuordnungen

5
Ein Wanderer geht in einer Stunde durchschnittlich 4 km.
Wieviel km geht er in 4 (8; 16) Stunden?

6
Die 120 neuen Stühle für den Aufenthaltsraum kosteten 7 440 DM. Wie teuer war ein Stuhl?

7
Ein Meter feiner Golddraht wiegt etwa 1 mg. Wieviel Draht kann man aus einem 25 kg schweren Goldbarren gewinnen?

8
Wieviel mußte jeweils für die einzelnen Kleidungsstücke bezahlt werden?
a) Christian strickt sich einen Schal aus Angorawolle, er benötigt 4 Knäuel.
b) Susanne braucht für einen Pullover 14 Knäuel Baumwolle.
c) Für ihre Jacke benötigt Frau Seiter 21 Knäuel Seide mit Wolle.

9*
Ein Schwertfisch erreicht eine Höchstgeschwindigkeit von 90 km in der Stunde.
a) Wieviel Meter könnte er dann in einer Minute zurücklegen?
b) Ein schneller Schwimmer benötigt für 100 m etwa 50 Sekunden. Vergleiche diese Angabe mit dem Ergebnis von a).

10
Herr Baumann hat Gartenerde bekommen und muß sie mit dem Schubkarren zu den Pflanzbeeten fahren.
a) Wenn er jedesmal 60 kg lädt, muß er 28mal fahren. Wieviel hat er bekommen?
b) Für eine Fahrt benötigt er ungefähr 9 Minuten. Wann ist er fertig, wenn er um 14 Uhr mit der Arbeit beginnt?

11*
Ein Fünfmarkstück wiegt 10 g.
a) Wieviel Münzen sind in einem 50-kg-Sack? Berechne zunächst, wie oft 10 g in einem Kilogramm enthalten sind.
b) Wieviel Fünfmarkstücke ergeben 1 Million DM? Du kannst 5 DM als Einheit verwenden und mit einer Tabelle die Anzahl für 10 DM, 100 DM, 1 000 DM, 10 000 DM berechnen.
c) Wie schwer sind die Münzen, die 1 Million DM ergeben?

12*
Das Gewürz Safran wird aus einer Krokusart gewonnen, die im Mittelmeerraum angebaut wird.
Ein Tütchen mit 10 mg kostet 99 Pf.
a) Wieviel Tütchen ergeben 1 kg? Du kannst 10 mg als Einheitsgröße verwenden.
b) Was würde ein Kilogramm Safran kosten? Ein Kilogramm Gold kostet etwa 25 000 DM. Vergleiche die beiden Preise.

Sonderangebot
- Baumwolle 1 Knäuel, 50g 5,60
- Angorawolle 1 Knäuel, 50g 15,80
- Wolle, Seide 1 Knäuel, 50g 7,20

Zuordnungen

13
Uta verteilt Prospekte für ein Möbelgeschäft. Für 4 000 Exemplare erhält sie 120 DM.
a) Wieviel Pfennig erhält sie für einen Prospekt?
b) Ihr Freund Ulrich hat 3 000 Prospekte verteilt. Wieviel Geld hat er bekommen?

14
In der Bäckerei kostet ein Brötchen 45 Pfennig.
Um sich viele Rechnungen zu ersparen, hat sich Frau Sommer eine Tabelle angelegt.
a) Übertrage die Tabelle in dein Heft und ergänze sie bis 15 Stück.
b) Kannst du auch andere Aufgaben mit dieser Tabelle lösen?
(Beispiel: Wie viele Brötchen bekommt man höchstens für 5 DM?)

	DM
1	0,45
2	0,90
3	1,35
4	1,80
5	2,25
6	2,70
...	

15
Übertrage die Tabellen in dein Heft und ergänze die fehlenden Angaben.

a)
l	DM
1	1,15
2	□
5	□
10	□

b)
Anzahl	kg
1	□
□	51
7	119
11	□

c)
g	DM
100	0,95
200	□
500	□
800	□

d)
km	h
□	1
75	5
□	10
□	$\frac{1}{2}$

e)
Anzahl	DM
1	180
250	□
490	□
516	□

f)
Stück	kg
1	□
□	170
10	340
280	□

16
Das ist eine Geldumrechnungstabelle für Frankreich und Deutschland.
a) Wieviel FF sind 2 DM; 12 DM; 8 DM; 0,50 DM; 1,20 DM; 100 DM; 153 DM?
b) Wieviel DM bekommt man für 100 FF; 200 FF; 1,50 FF; 58 FF; 9,30 FF?

DM	FF	FF	DM
0,10	0,33	0,10	0,03
1	3,3	1	0,28
2	6,6	2	0,56
5	16,5	5	1,40
10	33	10	2,80

17
Gärtner Maier verkauft Kartoffeln. Für verschiedene Mengen hat er jeweils besondere Angebote.

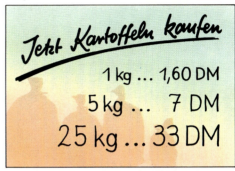

Jetzt Kartoffeln kaufen
1 kg ... 1,60 DM
5 kg ... 7 DM
25 kg ... 33 DM

a) Berechne möglichst günstige Kosten für: 4 kg; 6 kg; 20 kg; 30 kg; 50 kg; 60 kg.
b) Berechne die Kosten für 72 kg. Hättest du hier beim Kauf eine bessere Idee?

18*
Vorsicht!
Überlege bei diesen Aufgaben, wo das Rechnen sinnvoll ist und wo nicht.
a) Eine Kapelle mit 12 Musikern spielt die Nationalhymne in 3 Minuten.
Wie lange braucht eine Kapelle mit 6 Musikern?
b) Acht Eier sind in 4 Minuten weich gekocht. Peter sagt: „Dann brauchen zwei Eier genau eine Minute."
c) Für den Rohbau eines Hauses brauchen 6 Maurer 8 Wochen. Wie lange dauert es bei 3 (12, 1 000) Maurern?
d) Fünf Plattenleger brauchen für die Arbeit in einem Haus 3 Tage. Wie lange würde einer brauchen?
e) Drei Bergsteiger erreichen den Gipfel nach 4 Stunden. Wie lange braucht ein Bergsteiger?
f) Hans ist die 50-m-Strecke in 8 Sekunden gelaufen. Er sagt: „Ich habe mich dabei nicht besonders angestrengt. Das nächste Mal strenge ich mich doppelt so stark an." Kannst du sagen, wie schnell er dann laufen wird?
g) Der Futtervorrat für 4 Pferde reicht noch 12 Tage. Wie lange würde er für ein Pferd reichen?

7 Vermischte Aufgaben

1
Du hast Maßeinheiten für Geld, Zeit und Gewicht kennengelernt. Nenne die Einheiten und ihre Umwandlungszahlen und suche zu jeder Maßeinheit ein geeignetes Beispiel.

2
Heike und Erik haben für den Klassennachmittag eingekauft: Limonade für 17,60 DM, Gebäck für 22,30 DM und Girlanden für 9,35 DM. Wieviel Geld bleibt für die Klassenkasse, wenn von jedem der 24 Kinder 2,50 DM eingesammelt wurden?

3
Frederike zahlte mit zwei Scheinen denselben Betrag wie Frederik mit einem Schein und fünf Münzen. Gib verschiedene Möglichkeiten an.

4
Gib das Geld, das zurückgegeben wird, mit möglichst wenig Scheinen oder Münzen an:
a) 7,95 DM wird mit 10 DM bezahlt
b) 12,57 DM wird mit 50 DM bezahlt
c) 436,10 DM wird mit 1 000 DM bezahlt.

5
Eine Familie (Vater, Mutter und drei Kinder) wohnt 14 Tage in einer Pension. Was muß sie insgesamt bezahlen, wenn ein Tag pro Person 54,60 DM kostet und Kinder die Hälfte bezahlen müssen?

6
Verwandle in Pf.
5 DM 5 Pf; 50 DM 50 Pf; 50 DM 5 Pf;
5,55 DM; 5,05 DM; 50,50 DM; 50,05 DM

7
Für einen Schulausflug wurden von 26 Schülerinnen und Schüler je Person 23 DM eingesammelt. Weil der Omnibus aber nur 556,40 DM kostete, bekam jede Person wieder Geld zurück. Wieviel war es?

8
Bei einem Schulfest wurden 738 Waffeln verkauft; eine Waffel für 70 Pf. An Kosten waren 295,20 DM entstanden. Wie hoch war der Gewinn beim Waffelverkauf?

9
Die Post verkauft Sonderbriefmarken mit Zuschlägen zugunsten der Deutschen Sporthilfe.
Folgende Werte werden ausgegeben:
70 + 30; 100 + 50; 140 + 60 und 170 + 80 (Werte in Pfennig).
a) Wieviel Pfennige gehen pro Serie an die Stiftung?
b) Wieviel DM gehen an die Stiftung, wenn von jeder Briefmarke 200 000 Stück verkauft werden?
c) Wieviel 70er und 100er Marken müssen verkauft werden, bis 50 000 DM gestiftet werden?

Vermischte Aufgaben

10
Beim Turnierschach hat jeder Spieler für 40 Züge zwei Stunden Bedenkzeit.
a) Wie lange kann er durchschnittlich für einen Zug überlegen?
b) Wieviel Zeit pro Zug bleibt einem Spieler durchschnittlich, wenn er für die ersten 24 Züge 1 Stunde und 28 Minuten gebraucht hat?

11
Karin, Klaus und Jörg sind im selben Jahr geboren. Karin hat am 8. 8., Klaus am 9. 9. und Jörg am 10. 10. Geburtstag.
a) Wer ist am ältesten?
b) Wie viele Tage ist Karin älter als Klaus?
c) Wie viele Tage ist Jörg jünger als Klaus?
d) Wie viele Tage ist Karin älter als Jörg?

12
In den Laufwettbewerben der Leichtathletik fallen die Entscheidungen oft sehr knapp aus. Deshalb werden die Zeiten elektronisch gestoppt und sehr genau angegeben.
Bei den Olympischen Spielen in Barcelona 1992 gab es die nebenstehenden Ergebnisse.
a) Wie genau sind die Zeitangaben?
b) Wie groß sind die Zeitunterschiede zwischen den verschiedenen Läuferinnen bzw. Läufern?
c) Kann man auch bei Zeitgleichheit einen Sieger ermitteln?

5000 m Männer	Min.
1. Baumann, Ger	13:12,52
2. Bilok, Ken	13:12,71
3. Bayisa, Eth	13:13,03

Marathon Männer	Std.
1. Young-Cho, Kor	2:13:23
2. Morishita, Jpn	2:13:45
3. Freigang, Ger	2:14:00

Marathon Frauen	Std.
1. Jegerowa, GUS	2:32:41
2. Arimori, Jpn	2:32:49
...	
6. Dörre, Ger	2:36:48

13
Eine Raumfähre war 2000 Stunden im All.
a) Wie viele Tage sind dies etwa?
b) Wann landete die Raumfähre, wenn sie am 3. April gestartet ist? (Beachte die unterschiedliche Länge der Monate.)

14
Familie Fröhlich plant eine Urlaubsreise. Sie fahren in einen 750 km entfernten Ort und wollen vor 17.00 Uhr dort sein. In einer Stunde können sie etwa 90 km fahren.
Wann müssen sie losfahren, wenn sie noch zweimal jeweils eine Pause von 45 Minuten einplanen?

15*
Frankfurt – Saarbrücken – Metz – Paris und zurück

EC 56 [2]		EC 57 [2]
14.52	**Frankfurt (M) Hbf** ○	15.10
15.08	Darmstadt Hbf ○	14.52
15.41	Mannheim Hbf ○	14.20
16.00	Neustadt (Weinstr.) Hbf ○	13.59
16.25	Kaiserslautern Hbf ○	13.35
16.42	Homburg (Saar) Hbf ○	13.17
17.07	Saarbrücken Hbf	12.54
17.14	○ Forbach	12.47
17.37	○ Saint-Avold	12.25
18.07	○ Metz Ville	11.55
	○ Bar-le-Duc	10.56
	○ Chalons-sur-Marne	
21.03	○ **Paris Est**	9.00

a) Wie lange dauert die Fahrt von Frankfurt/M. nach Paris? Wie lange dauert die Rückfahrt?
b) Wie lange ist Frau Peters von Mannheim (Hbf) nach Metz Ville unterwegs?

FLUGHAFEN

Susanne und Ralf Berger fahren mit ihren Eltern zum Flughafen nach Bremen. Sie wollen die Großeltern empfangen, die von einem Urlaub auf Mallorca aus Palma zurückkehren, und Frau Berger muß zu einer geschäftlichen Besprechung nach Amsterdam fliegen.

1
Nimm einen Atlas zur Hand und suche Amsterdam und Mallorca. Die Zeichnung links hilft dir, die angegebenen Orte zu finden. Ermittle die ungefähren Entfernungen von Bremen.

2
Familie Berger kommt um 11.32 Uhr am Flughafen an. Gerade noch rechtzeitig, um die Großeltern begrüßen zu können. Wieviel Zeit bleibt noch bis zur Landung der Maschine aus Palma de Mallorca?

3
a) Der Flug von Palma nach Bremen dauerte 3 h 35 min. Gib die Abflugzeit an.
b) Das Flugzeug wird unter der Flugnummer 642 wieder nach Palma zurückfliegen. Gib die Aufenthaltsdauer in Bremen an.

4
Ermittle die Aufenthaltsdauer der Flugzeuge, die aus Berlin, Amsterdam und Frankfurt kommen und auch nach diesen Orten wieder starten werden.

5
Susanne und Ralf sind von den startenden und landenden Flugzeugen fasziniert und gehen um 12.10 Uhr zur Aussichtsterrasse des Flughafens.
a) In wieviel Minuten startet die Maschine nach Palma?
b) Wie lange müssen die beiden auf der Terrasse warten, um das nächste landende Flugzeug zu beobachten? Woher kommt es?
c) Können sie auch noch die Landung der Maschine aus Frankfurt beobachten, wenn sie sich eineinhalb Stunden auf der Aussichtsterrasse aufhalten?

Umrechnungstabelle für ausländische Währungen (Auszug)

Bezeichnung:	Währung:	Ankauf:	Verkauf:
Holländische Gulden	100 NLG	87,55 DM	89,90 DM
Spanische Peseten	100 ESP	1,53 DM	1,66 DM

6
Die Großeltern haben für private Ausgaben auf Mallorca vor ihrer Reise bei der Bank 830,00 DM in spanische Peseten getauscht. Wieviel Peseten haben sie erhalten?

7
Jetzt bringen sie einen Rest von 2 500 Peseten wieder mit und wollen diese zurücktauschen. Wieviel DM erhalten sie?

8
Herr Berger geht gleich mit zur Bank, denn Frau Berger benötigt für die Bezahlung von Unterkunft, Verpflegung, Taxi-Gebühren sowie sonstiger Kleinausgaben in Amsterdam 400 holländische Gulden. Welchen DM-Betrag berechnet die Bank dafür?

9
a) Wann startet das Flugzeug nach Amsterdam?
b) Um wieviel Uhr muß sich Frau Berger also spätestens beim Abfertigungsschalter einfinden, wenn sie eine Stunde vor dem Abflug dort sein muß?

10
Vor dem Abflug wird das Gepäck der Passagiere gewogen. 20 kg dürfen ohne Mehrkosten pro Person mitgenommen werden. Jedes weitere Kilogramm kostet 8 DM Frachtgebühr.
Frau Berger muß für ihre Geschäftsbesprechung in Amsterdam Warenproben und schwere Glanzprospekte mitnehmen. Für ihre beiden Koffer zeigt die Gepäckwaage 38,2 kg an. Wieviel DM muß sie noch bezahlen, wenn auf volle DM gerundet wird?

11
Nach dem Abflug der Mutter bleibt die Familie noch am Flughafen und sie beschließt, in der „Welcome-Snackbar" etwas zu essen und zu trinken.
Oma Berger möchte Kaffee und Kuchen, der Opa eine Tasse Kaffee mit einem belegten Brötchen. Die Familie entscheidet sich für zwei Baguettes mit Schinken und eines mit Thunfisch. Susanne und Ralf trinken eine Flasche Limonade à 2,70 DM, der Vater eine Flasche Mineralwasser zu 2,50 DM. Reicht das vom Großvater zurückgetauschte Geld, um die Mahlzeit zu bezahlen?

Rückspiegel

1
Wandle in die in Klammern angegebene Einheit um.
a) 505 DM (Pf); 12 kg (g); 7 h (min); 750 t (kg); 34 min (s); 3 d (h)
b) 40 DM 3 Pf (Pf); 3 t 40 kg (kg); 12 min 14 s (s); 75 kg 500 g (g)
c) 7,06 DM (Pf); 29,821 t (kg); 24,7 kg (g)

2
Berechne (wandle zunächst geschickt um):
a) 4 kg 500 g + 12 kg 780 g + 307 kg 99 g
b) 14 h 31 min + 17 h 54 min + 3 h 15 min
c) 12,26 DM − 4,38 DM − 1,74 DM

3
Wieviel fehlt jeweils bis zur nächstgrößeren Maßeinheit?
a) 750 g; 375 kg; 56 min; 48 s
b) 12 kg; 4 h; 8 s; 1 min; 99 g
c) 5 g; 55 kg; 5 s; 55 min

4
Ergänze:

	a)	b)	c)
Abfahrt	14.30 Uhr	7.36 Uhr	☐
Ankunft	16.25 Uhr	☐	9.07 Uhr
Fahrzeit	☐	47 min	1 h 12 min

5
Aus dem Kursbuch der Bundesbahn:

Zug-Nr.	D 1449	E 3451	E 3155	4159	E 3453
Hannover Hbf	17.40	17.45	18.11	18.27	18.42
Hannover-Kleefeld		18.17	18.31		
Anderten-Misburg			18.35		
Ahlten			18.39		
Lehrte an		17.57	18.26	18.34	18.54
Lehrte ab		17.58	18.29		18.56
Hamelerwald		18.05	18.37		19.03
Vöhrum		18.10	18.43		19.07
Peine an		18,14	18.47		19.11
Peine ab		18.16	18.49		19.12
Vecheide		18.23	18.58		19.20
Broitzem		18.31			
Braunschweig Hbf	18.20	18.38	19.10		19.30

a) Berechne die Fahrzeit des D-Zuges D 1449 von Hannover nach Braunschweig.

b) Wieviel Minuten mehr benötigen die Eilzüge E 3155 und E 3453 für dieselbe Strecke?

c) Ermittle jeweils die Fahrzeit für den E 3451 und E 3155 von Lehrte nach Peine. Welcher Zug ist schneller?

6
Wie viele Tage sind es in einem Jahr
a) vom 4. März bis 12. Juni
b) vom 29. Mai bis 6. September

7
In einem Regal stehen 3 Kartons mit 600 g schweren Dosen. Berechne das Gesamtgewicht in kg, wenn in einem Karton 25 Dosen enthalten sind.

8
Für den Klassennachmittag wurde eingekauft: Getränke für 26,50 DM, Kuchen für 28,40 DM und für 15,10 DM Dekoration.
a) Wie hoch waren die Ausgaben?
b) Wieviel muß jeder bezahlen, wenn die Klasse 25 Schülerinnen und Schüler hat?

9
Ein Lastwagen wiegt 4 t 200 kg. Er transportiert Maschinen, die jeweils 230 kg wiegen. Kann der Lastwagen über eine Brücke fahren, die ein Gewicht von höchstens 6 t zuläßt, wenn er 8 Maschinen geladen hat?

10
Thomas und seine Schwester Eva haben für ihre Ferien jeweils 168 DM bekommen. Thomas war 12 Tage weg, Eva 2 Tage länger.
Wieviel Geld hat jeder noch, wenn Thomas 11,20 DM pro Tag und Eva 10,80 DM pro Tag ausgegeben hat?

11
Übertrage die Tabellen in dein Heft und ergänze die fehlenden Angaben.

a)

Anzahl	DM
1	1,20
5	☐
7	☐
☐	19,20

b)

Anzahl	kg
1	0,400
35	☐
150	☐
☐	24,4

12
Eine Maschine stellt in einer Minute 12 Bälle her.
a) Wie viele stellt sie in 3 Stunden her?
b) Wie lange braucht sie für 2 880 Bälle?

VI Körper

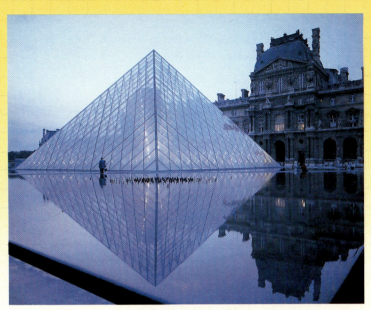

Louvre, Paris

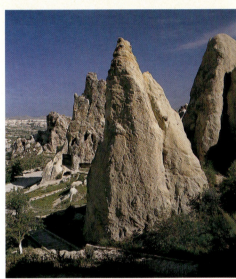

Göreme, Türkei

Natur und Mensch formen Körper in unübersehbarer Vielfalt.
In der Architektur finden wir neben sehr verschnörkelten Formen auch klare geometrische Formen.
Lange Zeit glaubten die Menschen, die Erde sei eine Scheibe. Nur sehr schwer waren sie von der Kugelgestalt der Erde zu überzeugen. Dies änderte sich erst im Zeitalter der großen Weltumsegelungen.
Wind und Regen lassen in der Natur die seltsamsten Formen entstehen.

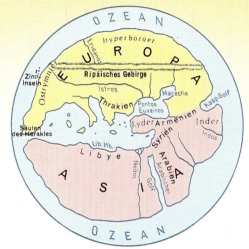

Karte des Hekataios (um 500 v. Chr.)

137

1 Würfel

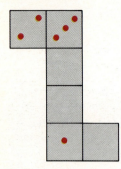

1
Zeichne die Figur ab, schneide sie aus und falte sie zum Würfel zusammen. Kannst du die fehlenden Augenzahlen schon vorher eintragen, wenn die Summe auf gegenüberliegenden Flächen immer 7 beträgt?

2
Die Augenzahlen auf gegenüberliegenden Flächen des Spielwürfels haben die Summe 7. Peter hat an vier Würfeln je eine Fläche mit Papier zugeklebt. Er behauptet: „Ich habe die Würfel so zusammengelegt, daß die Augenzahlen auf zwei aneinanderliegenden Innenflächen immer die Summe 7 haben." Was sagst du dazu?

Körper werden von **Flächen** begrenzt. Wo zwei Flächen zusammenstoßen, entstehen **Kanten**. Wo Kanten zusammenstoßen, entstehen **Eckpunkte**.
Im Bild des Würfels können wir die Kanten abzählen: Je vier begrenzen die Grundfläche und die Deckfläche, und vier verbinden die Eckpunkte der Grundfläche mit den Eckpunkten der Deckfläche.

> Der **Würfel** wird von sechs quadratischen Flächen begrenzt.
> Er hat zwölf Kanten und acht Eckpunkte.

Beispiel
Eine Figur, wie du sie rechts siehst, heißt **Netz** des Würfels.
Aus manchen Quadratsechslingen kann man einen Würfel zusammenfalten. Du erkennst an den Buchstaben **v**orne, **h**inten, **r**echts, **l**inks, **o**ben, **u**nten, wie du falten kannst. Wenn du an jeder zweiten Kante einen Falz stehen läßt, kannst du den Würfel zusammenkleben.

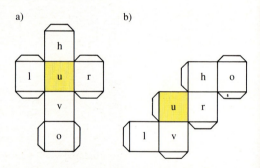

Aufgaben

3
Zeichne die Würfelnetze auf kariertes Papier und falte sie zu Würfeln.
(Seitenlänge der Quadrate: 4 cm)

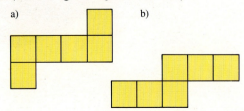

4
Wo kann das sechste Quadrat an den Quadratfünfling angesetzt werden, wenn ein Würfelnetz entstehen soll? Es gibt mehrere Möglichkeiten.

5
a) Im Würfelnetz ist die untere Fläche mit „u" bezeichnet. Übertrage es ins Heft und bezeichne die übrigen Flächen mit Buchstaben wie im Beispiel.

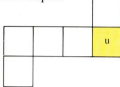

b) Es gibt fünf weitere Möglichkeiten, den Buchstaben „u" in das Würfelnetz einzutragen. Welche Flächen liegen dann oben, vorne, hinten, rechts und links?

6
Aus welchen der Quadratfünflinge könntest du eine offene Schachtel falten?

a) 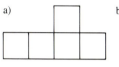   b)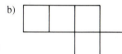

c) 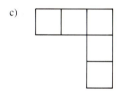   d)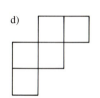

7
Wie viele Würfel brauchst du mindestens, um diese Würfelhäuser zu bauen?

a)   b) 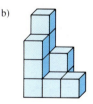   c)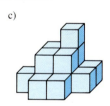

d) 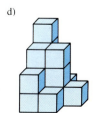   e) 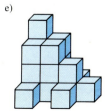   f)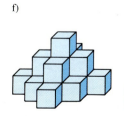

8
Der eine Körper paßt so in den anderen, daß ein Würfel entsteht. Aus wie vielen Würfeln besteht der rechts gezeichnete Körper?

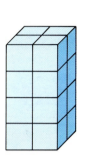 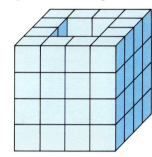

9
Kirsten behauptet: „Ein Würfel hat 24 Kanten: 4 oben, 4 unten, 4 vorne, 4 hinten, 4 links und 4 rechts."
Wo steckt der Denkfehler?

10
Ein Hahn aus drei Würfelnetzen und zwei Quadraten. Suche diese.

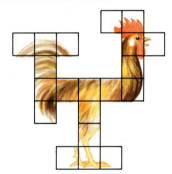

11
Schneide die Würfelnetze aus dünnem Karton aus; achte dabei auf die Löcher. Klebe die Netze zu Würfeln zusammen und stecke sie auf eine Stricknadel. Was beobachtest du, wenn die Würfel sich schnell drehen?

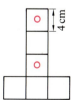 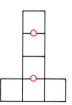 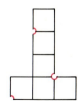

2 Quader

1
In den Bildern siehst du drei verschiedene Mauerwerke. Vergleiche die Form der verwendeten Steine. Welche Vorzüge bietet die Bauweise im rechten Bild gegenüber den beiden anderen?

> Körper, die von sechs rechteckigen Flächen begrenzt werden, heißen **Quader**.
> Je vier ihrer zwölf Kanten sind gleich lang.

Beispiele

a) Ein Quader kann auf viele Arten abgewickelt werden. Die Abbildungen zeigen ein sehr übersichtliches Netz und ein etwas schwierigeres. Je zwei Rechtecke stimmen in Länge und Breite überein.

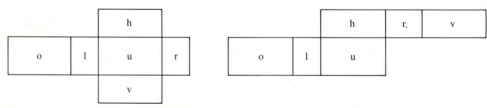

b) Vier Bausteine kannst du auf verschiedene Arten zu einem großen Quader zusammenlegen.

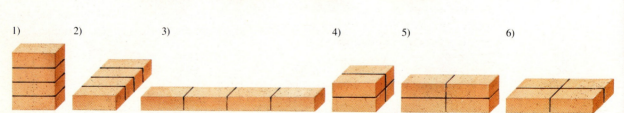

1) 2) 3) 4) 5) 6)

Bemerkung: Es gibt auch Quader, bei denen acht Kanten gleich lang sind.
Der Würfel ist ein Quader mit zwölf gleich langen Kanten.

Quader

Aufgaben

2
Schneide aus einer alten Zeitschrift Dinge aus, welche die Form eines Quaders haben und klebe sie in dein Heft.

3
Welche Fläche ist gemeint? Gib die Eckpunkte der folgenden Quaderflächen an:
a) links b) oben c) hinten d) unten

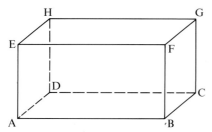

4
Übertrage die Quadernetze in doppelter Größe auf Karopapier, schneide sie aus und falte sie zu Quadern.

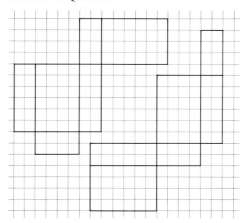

5
Wo mußt du das fehlende Rechteck ergänzen, damit aus dem Netz ein Quader gefaltet werden kann? Zeichne in dein Heft.

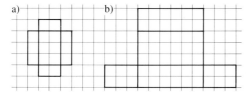

6
a) Aus welchen der Rechtecksechslinge könntest du einen Quader zusammenfalten?
b) Übertrage die richtigen Quadernetze in dein Heft und male die gegenüberliegenden Seiten mit derselben Farbe an.

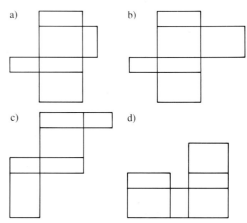

7
a) Zeichne das Netz zweimal ab und falte zwei Quader. Auf welche Art kannst du sie zu einem einzigen Quader zusammensetzen?
b) Auf welche Arten lassen sich vier solche Quader zu einem einzigen zusammensetzen? Versucht es zu zweit.
c) Nehmt zu dritt sechs Quader und legt sie zusammen. Es gibt viele Möglichkeiten.

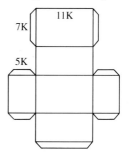

8
Warum gibt es keinen Quader, der von drei Rechtecken mit den Seitenlängen 6 cm und 5 cm und von drei Rechtecken mit den Seitenlängern 5 cm und 4 cm begrenzt wird?

3 Zylinder. Kegel. Kugel

Gaskessel in Bochum;
Vulkan Llaima in Chile;
La Villette in Paris,
Frankreich.

1
Betrachte die Bilder und beschreibe, was du auf ihnen erkennen kannst.

Zylinder, Kegel und Kugel sind Körper mit gekrümmten Flächen.
Der **Zylinder** wird von zwei Kreisflächen und dem Mantel begrenzt.

  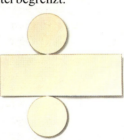

Der **Kegel** wird von einer Kreisfläche und dem Mantel begrenzt.

Zylinder und Kegel berühren eine ebene Unterlage entweder mit einer Kreisfläche oder mit einer Strecke auf dem Mantel.
Die **Kugel** ist allseits gleich gekrümmt. Sie berührt eine ebene Unterlage in einem einzigen Punkt und hat daher kein Netz.

> Das Netz eines **Zylinders** ist ein Rechteck mit zwei angehängten Kreisflächen.
> Das Netz eines **Kegels** ist ein Kreisausschnitt mit einem angehängten Kreis.

Bemerkung: Weil die Kreisflächen nur in einem einzigen Punkt am abgewickelten Mantel hängen, kannst du das Netz nicht in einem Stück ausschneiden.

Zylinder. Kegel. Kugel

Beispiele
Die Bildleisten zeigen, wie du einen Zylinder und einen Kegel aus Papier herstellen kannst.
a) Zylinder

b) Kegel

 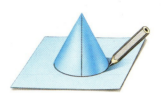

Aufgaben

2
Wo siehst du Zylinder, Kegel und Kugeln in deiner Umgebung? Wo siehst du wenigstens Teile dieser Körper? Denke auch an Kleidungsstücke, Hüte und Taschen.

3
Nenne Körper, die aus Zylindern, Kegeln und Kugeln oder aus Teilen dieser Körper zusammengesetzt sind.

4
Zeichne die zwei Vierecke in doppelter Größe ab, schneide sie aus und wickle sie so auf, daß entweder die mit a oder die mit b bezeichneten Seiten zusammenkommen.

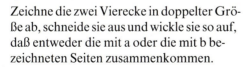

5
In wie viele Teile zerfällt die Kugel jeweils? Beschreibe die Schnittflächen der Teile.

6
Wickle einen Ball in einen Bogen Papier. Was beobachtest du? Warum gibt es Plakatsäulen, aber keine Plakatkugeln?

7
Stelle einen Zylinder her, dessen Mantelrechteck
a) 15 cm breit und 5 cm hoch
b) 9 cm breit und 3 cm hoch ist.

8
a) Wie viele Kanten hat ein Zylinder?
b) Wie unterscheiden sich die Kanten eines Zylinders von Würfelkanten?

9
a) Wie viele Kanten hat ein Kegel?
b) Wie viele ebene und wie viele gekrümmte Flächen hat ein Kegel?

10
Stelle einen Kegel mit dem abgebildeten Mantel her.

a)   b)

4 Pyramide

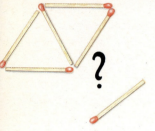

1
Ein alter Streichholztrick:
Kannst du aus sechs Hölzchen vier Dreiecke bilden, deren Seiten alle gleich lang sind?

2
Aus welchen der drei Figuren kannst du keinen Körper falten? Warum nicht?

Die Körper, die du abgebildet siehst oder gefaltet hast, sind **Pyramiden**. So nannten die alten Ägypter die Grabdenkmäler ihrer Könige.

> Eine **Pyramide** ist begrenzt durch die Grundfläche und die aus Dreiecken zusammengesetzte Mantelfläche. Die Grundfläche kann 3, 4, 5 oder mehr Eckpunkte haben. Der Eckpunkt der Pyramide, in dem sich die Dreiecke der Mantelfläche treffen, heißt Spitze.

Beispiele

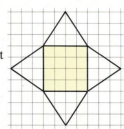

a) Für das Netz dieser Pyramide mit einem Quadrat als Grundfläche kannst du die Gitterpunkte verwenden.

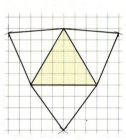

b) Für das Netz dieser Pyramide mit einem Dreieck als Grundfläche mußt du den Zirkel verwenden, um die Seiten abzutragen.

Aufgaben

3
Nenne Pyramiden, die du in deiner Umgebung siehst. Manchmal findest du auch Pyramiden, von denen nur Kanten und Eckpunkte vorhanden sind.

4
Baue mit Hilfe von Strohhalmen und Knetgummi das Kantenmodell einer Pyramide mit dreieckiger Grundfläche.
Überlege vorher, wie viele Kanten jeweils gleich lang sind.
a) Wie viele Strohhalme mußt du deshalb auf die gleiche Länge schneiden?
b) Wie viele Strohhalmstücke verbaust du?
c) Wie viele Knetgummikügelchen benötigst du für dein Modell?

Pyramide

Zeichne den Vampir ab und falte ihn zu einem Körper

5
Wie viele Ecken, Kanten und Flächen hat eine Pyramide, deren Grundfläche
a) ein Dreieck   b) ein Viereck
c) ein Fünfeck   d) ein Sechseck
e) ein Zehneck   f) ein Hunderteck ist?

6
Zeichne das Netz ab, schneide es aus und falte es zu einem Körper.

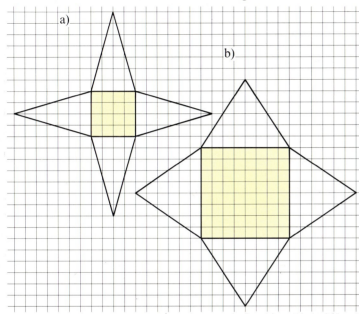

7
Stelle eine Pyramide her, deren Netz doppelt so groß ist wie das abgebildete Netz.

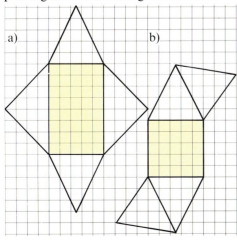

8
Welche Ecken des Netzes treffen sich beim Zusammenfalten im selben Eckpunkt der Pyramide?
Welche Seiten des Netzes treffen sich beim Zusammenfalten an derselben Kante?

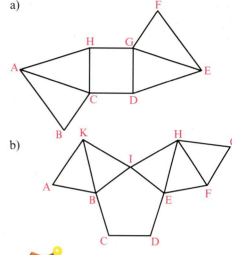

9
Warum ist keine der Figuren ein Pyramidennetz?

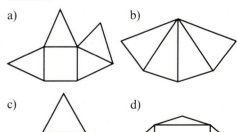

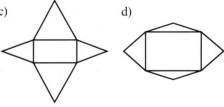

10
Zeichne das vollständige Netz der Pyramide, schneide es aus und falte es.

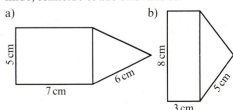

5 Vermischte Aufgaben

1
Aus den Netzen werden Würfel gebaut. Welche Fläche liegt jeweils der gelben gegenüber?

2
Welches Netz paßt zu welchem Quader?

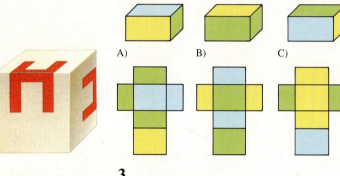

3
Trage , und richtig ein.

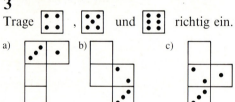

4
Übertrage die Figuren ins Heft. Kennzeichne die Eckpunkte, die sich beim Zusammenfalten des Würfelnetzes zum selben Eckpunkt vereinigen, mit derselben Nummer.

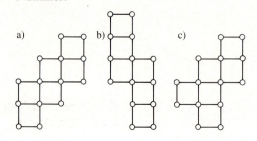

5
Wie liegen die Flächen mit den Augenzahlen 1, 2, 3, 4, 5, 6 beim Würfel hinten unten links, wenn die Augenzahlen aneinanderliegender Innenflächen immer die Summe 7 ergeben (siehe Rand)?

6
Für bestimmte Spiele benutzt man Würfel mit Buchstaben auf jeder Seite. Unten sind drei verschiedene Lagen desselben Würfels dargestellt. Welcher Buchstabe liegt gegenüber von H?

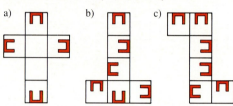

7
Wie viele abgeknickte H entstehen beim Zusammenbauen (siehe Rand)?

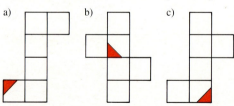

8
Wo befinden sich die beiden anderen roten Dreiecke in den Würfelnetzen (s. Rand)?

9
Bei den Würfeln wurden einige Ecken ausgeschnitten. Anschließend hatten nur noch zwei der Körper die gleiche Form. Welche sind sicher ungleich, welche also gleich?

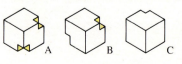

Vermischte Aufgaben

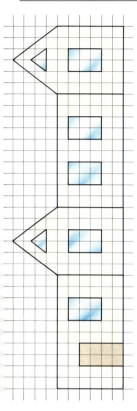

10
Im Netz des Hauses fehlen die Flächen für das Dach. Zeichne das Netz ab, füge die Dachflächen in der richtigen Größe an den passenden Kanten an, schneide die Figur aus und falte sie zum Haus.

11
a) An welchem Rechteck muß die Tür ausgeschnitten werden?

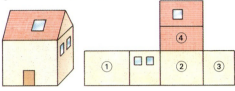

b) An welches Dreieck gehört die Dachgaube?

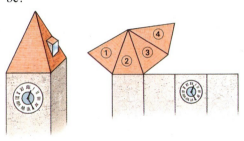

c) Über welchem Fenster hängt die Fahne heraus?

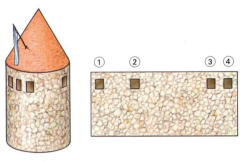

d) Welche zwei Zeltbahnen sind zurückgeschlagen?

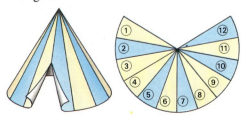

12
a) Aus wie vielen Würfeln ist der große Würfel zusammengesetzt?
b) Der große Würfel wird grün angestrichen. Wie viele Teilwürfel haben danach jeweils eine, zwei, drei grüne Flächen? Bleiben Teilwürfel ungefärbt?

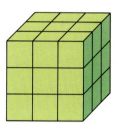

13
Drei Quader haben die Maße
6 cm, 5 cm, 3 cm;   7 cm, 5 cm, 3 cm;
13 cm, 5 cm, 4 cm. Kannst du sie zu einem einzigen Quader zusammensetzen?

14
a) Aus wie vielen Quadern ist der große Quader zusammengesetzt?
b) Welche Maße haben die Teilquader?

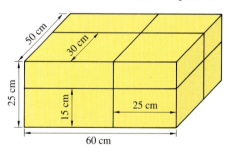

15
Zeichne die Netze, die entstehen, wenn die Quader längs der roten Kanten aufgeschnitten werden.

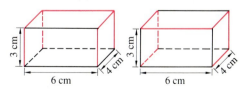

(Denke bei der Lösung an die Kanten, die nicht aufgeschnitten werden.)

LUSTIGE HÜTE

Am Rosenmontag will die Grundschule in Cottbus Fasching feiern. Die Kinder der Klasse 6c sind schon eifrig dabei, ihre Kostüme zu entwerfen. Beim Nähen helfen einige Eltern. Die Hüte basteln die Kinder alleine.

1

Hannes will sich als Zauberer verkleiden. Für seine Zaubervorführung benötigt er einen Zylinder.
Zunächst einmal mißt er den Umfang seines Kopfes. Dann zeichnet Hannes auf schwarzen Tonkarton ein Rechteck, dessen lange Seite dem Umfang seines Kopfes entspricht. Die andere Seite soll die Höhe des Zylinders werden, hier reichen 20 cm aus. Für die Kleberänder plant er an drei Seiten des Rechtecks noch einen Zentimeter ein.

Für den Deckel und die Hutkrempe muß Hannes nun zwei Kreise ausschneiden. Er legt einen großen Teller mit einem Durchmesser von mindestens 25 cm auf den Karton und zeichnet den Umfang mit einem Stift nach. Jetzt stellt er den zusammengeklebten Zylindermantel möglichst genau in die Mitte dieses Kreises und zeichnet die Kante nach. Den mittleren Kreis schneidet Hannes vorsichtig aus und klebt ihn als Deckel oben auf den Zylinder. Den breiten Rand befestigt er unten an den Kleberändern.

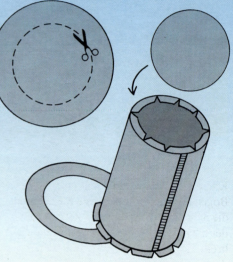

So – Hannes Hut ist fertig. Als Verzierung klebt er noch Sterne aus Goldfolie auf den Mantel des Zylinders.
Möchtest du dich auch einmal als Zauberer verkleiden? Den Hut kannst du nach dieser Anleitung sicher selber basteln.

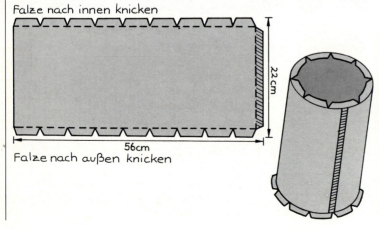

BASTELN

2

Karoline und Janna wollen als Clown und Burgfräulein auf dem Fest erscheinen. Sie haben festgestellt, daß ihre Hüte beide als Grundform einen Kegel haben, deshalb einigen sie sich darauf, nur eine Schablone anzufertigen. Dafür zeichnen sie zunächst mit Hilfe eines Pappstreifens und eines Bleistifts einen Viertelkreis auf eine dünne Pappe. Sie gehen dabei so vor wie in der Zeichnung gezeigt. Weil ihre Hüte 40 cm hoch werden sollen, markieren sie den Pappstreifen an der entsprechenden Stelle.

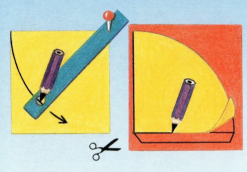

Karoline legt die fertige Schablone auf einen Bogen aus rotem Tonkarton. Sie zeichnet die Schablone mit Bleistift nach. An einer der beiden geraden Seiten läßt sie eine 2 cm breite Klebezugabe überstehen. Nun schneidet sie ihren Hut aus.
Nach dem Zusammenkleben der beiden Seiten schneidet Karoline die obere Spitze ein wenig ab und befestigt dort einen Pompon aus weißer Wolle, außerdem verziert sie den Hut noch mit bunten Punkten aus Buntpapier.
Janna hat ihre Schablone auf die Rückseite eines blauen Bogens aus Lackkarton gelegt und den Umriß übertragen. Sie ist dabei genauso vorgegangen wie Karoline. Auch Janna hat die Spitze ihres Hutes ein wenig gekürzt und stattdessen einen schulterlangen Schleier aus weißem Tüll dort befestigt. Anschließend hat sie noch Silberstreifen auf den Hut geklebt.

3

Saskia ist auch schon am Basteln. Sie schneidet einen 20 cm langen Pappstreifen aus, locht ihn und zeichnet mit Hilfe eines Bleistifts und einer Stecknadel einen Kreis auf roten Tonkarton dessen Unterseite weiß ist. Die Stecknadel hält den Pappstreifen auf dem Tonkarton fest. Den Kreis schneidet sie aus und zeichnet von der Kreislinie bis zu seinem Mittelpunkt – dort wo die Stecknadel saß – eine Gerade. Dieser Teil des Kreises wird eingeschnitten. Sie schiebt den Kreis an der Einschnittstelle einige Zentimeter übereinander und klebt ihn an den überlappenden Stellen fest. Ihren Hut beklebt sie noch mit weißen Punkten und fertig ist der Hut zu ihrem Fliegenpilzkostüm.

Versucht nun selber, Hüte für eure nächste Faschingsfeier zu entwerfen.

Rückspiegel

1
Welcher geometrische Körper hat
a) Kanten, aber keine Ecken?
b) eine Ecke, in der keine Kanten zusammenlaufen?
c) fünf Flächen und fünf Ecken?

2
Diese Körper sind aus zwei anderen Grundformen entstanden.
Schreibe jeweils die beiden Körper auf, aus denen der zusammengesetzte Körper besteht.

a) 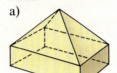 b)

3
Im Netz und im Schrägbild des Würfels ist die Bodenfläche gelb. Trage in jedes Quadrat des Netzes ein, wo es am Würfel liegt.
Schreibe: **o**ben, **u**nten, **r**echts, **l**inks, **v**orne, **h**inten.

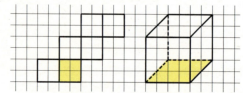

4
Aus welchen Quadrat-Sechslingen kannst du einen Würfel falten?

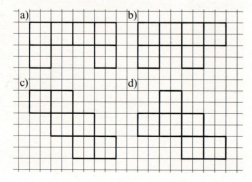

5
a) Zeichne das Netz eines Quaders mit den Kantenlängen 4 cm, 4 cm und 6 cm.
b) Zeichne das Netz eines Quaders mit den Kantenlängen 2 cm, 3 cm und 5 cm.

6
Welche geometrischen Körper haben:
a) Nur ebene Flächen, ebene und gekrümmte Flächen, nur eine Fläche?
b) Nur gerade Kanten, keine Kante?
c) Mehrere Ecken, nur eine Ecke, keine Ecke?

7
Welche der abgebildeten Netze sind bestimmt keine Zylindernetze? Begründe.

a) 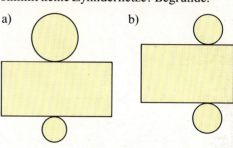 b)

c)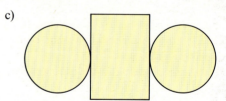

8
Ein Quader wird längs der roten Kanten aufgeschnitten. Zeichne das Netz.

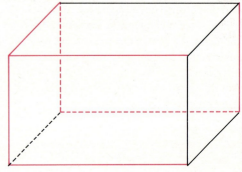

VII Länge. Flächeninhalt

Streit um Längen

In früheren Zeiten dienten häufig Körperteile des Menschen zum Messen von Längen. Man maß mit Handbreite, Fuß, Schrittlänge oder Elle. Da die Menschen aber nicht alle gleich groß sind, gab es immer wieder Streitigkeiten, vor allem dann, wenn etwas beim Verkauf gemessen wurde. So begannen einzelne Städte und Länder eigene Maße einheitlich festzulegen. Meist waren diese Einheitsgrößen an der Kirche oder am Rathaus angebracht, und bei Meinungsverschiedenheiten traf man sich dort, um diese zu klären. In England setzte König Heinrich I. (1068–1135) die Länge seines Armes als Längeneinheit fest. Er nannte diese Einheit 1 yard, was heute etwa 91 cm entspricht. Auch die Maßeinheiten inch und foot sind aus derartigen Festlegungen entstanden. Da der Handel über Grenzen hinweg durch die unterschiedlichen Einheiten in den verschiedenen Ländern und Städten erschwert wurde, einigte man sich auf gemeinsame Maßeinheiten. 1799 vereinbarte man das Urmeter in Paris. Aus sehr widerstandsfähigem Metall wurde ein Stab hergestellt, auf dem durch zwei Striche die Länge des Meters festgelegt wurde. Es sollte den vierzigmillionsten Teil eines Erdmeridians darstellen. Mit dem Fortschreiten der Technik hat man ein noch genaueres Maß gefunden. Man mißt heute das Urmeter mit der Wellenlänge eines bestimmten Lichts aus. Die Staatlichen Eichstellen sind heute für die Überwachung der Maßeinheiten zuständig.

1 Fuß	
Baden	30 cm
Bayern	29,2 cm
Dresden	28,3 cm
Finnland	35 cm
Paris	32,5 cm
Rheinland	31,4 cm
USA	30,48 cm
Württemberg	28,6 cm

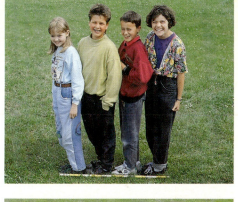

1 Fuß
1 Rute ≙ 16 Fuß

1 m ≙ 4 Fuß
1 m² ≙ 20 Schüler

1 Länge

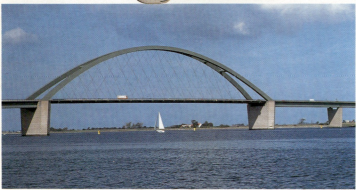

1 Bei einem Fußballspiel auf der Wiese schlägt einer der Spieler vor: „Jede Mannschaft macht ihr Tor fünf Schritte groß". Obwohl keiner falsch zählt, kommt es zum Streit. Hast du eine Idee, wie man hier Streit vermeiden könnte?

2 Lege selbst einige Maßeinheiten fest (z. B. ein Schritt oder eine Buchlänge) und miß damit Längen in eurem Klassenzimmer. Vergleicht anschließend eure Meßergebnisse. Kann man mit allen Maßeinheiten gleich gut messen?

Schon früher gab es beim Messen von Längen häufig Probleme. So wurden z. B. die Ellen der Schneider als Maß genommen, diese waren aber nicht alle gleich lang.

Wenn man verschiedene (gemessene) Längen vergleichen will, muß mit denselben Maßeinheiten gemessen werden. Zur Vereinheitlichung und um Streit zu vermeiden, hat man 1799 das Urmeter vereinbart, das man in Paris sehen kann. Das **Meter** wird als Grundeinheit für Längen verwendet.

Kilometer km	Meter m	Dezimeter dm	Zentimeter cm	Millimeter mm
1 km	= 1000 m			
	1 m	= 10 dm		
		1 dm	= 10 cm	
			1 cm	= 10 mm

Bemerkung: Beim Umwandeln können auch die Vorsilben und ihre Bedeutung helfen. Kilo- und Milli- kennen wir schon von den Gewichten:

Die Vorsilbe Kilo bedeutet: „mal 1 000", die Vorsilbe Milli: „geteilt durch 1 000":
1 km = 1 m · 1 000;   1 mm = 1 m : 1 000

Die Vorsilbe Dezi bedeutet „geteilt durch 10", die Vorsilbe Zenti „geteilt durch 100".
1 dm = 1 m : 10   1 cm = 1 m : 100

Beispiele
a) 300 mm = 30 cm = 3 dm
b) 7850 cm = 785 dm = 78 m 5 dm
c) 12 m = 120 dm = 1 200 cm
d) 5 dm 3 cm 6 mm = 536 mm
e) 1 520 m = 1 km 520 m
f) 6 m = 60 dm = 600 cm = 6 000 mm

Länge

Bemerkung: Auf Verkehrszeichen oder Wegweisern finden wir Größenangaben für Längen auch in der Kommaschreibweise.

Wenn du Längenangaben umwandeln mußt, ist es häufig günstig, die **Kommaschreibweise** anzuwenden. So zeigt bei 2,8 m die Ziffer 2, wieviel ganze Meter in der Größe enthalten sind. Die Stellen nach dem Komma geben jeweils die nächstkleinere Einheit an.
Zum besseren Verständnis legen wir eine Stellenwerttafel an.

km	H	Z	E	dm	cm	mm
		5	3 ,	2	1	4
		5	3	2 ,	1	4
		5	3	2	1 ,	4

53,214 m = 53 m 2 dm 1 cm 4 mm
532,14 dm = 532 dm 1 cm 4 mm
5321,4 cm = 5321 cm 4 mm

Beim Umwandeln in die nächstkleinere Einheit verschiebst du das Komma um eine Stelle nach rechts; bei der Umwandlung von km in m um 3 Stellen nach rechts.

Beispiele
g) 3,6 m = 3 m 6 dm = 360 cm
h) 12,052 km = 12 km 52 m = 12 052 m
i) 436 mm = 4 dm 3 cm 6 mm = 4,36 dm
k) 905 cm = 9 m 0 dm 5 cm = 9,05 m

Beachte: Die Null hat eine große Bedeutung für den Stellenwert.

Aufgaben

3
Schätze die Länge folgender Gegenstände und vergleiche anschließend dein Ergebnis mit der Länge, die du durch Messen erhältst: Bleistift, Mathematikbuch, Radiergummi, Schuh, Heft.

4
Dein Körper bietet viele Möglichkeiten, eigene Maßeinheiten festzulegen (z. B. eine Handspanne, ein Fuß, eine Daumenbreite). Miß mit Hilfe dieser Maßeinheiten einige Größen im Klassenzimmer oder zu Hause und vergleiche diese Ergebnisse mit denen deiner Mitschülerinnen und Mitschüler.

5
Vergleiche verschiedene „Maßeinheiten" deines Körpers.
a) Wie oft paßt eine Daumenbreite in eine Handbreite?
b) Wieviel Füße ergeben einen Schritt?
c) Wie oft paßt die Länge deines Kopfes in deine gesamte Körperlänge?
d) Wieviel Ellen weit kannst du springen?

6
Welche Einheiten sind zum Messen folgender Längen geeignet:
Dicke eines Buchs,
Größe eines Säuglings,
Höhe des Kirchturms,
Weltrekord im Weitsprung,
Beinlänge einer Spinne,
Entfernung zwischen zwei Städten.

7
Schreibe in
a) mm: 5 cm; 2 dm; 3,8 cm; 4 m; 1,1 dm; 7 cm 8 mm; 3 dm 4 cm; 2 m 2 mm
b) cm: 8 dm; 20 mm; 2,6 dm; 4,80 m; 3,4 m; 2 dm 5 cm; 1,05 m
c) m: 60 dm; 400 cm; 2 km; 3 dam; 450 dm; 2,8 km; 9 hm; 2,08 km.

8
Wandle in die kleinere Einheit um:
a) 5 m 6 cm; 4 dm 8 cm; 57 m 8 dm
b) 5 km 987 m; 6 km 75 m; 2 km 8 m
c) 26 m 8 cm; 400 m 40 cm; 32 km 800 m
d) 3 dm 4 mm; 4 dm 3 mm; 30 dm 4 mm.

Länge

9
Schreibe mit Komma:
a) 2 m 8 dm; 5 cm 7 mm
b) 12 m 40 cm; 8 dm 5 cm
c) 3 km 50 m; 7 m 7 cm

10
Wie kann man folgende Längenangaben ohne Komma schreiben?
a) 3,6 cm; 4,2 m; 6,5 km
b) 2,68 m; 4,05 dm; 19,02 km
c) 135,12 hm; 0,84 m; 0,321 km

11
Ergänze in deinem Heft.
a) 3,62 m = 362 □
b) 12 m 8 cm = □ cm
c) 44 □ 8 □ = 44,8 dm
d) 78,3 □ = 78 m 3 □
e) □ cm = 8 cm 7 mm
f) 0,48 km = □ m
g) 72 m 48 dm = □ m
h) 23,8 dm = □ mm

12
Setze <, > oder = ein.
a) 14 dm 8 cm 2 mm □ 1 482 mm
b) 6 m 18 dm 1 cm   □ 6 181 cm
c) 2 m 6 dm 2 cm   □ 26,02 dm
d) 4 km 5 m   □ 4,05 km
e) 79 dm 48 cm   □ 83,8 dm
f) 5 m 85 dm   □ 13,5 m

13
Ordne nach der Größe.
a) 4 m 6 dm, 4,06 m; 466 cm
b) 1 030 m; 1 km 3 m; 10 km 30 m
c) 0,85 m; 8 dm 50 cm; 85 dm
d) 1,21 dm; 1,12 m; 1 m 2 dm
e) 4 m 44 dm; 40 m 4 dm; 44,44 m

14*
Peter hat die Ergebnisse vom Weitsprung merkwürdig notiert:
Anke: 2 630 mm   Daniel: 0,002 km
Bernd: 24 dm 6 cm   Elise: 258 cm
Christa: 2,62 m   Frank: 1 m 16 dm 4 cm
Welche Reihenfolge ergab sich aus den erreichten Weiten?

Weitsprung Ergebnisse

Name	Weite	Platz
Anke	2,63 m	2.

15
Wandle zunächst in die kleinste vorkommende Einheit um. Beispiel:
4 dm 8 cm + 6 cm + 30 mm
= 480 mm + 60 mm + 30 mm = 570 mm
a) 3 m + 30 cm + 5 m + 85 cm
b) 40 cm + 13 mm + 2 dm
c) 5 km − 800 m − 1 250 m
d) 2 m 8 dm − 19 dm − 85 cm
e) 3 dm 12 cm − 4 dm − 8 mm.

16
Verfahre wie in Aufgabe 15 und gib das Ergebnis in der größten Einheit, wenn nötig mit Komma, an.
a) 2,4 m + 3,8 dm + 80 cm
b) 88 mm + 0,92 dm + 5,3 cm
c) 0,92 km − 837 m − 0,04 km
d) 3,6 dm − 20 cm + 0,04 m
e) 12,3 m − 76 dm + 38 cm

17
Wieviel fehlt jeweils noch zu 1 m?
a) 98 cm; 9 dm 4 cm; 95 mm
b) 0,9 m; 9 dm 9 cm 9 mm
c) 89 cm; 8,99 dm; 895 mm
d) 0,49 m; 4,95 dm; 49,8 cm.

18*
Berechne wie im Beispiel:
7 · 3,5 m = 7 · 35 dm = 245 dm = 24,5 m.
a) 9 · 4,8 cm   12 · 7,2 dm
b) 24,3 m · 25   3,08 km · 46
c) 4,13 m : 7   487,8 cm : 9
d) 98,6 km : 29   51,06 m : 46
e) 14,45 m : 17   1,855 km : 35

19
Das Auto von Familie Gruhl ist 4,28 m lang. Der Wohnwagen hat eine Länge von 5,78 m. Wie lang ist das Gespann, mit dem sie in den Urlaub fahren?

20
Von 1968 bis 1991 hielt Bob Beamon den Weltrekord im Weitsprung mit 8,90 m. Heide Rosendahl sprang 1970 mit 6,84 m deutschen Rekord. Wie groß ist der Unterschied?

2 Maßstab

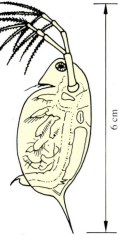

Wasserfloh

1
Auf der Karte ist ein Wandervorschlag eingezeichnet. Unten links siehst du, welcher Strecke 1 km in der Wirklichkeit entspricht.

2
Im Biologiebuch findest du häufig Abbildungen oder Fotografien von sehr kleinen Lebewesen. Wie groß ist der Wasserfloh in Wirklichkeit, wenn er bei 20facher Vergrößerung auf dem Bild 6 cm lang ist?

Straßenkarten, Wanderkarten, Lagepläne, Baupläne und ähnliches geben die Wirklichkeit immer verkleinert wieder. Sie sind in einem bestimmten Maßstab verkleinert. Entsprechend geben Vergrößerungsgläser, Mikroskope oder Diaprojektoren die wirklichen Längen in einem bestimmten Maßstab vergrößert wieder.

> Der **Maßstab** gibt an, wieviel mal größer beziehungsweise kleiner die Strecken in Wirklichkeit sind.
> 1 : 100 (lies: 1 zu 100) bedeutet:
>   Jede Strecke ist in Wirklichkeit 100mal so groß.
> 20 : 1 (lies: 20 zu 1) bedeutet:
>   Jede Strecke ist in Wirklichkeit 20mal so klein.

Beispiele

a) Ist auf einer Wanderkarte im Maßstab 1 : 25 000 eine Strecke 3 cm lang, so ist sie in Wirklichkeit 25 000 · 3 cm, also 750 m lang.

b) Wenn ein Zimmer auf dem Bauplan 4 cm lang ist, in Wirklichkeit aber 4 m, so hat der Plan den Maßstab 1 : 100, weil 100 · 4 cm = 4 m sind.

c) Im Maßstab 20 : 1 wird eine Strecke von 1 mm auf 20 mm vergrößert.

d) Bei einem Maßstab von 1 : 100 000 werden 5 km als 5 cm lange Strecke dargestellt, weil 5 km gleich 500 000 cm sind und 500 000 cm : 100 000 = 5 cm sind.

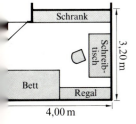

Aufgaben

3
Suche Maßstäbe auf Landkarten, Wanderkarten, Stadtplänen, Bauplänen oder ähnlichen Darstellungen.
a) Welche verschiedenen Maßstäbe hast du gefunden?
b) Zu welchen Karten und Plänen gehören die verschiedenen Maßstäbe?

4
Wie lang ist die Strecke in Wirklichkeit?

a)
	1 : 10	1 : 50	1 : 750	1 : 25 000
1 cm				

b)
	1 : 100	1 : 250	1 : 1 500	1 : 40 000
5 cm				

Maßstab

Ruderfußkrebs
10 : 1

Zecke
5 : 1

5
Berlin und Umgebung sind auf der nebenstehenden Karte im Maßstab 1 : 1 500 000 aufgetragen.
Berechne mit Hilfe des Maßstabes die größte Ausdehnung
a) in ost-westlicher Richtung
b) in nord-südlicher Richtung,
c) die Entfernung von Berlin nach Eberswalde (jeweils Zentrum)!

6
Wie lang sind folgende Strecken in Wirklichkeit (Maßstab in Klammern)?
a) 5 cm (1 : 10 000); 12 cm (1 : 100 000)
b) 6,3 mm (1 : 50 000); 9,8 cm (1 : 150 000)
c) 18 mm (1 : 25 000); 49 mm (1 : 75 000)

7
Wie lang sind folgende Strecken auf der Karte (Maßstab in Klammern)?
a) 10 km (1 : 100 000); 50 m (1 : 1 000)
b) 38 km (1 : 500 000); 220 km (1 : 750 000)
c) 5,8 m (1 : 50); 12,8 km (1 : 25 000)

8
Auf den Bildern sind kleine Tiere vergrößert abgebildet. Berechne ihre wirkliche Größe, indem du ihre Länge mißt und den angegebenen Maßstab verwendest.

9
Auf der Karte unten sind drei Wandervorschläge eingezeichnet. Miß mit einem Bindfaden die drei Rundwege und gib ihre Länge in Wirklichkeit an. Ordne sie nach ihrer Länge.

Tausenfüßler
2 : 1

10
Dies ist der Lageplan eines Schulgeländes. Eine Kästchenlänge entspricht 12 m in Wirklichkeit.

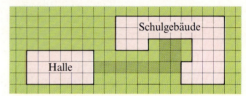

a) Übertrage den Plan in dein Heft.
b) Berechne alle Längen in Wirklichkeit.
c) Stelle einen Plan von deinem Schulgelände her.

11
Miß auf einer Landkarte die Entfernungen (Luftlinie) von deinem Heimatort nach Frankfurt, Basel und München. Mit Hilfe des auf der Karte angegebenen Maßstabs kannst du die wirklichen Entfernungen berechnen.

12*
a) Vom nördlichsten Punkt Deutschlands bis zum südlichsten sind es ungefähr 1 100 km. Welchen Maßstab müßtest du wählen, um eine Karte in dein Heft zeichnen zu können?
b) Von Istanbul in der Türkei bis nach Lissabon in Portugal sind es etwa 3 300 km. Welchen Maßstab müßtest du wählen, um die Entfernung in die Heftbreite zeichnen zu können?

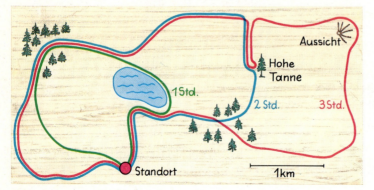

13
In der Tabelle stehen die Flugstrecken einiger Vögel beim Vogelzug. Es ist jeweils die Länge für Hin- und Rückflug angegeben.

Star	1 400 km
Kiebitz	3 000 km
Grasmücke	6 000 km
Kuckuck	9 500 km
Storch	10 000 km
Sturmtaucher	17 000 km
Küstenseeschwalbe	28 000 km

Bis in welche Länder kämen die Vögel jeweils, wenn sie von Hamburg immer nach Süden flögen?
Suche im Atlas eine geeignete Karte.

14
Angela weiß, daß die Entfernung von Ammern nach Bedern genau 10 km beträgt.
a) Welcher Maßstab wurde auf dieser Karte verwendet?
b) Bestimme jetzt die Entfernung von Ammern bis Seedorf und von Bedern bis Seedorf (Straße und Luftlinie).

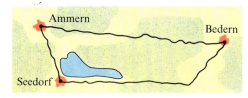

15*
Ermittle jeweils den zugehörigen Maßstab.

	Länge in der Zeichnung	Länge in Wirklichkeit
a)	5 cm	5 km
b)	12 cm	2 400 km
c)	15 mm	45 m
d)	35 cm	700 km
e)	50 cm	5 mm

16*
Es ist jeweils dieselbe wirkliche Strecke abgebildet. Ordne den Bildstrecken die richtigen Maßstäbe zu.

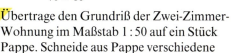

1)   1 : 45 000
2)   1 : 15 000
4)   1 : 30 000
3)   1 : 10 000

Planen und Einrichten
Ein Innenarchitekt verwendet bei der Planung einer Wohnungseinrichtung häufig einen Plan im Maßstab 1 : 50 (1 cm auf dem Plan entsprechen 0,50 m in Wirklichkeit). Die ausgeschnittenen Möbelbilder können im Plan verschoben werden, bis er eine gute Lösung gefunden hat.

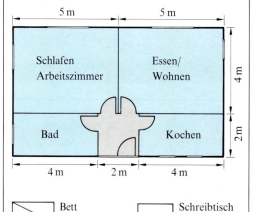

Bett 200 × 100	Schreibtisch 110–165 × 90
Schrank 100–125 × 60	Arbeitsplatte > 60 × 60
Tisch 120–160 × 60	Bücherregal 20–30 tief
Stuhl 45 × 50 Sessel 65 × 90	
WC 80 × 70	Waschbecken 55 × 45
Spüle 80 × 60	Dusche 80 × 80
Herd 60 × 60	Badewanne 170 × 75
Kühlschrank 70 × 60	

Übertrage den Grundriß der Zwei-Zimmer-Wohnung im Maßstab 1 : 50 auf ein Stück Pappe. Schneide aus Pappe verschiedene Möbelstücke aus. Richte die Wohnung für einen Ein-Personen-Haushalt ein.

Vergleicht die verschiedenen Möglichkeiten, die Möbel anzuordnen.

3 Umfang

1
Im Mittelalter hatten die Städte zum Schutz meistens eine Stadtmauer um die ganze Stadt gebaut. Wie konnte man ihre Länge feststellen?

2
a) Ein Mann mit einem Umfang von 2,50 m ist die Attraktion im Zirkus Kunterbunt. Wie wurde diese Länge gemessen? Zwei Kinder versuchen ihn zu umfassen. Wieviel könnt ihr zu zweit umfassen?
b) Wie mißt man den Hüftumfang, wie die Kragenweite?

Wenn fünf Kinder ein zusammengeknotetes Seil halten, können sie damit verschiedene Figuren bilden. Die Länge des Seils und damit auch der **Umfang** der Figuren bleibt aber immer gleich.

Die Länge des Randes einer ebenen Figur heißt **Umfang** der Figur.
Man erhält diese Länge, indem man die Längen aller begrenzenden Strecken addiert.

Beispiele
a) Der Umfang dieses Spiegels kann bestimmt werden. Wenn alle begrenzenden Strecken jeweils 5 cm lang sind, so ergibt sich ein Umfang von 12·5 cm, also 60 cm.

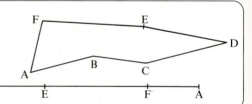

Beachte: In Rechtecken läßt sich der Umfang besonders geschickt berechnen, da jeweils gegenüberliegende Seiten gleich lang sind.
Den Umfang eines Rechtecks erhält man, indem man die Summe beider Seitenlängen berechnet und das Ergebnis verdoppelt.

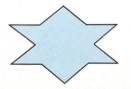

Kurz: Umfang gleich 2 mal Summe aus Länge und Breite.

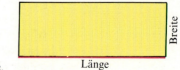

b) Der Umfang eines 7 cm langen und 5 cm breiten Rechtecks wird so berechnet:
Die Summe der beiden Seitenlängen beträgt 7 cm + 5 cm, also 12 cm.
Der Umfang beträgt 2·12 cm, also 24 cm.

Umfang

Aufgaben

3
Schätze deinen Kopfumfang und vergleiche mit dem gemessenen Ergebnis.

4
Übertrage die folgenden Figuren in dein Heft und miß die Länge der verschiedenen Strecken. Dann kannst du die Umfänge der Figuren berechnen. Schätze zunächst, welche Figur den größten Umfang hat.

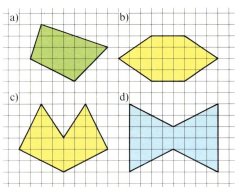

5
Zeichne folgende Dreiecke in ein Gitternetz und bestimme den Umfang.
a) A (0|0), B (4|2), C (3|6)
b) A (1|2), B (9|2), C (5|5)
c) A (2|1), B (8|2), C (4|7)

6
Von einem Rechteck sind jeweils die beiden Seitenlängen gegeben. Berechne den Umfang.

Länge	5 cm	2 dm	3 m	11 cm	31 m
Breite	4 cm	12 cm	80 cm	5,5 cm	54 dm

7
Der Umfang eines Rechtecks beträgt 20 cm. Gib vier verschiedene Möglichkeiten für die Länge und Breite des Rechtecks an und zeichne die Rechtecke in dein Heft.

8
Wie läßt sich der Umfang eines Quadrats berechnen? Warum ist diese Berechnung so einfach?

9
Ein 72 m langes und 48 m breites rechteckiges Grundstück soll eingezäunt werden. Wieviel Meter Draht braucht man, wenn man für das Tor 2 m abrechnet?

10
Manuela stellt rechteckige Bilderrahmen her, die 25 cm lang und 14 cm breit sind. Wieviel cm Bilderrahmenleiste braucht sie, wenn sie 12 Bilderrahmen herstellen will?

11
Übertrage die Figuren in dein Heft und berechne jeweils den Umfang. Was fällt dir beim Vergleichen der Längen auf?

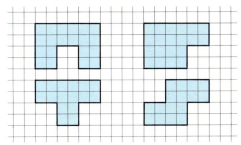

12*
Der Umfang eines Rechtecks ist 24 cm.
a) Wie lang sind die beiden Seiten, wenn das Rechteck doppelt so lang wie breit ist?
b) Wie lang sind die beiden Seiten, wenn man das Rechteck in drei gleichgroße Quadrate zerlegen kann?

13
Ein rechteckiges Grundstück (150 m lang und 75 m breit) wurde durch den Verkauf von Teilflächen im Laufe der Jahre immer kleiner. Jedes Grundstück soll ganz eingezäunt werden. Berechne die Zaunlängen.

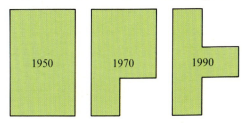

Mit Streichhölzern kannst du verschiedene Figuren mit gleichem Umfang legen.

4 Flächen messen

1
Die Figuren sind aus Tangram-Teilen zusammengelegt. Welche Teile braucht man für jedes Bild? Vergleiche die Größe der Flächen miteinander.

2
Zeichne fünf verschiedene Figuren in dein Heft, die man alle mit 24 Kästchen auslegen kann.

Wenn wir die Größe verschiedener Flächen miteinander vergleichen wollen, müssen wir sie jeweils mit Flächenstücken gleicher Größe auslegen. Dabei können verschiedene Figuren mit derselben Anzahl von Flächenstücken ausgelegt werden. Im Heft können wir zum Vergleichen die Kästchen zu Hilfe nehmen.

Können wir eine Figur mit 12 Plättchen auslegen, so sagen wir, sie hat einen **Flächeninhalt** von 12 Plättchen. Die hierbei verwendete Maßeinheit für den Flächeninhalt ist „Plättchen".

Beispiele
a) Die nebenstehenden Figuren haben alle einen Flächeninhalt von 8 Kästchen. Bei der vierten Figur mußt du aus jeweils zwei Dreiecken ein Kästchen zusammensetzen.

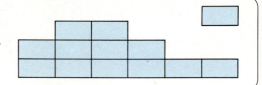

b) Die beiden Figuren kann man mit verschiedenen Plättchen auslegen, um den Flächeninhalt zu bestimmen. Man benötigt jeweils 36 kleine Dreiecke oder 9 große Dreiecke. Die Flächen werden mit der Maßeinheit „Dreieck" gemessen.

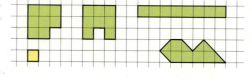

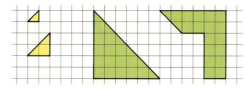

Aufgaben

3
Zeichne die Figuren in dein Heft.
Gib den Flächeninhalt der Figuren in Kästchen an.

4
Zeichne die Figuren in dein Heft. Der Flächeninhalt der Figuren soll mit halben Kästchen als Flächeneinheit angegeben werden.

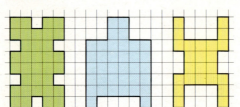

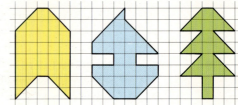

Flächen messen

5
In der Abildung siehst du ein Stück einer Bienenwabe. Die gelben Zellen sind mit Honig gefüllt. Sind mehr gefüllt oder noch leer? Schätze zuerst und zähle dann.

6
Familie Huber hat in ihrem Garten im Osten und im Westen eine Terrasse angelegt. Welche der beiden ist größer? Wie groß ist der Unterschied?

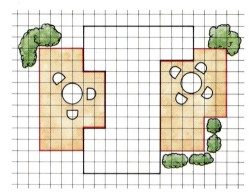

7
Auf dem Nagelbrett sind verschieden große Flächen umspannt. Zeichne in dein Heft jeweils drei weitere Flächen, die genauso groß sind.

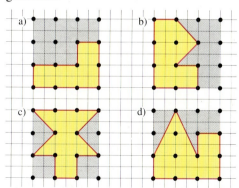

8
a) Zeichne fünf verschiedene Figuren, deren Fläche jeweils 12mal so groß ist wie ein Kästchen in deinem Heft.
b) Zeichne drei verschiedene Vierecke, deren Fläche jeweils 24mal so groß ist wie ein Kästchen in deinem Heft.

9
Zeichne die Figuren in dein Heft. Miß die Figuren in den Maßeinheiten „Dreieck", „Kästchen" und „Plättchen". Gib die Maßzahlen an.

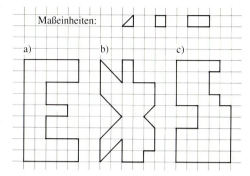

10
Wie groß sind die ausgeschnittenen Figuren?

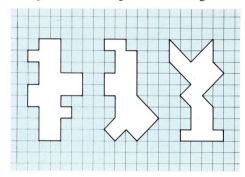

11*
a) Zeichne ein Quadrat, dessen Fläche 4mal, 9mal, 25mal so groß ist wie ein Kästchen in deinem Heft.
b) Zeichne ein Quadrat, dessen Fläche 2mal, 8mal, 18mal so groß ist wie ein Kästchen in deinem Heft.
c) Zeichne ein Dreieck, dessen Fläche 2mal, 8mal, 18mal so groß ist wie ein Kästchen in deinem Heft.

12
a) Zeichne eine Raute, deren Fläche 4mal, 12mal, 16mal so groß ist wie ein Kästchen in deinem Heft.
b) Zeichne ein Parallelogramm, dessen Fläche 2mal, 8mal, 18mal so groß ist wie ein Kästchen in deinem Heft.

5 Flächeneinheiten

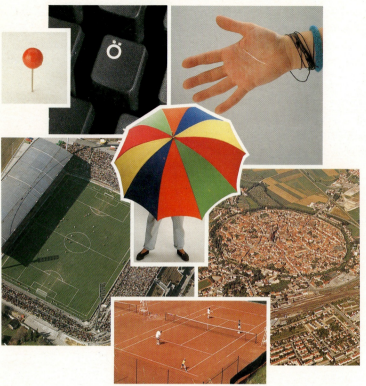

1
Wie viele Kinder finden auf einem Quadrat mit einer Seitenlänge von 1 m Platz? (Betrachte die Abbildung auf Seite 151.) Probiert es in der Klasse einmal selber aus.

Wenn verschiedene Flächen verglichen werden, muß mit denselben Maßeinheiten gemessen werden. Eine der heute üblichen **Flächeneinheiten** ist der **Quadratmeter (m^2)**, das ist der Flächeninhalt eines Quadrates mit der Seitenlänge 1 m.

Du siehst, daß hundert Quadratmillimeter (mm^2) einen Quadratzentimeter (cm^2) ergeben. Hundert Quadratzentimeter ergeben einen Quadratdezimeter. Die Umwandlungszahl bei Flächeneinheiten ist 100.

1 cm² ■ 1 mm²

Seitenlänge des Quadrates	1 km	100 m	10 m	1 m	1 dm	1 cm	1 mm
Flächeneinheit	Quadratkilometer	Hektar	Ar	Quadratmeter	Quadratdezimeter	Quadratzentimeter	Quadratmillimeter

$$1 \text{ km}^2 = 100 \text{ ha}$$
$$1 \text{ ha} = 100 \text{ a}$$
$$1 \text{ a} = 100 \text{ m}^2$$
$$1 \text{ m}^2 = 100 \text{ dm}^2$$
$$1 \text{ dm}^2 = 100 \text{ cm}^2$$
$$1 \text{ cm}^2 = 100 \text{ mm}^2$$

Beispiele

a) Vier Kästchen im Quadratgitter deines Heftes haben den Flächeninhalt 1 cm^2.

b) Ein Rechteck mit den Seitenlängen 10 cm und 1 cm hat den Flächeninhalt 10 cm^2.

c) Ein Blatt in einem DIN A 4-Heft hat etwa einen Flächeninhalt von 6 dm^2. Es passen also 600 Einheitsquadrate hinein, von denen jedes eine Seitenlänge von 1 cm hat.

d) $5 \text{ cm}^2 = 500 \text{ mm}^2$
$950 \text{ dm}^2 = 9 \text{ m}^2 \, 50 \text{ dm}^2$

Bemerkung: Hektar und Ar werden als Flächeneinheiten für Grundstücke, Wiesen und Äcker verwendet.
In Quadratkilometern werden die Flächen von Staaten und großen Seen angegeben.
Für Zimmergrößen benutzt man Quadratmeter.

Flächeneinheiten

Auch bei den Flächenmaßen hilft eine Stellenwerttafel bei Umwandlungen und der **Kommaschreibweise**.

km²		ha		a		m²		dm²		cm²		mm²	
Z	E	Z	E	Z	E	Z	E	Z	E	Z	E	Z	E
				5,	3	2	1	4					
				5	3	2,	1	4					
				5	3	2	1	4					

5,3214 a = 5 a 32 m² 14 dm²
532,14 m² = 532 m² 14 dm²
53 214 dm²

Beim Umwandeln in die nächstkleinere Einheit verschiebst du das Komma um zwei Stellen nach rechts.

Beispiele
e) 6,4215 ha = 642,15 a = 64 215 m²
f) 29,8640 m² = 2 986,40 dm² = 298 640 cm²
g) 5 dm² 6 cm² 12 mm² = 5,0612 dm² = 506,12 cm² = 50 612 mm²
Beachte: Die Null hat eine große Bedeutung für den Stellenwert.

Aufgaben

2
Früher gab es entsprechend zu den verwendeten Längeneinheiten auch die Flächeneinheit „1 Quadratfuß".
a) Wie groß war wohl diese Einheit?
b) Kannst du selbst noch ähnliche Maßeinheiten erfinden?

3
Hier sind die Maße vertauscht worden. Schreibe jeweils die richtigen Angaben in dein Heft.

Wandtafel	6 cm²
Fußballplatz	6 dm²
Briefmarke	2 m²
Paßbild	40 m²
Klassenzimmer	1 ha
Heft	16 cm²

4
Welche Flächeneinheit würdest du verwenden, um die Größe folgender Flächen anzugeben?
a) Geldschein, Foto, Postkarte
b) Waldstück, Hafengelände
c) Steinhuder Meer, Niedersachsen
d) Plakat, Pin-Wand
e) Kinderzimmer, Gemüsebeet, Teppich
f) Fingernagel, Mosaiksteinchen

5
Verwandle in die nächstkleinere Einheit:
a) 4 m²; 12 cm²; 7 ha; 125 dm²
b) 20 cm²; 406 a; 99 ha; 103 km²
c) 6,25 ha; 23,41 m²; 9,8 cm²

6
Wandle um.
Beispiel: 98 500 m² = 985 a = 9 ha 85 a
a) 27 500 cm²   b) 79 800 mm²
c) 17 000 a   d) 5 870 m²
e) 653 000 m²   f) 999 ha
g) 95 000 ha   h) 9 009 m²

7
Schreibe in
a) m²: 12 a; 400 dm²; 250 a; 9 ha; 3 a 40 m²; 1 ha 5 a; 12 ha 502 m²
b) cm²: 4 dm²; 5 m²; 900 mm²; 5 dm² 33 cm²; 1 034 dm²; 5 dm² 5 cm²
c) dm²: 5m²; 6 a; 500 cm²; 6 m² 15 dm²; 12 m² 3 dm²; 8 m² 8 dm².

8
Schreibe in der kleineren der beiden Einheiten.
a) 12 a 45m²; 9 km² 30 ha; 2 m² 14 dm²
b) 27 ha 12 a; 10 dm² 5 cm²; 8 cm² 8 mm²
c) 70 km² 1 ha; 200 a 2 m²; 1 m² 1 cm²

Flächeneinheiten

9 Setze <, > oder = ein.
a) 5 a 66 m² ☐ 560 m²
b) 15 m² 5 dm² ☐ 1550 dm²
c) 7 ha 7 a 7 m² ☐ 7777 m²
d) 8,92 dm² ☐ 89,2 cm²

10 Schreibe ohne Komma.
a) 1,5 m²; 12,7 m²; 350,65 m²
b) 1,7 a; 6,5 a; 7,12 a
c) 6,7 cm²; 5,05 cm²; 50,5 cm²
d) 1,5 dm²; 7,05 dm²; 6,42 dm²

11 Ergänze in deinem Heft.
a) 12,52 m² = 12 ☐ 52 dm²
b) 6,5 dm² = 6 dm² ☐ cm²
c) 12 ☐ 5 ☐ = 12,05 a
d) 1,225 ☐ = ☐ km² 22 ha ☐ a

12
a) 7 cm² 12 mm² + 14 cm² 49 mm²
b) 4 a 46 m² + 42 a 53 m²
c) 12 m² 25 dm² + 34 m² 77 dm²
d) 9 km² 99 ha + 99 km² 9 ha
e) 36 cm² 49 mm² − 23 cm² 12 mm²
f) 14 ha² 37 a − 8 ha 74 a

13 Familie Hauser sucht eine neue Wohnung. In der Zeitung entdecken sie ein passendes Angebot. Wie groß ist die Wohnung?

Wohnung zu vermieten
Wohnzimmer: 26,40 m²,
Schlafzimmer: 12,80 m²,
Kinderzimmer: 14,70 m² und 15,20 m².
Bad: 8,60 m²,
Küche: 14,50 m²,
Flure: 9,60 m².

14 Wieviel fehlt noch bis zu
a) 1 m²: 90 dm²; 1 dm²; 37 dm²; 200 cm²; 50 dm² 50 cm²
b) 1 ha: 36 a; 1 a; 400 m²; 30 a 40 m²; 1 m²; 1 a 10 m²

15 Berechne.
a) 5 · 14 m²   b) 48 ha : 6   c) 900 a : 30 a;
   8 · 27 cm²   90 m² : 3   100 m² : 5 m²
   18 · 11 ha   120 dm² : 8   74 m² : 12 m²

16 Wandle bei folgenden Rechnungen die Größen zunächst in die kleinste Einheit um.
a) 4 m² 35 dm² · 5   10 dm² 5 cm² · 8
b) 3 ha 99 m² · 6   5 cm² 15 mm² · 5
c) 6 ha 40 a : 4   1 km² 12 ha : 7 ha
d) 2 a 10 m² : 70 m²   4 a 84 m² : 11 m²

17 Am See wird ein Vogelschutzgebiet errichtet. Von den 38 Eigentümern der Stücke am See muß jeder etwa 8 a 35 m² abtreten. Wie groß wird das Schutzgebiet?

18 Frau Hauser will in der Garderobe eine 3,12 m² große Fläche mit Spiegelfliesen bekleben. Wie viele benötigt sie, wenn eine Spiegelfliese 6 dm² groß ist?

19 Die Kinderzimmer sollen einen Bodenbelag aus Kork bekommen. Peters Zimmer ist 12,40 m² groß. Petra hat ein 13,70 m² großes Zimmer und René hat 14,10 m². Wieviel m² Korkfliesen müssen eingekauft werden?

20* Auf einem landwirtschaftlichen Versuchsgut wurden zwei Äcker mit zwei verschiedenen Kartoffelsorten bepflanzt. Der eine Acker hat eine Fläche von 36 a und brachte einen Ertrag von 9000 kg Kartoffeln, der andere Acker war 30 a groß und brachte 8100 kg Kartoffeln. Welche Sorte war die ertragreichere?

6 Flächeninhalt des Rechtecks

1
Jutta und Jens haben Plätzchen gebacken. Der kleine Peter hat schon einige vom Blech genascht. Wie viele waren auf dem Blech?

2
Zeichne in dein Heft ein Rechteck, das 8 cm lang und 5 cm breit ist. Zerlege es in rechteckige Streifen von jeweils 1 cm Breite. Auf wie viele verschiedene Arten kannst du das Rechteck zerlegen? Wie groß ist jeweils der Flächeninhalt eines Streifens? Wie groß ist der Flächeninhalt des gesamten Rechtecks?

Den Flächeninhalt eines Rechtecks können wir leicht bestimmen, wenn wir das Rechteck in Streifen zerlegen, die aus Einheitsquadraten bestehen.

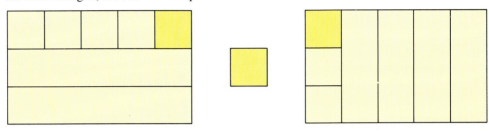

Drei Streifen mit jeweils 5 Einheitsquadraten (z. B. 1 cm^2) ergeben denselben Flächeninhalt von 15 Einheitsquadraten wie die Berechnung über das Zerlegen des Rechtecks in fünf Streifen mit jeweils 3 Einheitsquadraten.

> Die Maßzahl des Flächeninhalts eines Rechtecks ist gleich dem Produkt aus den Maßzahlen der beiden Seitenlängen, wenn diese in derselben Maßeinheit angegeben sind.
> Kurz: **Flächeninhalt** gleich Länge mal Breite.
>
> Die Maßeinheit des Flächeninhalts ergibt sich aus den Längeneinheiten.

Beispiele

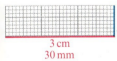

a) Ein Rechteck mit den Seitenlängen 8 cm und 13 cm hat einen Flächeninhalt von $8 \cdot 13$ cm^2 = 104 cm^2.
b) Ein Rechteck ist 3 cm lang und 8 mm breit. Die Länge von 3 cm wird in 30 mm umgewandelt. Der Flächeninhalt beträgt dann $30 \cdot 8$ mm^2 = 240 mm^2 = 2,40 cm^2.
c) Von einem Rechteck kennt man eine Seitenlänge 5 m und den Flächeninhalt 45 m^2. Die andere Seitenlänge beträgt dann 9 m, weil $5 \cdot 9$ m^2 = 45 m^2.

Aufgaben

3
Miß Länge und Breite einer Seite in deinem Heft und berechne den Flächeninhalt. Wiederhole diese Messungen für eine Seite in deinem Buch und berechne dann den Flächeninhalt einer Buchseite in deinem Mathematikbuch.

4
a) Welchen Flächeninhalt hat ein Rechteck, das du aus allen Blättern deines Mathematikbuchs erhältst?
b) Berechne, ob du mit den Seiten einer großen Tageszeitung das Klassenzimmer auslegen kannst.

Flächeninhalt des Rechtecks

5
Berechne die Flächeninhalte der Rechtecke mit folgenden Seitenlängen:
a) 7 cm; 11 cm b) 32 m; 17 m
c) 2 m; 70 cm d) 90 mm; 8 cm
e) 3 m 5 dm; 1 m 3 dm f) 4,3 dm; 67 cm

6
Miß zu Hause die Seitenlängen der verschiedenen Zimmer aus und berechne den Flächeninhalt. Welche Zimmer zusammen ergeben die Größe des Klassenzimmers?

7
Suche jeweils die Länge der anderen Seite eines Rechtecks.

	a)	b)	c)	d)
Länge 1. Seite	3 m	14 cm	5 dm	60 m
Flächeninhalt	60 m²	126 cm²	5 m²	3 ha

8
Ein Fußballfeld muß mindestens 90 m lang und 45 m breit sein. Es darf höchstens 120 m lang und 90 m breit sein.
Berechne den Flächeninhalt des kleinsten und des größten Spielfeldes.

9
Zu 800. Geburtstag des Hamburger Hafens bemalte eine Künstlergruppe eine 15 m hohe und 260 m lange Außenwand eines Docks einer Schiffswerft. Wie groß ist das Gemälde?

10
Familie Jürgens und Familie Maurer haben Grundstücke folgender Form.
Welches hat den größeren Flächeninhalt?

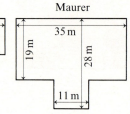

11*
Der Garagenvorplatz soll mit rechteckigen Rasensteinen gepflastert werden. Die Steine sind 24 cm lang und 12 cm breit. Wieviel Steine werden benötigt, wenn der Platz 8 m lang und 3 m breit ist?

12*
Familie Raiser will einen Bauplatz kaufen. Sie haben folgende Angebote:
A: Länge 20 m, Breite 25 m; 70 000 DM
B: Länge 21 m, Breite 25 m; 68 500 DM
C: Länge 35 m, Breite 24 m; 84 000 DM
Wieviel kostet jeweils 1 m²?

13
Wie groß ist ein Hektar? Auf dem Schulhof oder dem Sportplatz könnt ihr Rechtecke abstecken, deren Fläche ein Hektar groß ist. Wie schnell kannst du außen herum laufen?

Das größte schwimmende Kunstgemälde, *Kunstprojekt Dock 10*, schuf der heute in Hamburg lebende Berliner Künstler Roland C. Stegemann zum 800. Geburtstag des Hamburger Hafens. Vom 7. Dezember 1988 bis zum 7. Mai 1989 malte eine Künstlergruppe ein 260 m langes Panoramagemälde auf eine stählerne Außenwand eines Docks bei Blohm & Voss. Rund 5 000 l Schiffslack-Farbe wurden für die 15 m hohe Dockbemalung verbraucht.

7 Zusammengesetzte Sachaufgaben

1
Die beiden Kinderzimmer in der Wohnung von Familie Lutz sollen mit Teppichboden ausgelegt werden. Hartmuts Zimmer ist 5 m lang und 4 m breit, Beates Zimmer ist 4,50 m lang und 4 m breit. Für 1 m² werden 65 DM berechnet. Wie hoch wird die Rechnung für beide Zimmer zusammen?

2
In einer kleinen Tierschau sind drei Elefanten, zwei Nashörner, ein Zebra und zwei Esel. Ein Elefant frißt 60 kg Heu am Tag, ein Nashorn 50 kg, das Zebra 5 kg und ein Esel 4 kg. Reichen 2 t Heu als Vorrat für eine Woche?

Bei Sachaufgaben, in denen verschiedene Berechnungen mit verschiedenen Rechenarten vorkommen, mußt du genau auf die Reihenfolge der einzelnen Rechenschritte achten. Erinnere dich an die Rechenregel „Punkt vor Strich" und an die Regeln für Klammern.

Plan für das Lösen von zusammengesetzten **Sachaufgaben**:
Lies zunächst die ganze Aufgabe sorgfältig durch.
1. Schreibe die gegebenen und die gesuchten Größen übersichtlich heraus.
2. Erstelle einen Plan für die Rechenschritte.
3. Schätze das Ergebnis mit einem geschickten Überschlag.
4. Führe die Berechnungen nach deinem Plan durch.
5. Vergleiche das Ergebnis mit deiner Schätzung und formuliere den Ergebnissatz.

Beispiele
a) Familie Fröhlich hat ein Jahr lang für eine Urlaubsreise nach Dänemark gespart. Jeden Monat haben die Eltern 250 DM in die Urlaubskasse gelegt. Die vier Kinder haben jeweils 52 DM dazu verdient. Die Fahrt- und Pensionskosten betragen 1 750 DM. Wieviel Geld bleibt noch als Taschengeld übrig?

1. gegeben: gespartes Geld:
   12 mal 250 DM
   4 mal   52 DM   Kosten: 1 750 DM

   gesucht: Höhe des Taschengeldes

2. Rechenbaum
   als Lösungshilfe für den Plan:

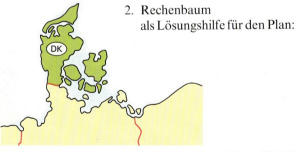
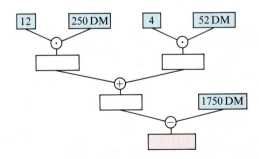

3. Schätzen: Ungefähr 1 500 DM

4. Rechnungen: 250 DM · 12   52 DM · 4   3 000 DM   3 208 DM
                 ─────────   ────────   + 208 DM   − 1 750 DM
                   3 000 DM   208 DM   ─────────   ─────────
                                                 3 208 DM   1 458 DM

5. Ergebnis: Es bleiben 1 458 DM übrig.

Zusammengesetzte Sachaufgaben

b) Von einer 2,96 m langen Holzlatte sollen zwei 55 cm lange Stücke abgesägt werden und weitere sechs gleich lange Teilstücke. Wie lang wird jedes dieser Teilstücke?

1. gegeben: Gesamtlänge 2,96 m = 296 cm
   2 Stücke je 55 cm und 6 gleich lange Teilstücke
   gesucht: Länge eines Teilstücks.

2. Skizze als Lösungshilfe:

   Plan: Länge der beiden 55-cm-Stücke
   Länge der Holzlatte ohne die beiden 55-cm-Stücke
   Länge jedes der 6 kleinen Stücke

3. Schätzen: Ungefähr 30 cm

4. Rechnungen:

   $\quad\quad\quad\quad\underline{55 \text{ cm} \cdot 2}$ $\quad\quad$ 296 cm $\quad\quad$ 186 cm : 6 = 31 cm
   $\quad\quad\quad\quad\quad 110 \text{ cm}$ $\quad\quad$ $\underline{-110 \text{ cm}}$ $\quad\quad$ $\underline{18}$
   $\quad\quad\quad\quad\quad\quad\quad\quad\quad\quad\quad\quad$ 186 cm $\quad\quad\quad$ 06
   $\quad\quad\quad\quad\quad\quad\quad\quad\quad\quad\quad\quad\quad\quad\quad\quad\quad\quad\quad\underline{6}$
   $\quad\quad\quad\quad\quad\quad\quad\quad\quad\quad\quad\quad\quad\quad\quad\quad\quad\quad\quad0$

5. Ergebnis: Ein Teilstück wird 31 cm lang.

Aufgaben

3
Eine Klasse mit 26 Schülerinnen und Schülern hat 112 DM in der Klassenkasse. Sie wollen eine Ausstellung besuchen. Eine Karte kostet 4,50 DM. Können sie alle Karten mit dem Geld aus der Klassenkasse bezahlen? Wieviel Geld fehlt noch?

4
In einer Schule sind 22 Klassenzimmer. In jedem Klassenzimmer sollen 14 Tische und doppelt soviel Stühle stehen. Es wurden 310 Tische und 630 Stühle bestellt. Wie groß ist die Reserve an Tischen und Stühlen?

5
Auf dem Plakat des Obstgeschäftes siehst du die Preise für Äpfel, Birnen, Pflaumen und Kiwis.
a) Jan kauft 3 kg Äpfel, 3 Pfund Birnen, ein halbes Pfund Pflaumen und 5 Kiwis. Wieviel muß er bezahlen?
b) Friederike kauft zwei Pfund Äpfel, 10 Kiwis und je 3 kg Pflaumen und Birnen. Sie bezahlt mit einem 50-DM-Schein.

Äpfel 1 kg 2,40 DM
Pflaumen 1 Pfund 1,70 DM
Birnen 1 kg 2,90 DM
Kiwis 1 Stück 49 Pf

6*
Formuliere für die folgenden Textaufgaben selbst Fragen und beantworte sie.
a) In einem Wohnblock sind 36 Wohnungen. Die Monatsmiete für eine Wohnung beträgt 650 DM. Zu jeder dritten Wohnung gehört eine Garage. Die Monatsmiete für eine Garage beträgt 35 DM.
b) In einer Wohnung wird Teppichboden verlegt. Der Teppichboden kostet insgesamt 1035 DM, die Teppichbodenleisten 144 DM. Es waren 45 m² Teppichboden und 32 m Teppichbodenleisten.

7
Welche Angabe fehlt jeweils?
a) Herr Bell hat zweimal jeweils 45 l Benzin getankt. Was bekommt er zurück, wenn er mit einem 100-DM-Schein bezahlt?
b) Ein Kaufmann verkauft Radios für 98 DM das Stück. Wieviel DM Gewinn erzielt er, wenn er insgesamt 1 470 DM eingenommen hat?
c) Petra will eine 4 m lange und 2,50 m hohe Wand in ihrem Zimmer streichen. Kommt sie mit 3 kg Farbe aus?

Zusammengesetzte Sachaufgaben

8
Ein Briefträger legt täglich eine Strecke von etwa 8 km zurück. Er trägt seine Post an 275 Tagen im Jahr aus.
a) Welche Strecke hat er nach 20 Dienstjahren insgesamt zurückgelegt?
b) Die Erde hat einen Umfang von ungefähr 40 000 km. Wie weit wäre der Briefträger in den 20 Jahren gekommen? Einmal um die Erde oder mehr?

9
Familie Neumann hat ein Baugrundstück erworben. Es ist 18 m lang und 14 m breit. Das Haus soll 12 m lang und 8 m breit werden.
a) Wieviel Fläche bleibt für Garten, Garage und Vorplatz übrig?
b) Die Garage ist 3 m breit und 5 m lang. Der Vorplatz nimmt 7 m² Fläche ein. Wieviel m² Fläche bleiben für den Garten?

10

Ein Radwanderweg, der ganz Schweden von Süd nach Nord durchquert, ist 2 574 km lang und in 26 Etappen unterteilt.
a) Wie lang ist eine der 26 Etappen?
b) Wie lange dauert eine Radtour durch ganz Schweden, wenn eine Etappe in 5 Tagen zurückgelegt wird?
c) Wie viele Kilometer haben die Radfahrer nach 3 Etappen zurückgelegt?

11
Frau Bacher kauft eine Stereoanlage für 2 360 DM. Sie zahlt 1 800 DM an, den Rest in 8 gleich großen Monatsraten. Wieviel DM muß sie monatlich bezahlen, wenn sie für den Ratenkauf zusätzlich 20 DM bezahlt?

12*
Für einen Klassennachmittag kaufen Petra, Paul, Simone und Egon ein. Petra hat 12 Flaschen Limonade für 1,40 DM die Flasche geholt; Paul besorgt 30 Brezeln für 50 Pfennig das Stück; Simone kauft 5 Tüten Süßigkeiten für jeweils 3,85 DM und Egon hat für Dekoration einmal 5,30 DM und einmal 3,65 DM ausgegeben. Die gesamten Kosten sollen auf alle Personen verteilt werden. Wieviel muß jeder bezahlen, wenn die Klasse 25 Schülerinnen und Schüler hat?

13*
Der größte Lebkuchen, der je gebacken wurde, war 217 m lang und 54 cm breit. Folgende Zutaten wurden verbraucht: 500 kg Mehl, 200 l Milch, 360 kg Honig, 300 kg Haselnüsse, 250 kg Walnüsse, 400 kg Zitronat und Orangeat und 35 l Kirschwasser.
a) Wie groß war das Gesamtgewicht? (Nimm an, daß 1 l Flüssigkeit 1 kg wiegt.)
b) Wie viele Stücke von 20 cm Länge und 9 cm Breite konnte man abschneiden?
c) Wie schwer war ein Lebkuchenstück?

8 Vermischte Aufgaben

1
Ordne folgende Längen richtig zu:
1 mm; 5 mm; 4 cm 5 mm; 2 dm 4 cm; 37 cm; 8 dm; 4 m; 161 m; 1 360 km.
Länge eines Strohhalms: ☐
Dicke einer Münze: ☐
Höhe des Ulmer Münsters: ☐
Länge eines Autos: ☐
Höhe einer Buchseite: ☐
Länge des Rheins: ☐
Länge eines Marienkäfers: ☐
Länge eines Spazierstocks: ☐
Länge eines Streichholzes: ☐

2
Wandle jeweils in eine gemeinsame Maßeinheit um und vergleiche die beiden Längen, indem du das Zeichen =, < oder > richtig einsetzt.
a) 12 cm 5 mm ☐ 11 cm 9 mm
b) 3 m 5 dm ☐ 35 dm
c) 6 km 50 m ☐ 6 500 m
d) 56,4 m ☐ 560 dm 30 cm
e) 2 km 680 m ☐ 2 680,1 km
f) 18 688 m ☐ 180 km 68 m
g) 210 500 cm ☐ 21 km 50 m

3
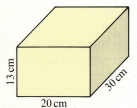
Petra möchte die Kanten eines Kartons mit Klebeband verstärken. Wieviel Zentimeter Klebeband benötigt sie?
Die Maße des Kartons kannst du aus der Skizze ablesen.

4
a) Aus einer Seitenlänge eines Quadrates kann man den Flächeninhalt berechnen. Rechne für folgende Seitenlängen:
7 cm; 3 dm 5 cm; 2,8 m.
b) Aus dem Flächeninhalt eines Quadrats kann man die Seitenlänge berechnen. Wie lang sind die Seiten jeweils für folgende Flächeninhalte:
25 mm^2; 36 dm^2; 121 m^2; 16 a.

5
Was ist mehr?
a) 1 km 100 m 10 dm 10 cm oder 1,11 km?
b) 2,0202 km^2 oder 2 km^2 2 ha 2 m^2?

6
Ergänze die Tabelle für Rechtecke:

Länge	12 m		21 dm	
Breite		95 cm		4 mm
Umfang	30 m	430 cm	5 m	6,2 cm

7
Bestimme den Umfang jeder Figur.

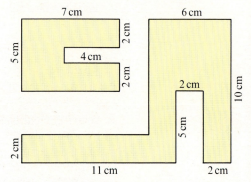

8
Der Umfang verschiedener Rechtecke beträgt jeweils 40 cm.
Du kannst ausrechnen, wie lang die 2. Seite ist, wenn die Länge der 1. Seite gegeben ist.
a) 5 cm   b) 8 cm
c) 10 cm   d) 15 cm

9
Die Seitenlängen eines Rechtecks betragen 8 cm und 6 cm.
Wie verändert sich der Umfang, wenn
a) beide Seitenlängen verdoppelt werden?
b) beide Seitenlängen halbiert werden?
c) eine Seitenlänge verdoppelt, die andere beibehalten wird?
d) eine Seitenlänge halbiert, die andere beibehalten wird?
e) eine Seitenlänge verdoppelt, die andere halbiert wird?

10*
Ein Schäfer hat 10 Hürden, mit denen er einen Zaun um seine Schafherde ziehen kann. Eines Tages mußte er die doppelte Anzahl von Schafen hüten. Er nahm zwei Hürden dazu und hatte plötzlich doppelt so viel Platz. Probiere es mit Streichhölzern.

Vermischte Aufgaben

11
Eine große Buche hat etwa 180 000 Blätter. Die Blattfläche beträgt etwa 22 cm².
Ein Apfelbaum hat etwa 20 000 Blätter, deren Flächeninhalt je 18 cm² beträgt.
a) Wie groß ist jeweils die Gesamtoberfläche der Blätter?
b) Vergleiche die Ergebnisse für die Buche und den Apfelbaum.
c) Welche Flächen in deiner Umgebung haben eine ähnliche Größe?

12
a) Ein Grundstück ist 6 a 40 m² groß. Was kostet es, wenn der Preis für einen Quadratmeter 238 DM beträgt?
b) Familie Busch kann 250 000 DM für einen Bauplatz ausgeben. Der Platz ist 4 a 30 m² groß.
Kann sie den Platz kaufen, wenn der Quadratmeter 580 DM kosten soll?

13
Mit der Kreis- und Freizeitkarte im Maßstab 1 : 100 000 plant Familie Hartmann einen Fahrradausflug. Mit einem Faden haben sie die Strecke auf der Karte ausgelegt.
a) Wie lang ist die gesamte Strecke, wenn der Faden von Start bis Ziel 30 cm lang ist?
b) Plane selbst auf einer entsprechenden Karte solch eine Fahrt und gib die Streckenlänge auf dem Plan und in Wirklichkeit an.

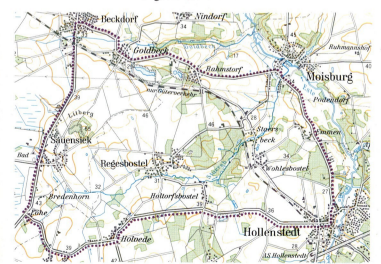

14*
Familie Eberhardt will sich eine Eigentumswohnung kaufen. Zur Planung findet sie in der Anzeige einen Plan im Maßstab 1 : 250. Wie groß sind die Zimmer wirklich?

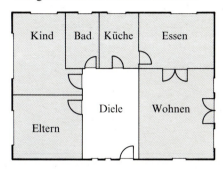

15*
Ortspläne haben häufig den Maßstab 1 : 15 000.
a) Ortsanfang und Ortsende sind in Ost-West-Richtung auf dem Plan 26 cm voneinander entfernt, in Nord-Süd-Richtung sind es 34 cm. Wie groß sind die Entfernungen in Wirklichkeit?
b) Zwei Freunde wohnen in Luftlinie 4,5 km voneinander entfernt. Wie lang ist diese Strecke auf dem Plan?

16*
Auf einer alten Schiffskarte sind die Entfernungen in Seemeilen angegeben. Auf unserer Karte im Buch entspricht 1 cm fünf Seemeilen. Gib die Entfernungen der drei Inseln vom Hafen und die Entfernungen untereinander in Seemeilen an.

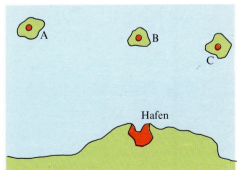

Eine Seemeile entspricht 1 852 m. Rechne die Entfernungen in km um.

DAS NEUE

Vater hat versprochen, daß während der kommenden Sommerferien Marens Zimmer renoviert werden soll: ein neuer Fußbodenbelag, neue Tapeten und eine große Pinnwand für ihre Poster sind geplant.
Er schlägt vor, daß sie ihm bei der Planung hilft.

2
Für den Kauf des Teppichbodens berechnet Maren die Fläche des Fußbodens.

3
Außerdem werden Fußleisten benötigt. Bestimme, wieviel Meter Leiste gekauft werden müssen.

4
Die Fußleisten werden mit Schrauben an der Wand befestigt. Wie viele Schrauben müssen mindestens gekauft werden, wenn alle 40 cm eine benötigt wird?

1
Maren ist begeistert und überrascht ihren Vater schon nach kurzer Zeit mit einer Grundrißskizze ihres Zimmers.
a) Welche Länge und welche Breite hat das Zimmer?
b) Gib die Breite der Tür und die des Fensters an.
c) Welche Abmessungen haben das Bett, der Schrank und der Schreibtisch?

Maßstab 1 : 50 (1 cm in der Skizze entspricht 50 cm in der Wirklichkeit)

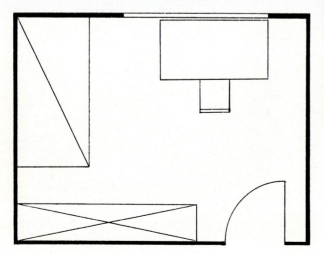

5
Um zu wissen, wieviel Tapete gekauft werden muß, mißt Maren die Höhe ihres Zimmers. Sie liest ab: 2,50 m. Hilf ihr bei der Berechnung der Wandflächen, die mit Tapete beklebt werden sollen. Für die Tür und das Fenster werden ca. 6 m^2 abgezogen.

ZIMMER

Zum Einkauf der benötigten Materialien fahren Maren und ihr Vater zu einem Baumarkt.

6
Im Baumarkt gibt es Fußleisten in zwei unterschiedlichen Längen: 2,50 m und 3,00 m.
a) Wie viele Leisten jeder Sorte müssen Maren und ihr Vater kaufen, damit möglichst wenig Abfall anfällt?
b) Die kurzen Leisten kosten 7,10 DM, die langen 9,75 DM.
Gib die Gesamtkosten für die benötigten Fußleisten an.

9
Maren möchte gerne ihre gesammelten Pferdeposter an die Zimmerwand heften können. Dazu sucht sie sich 10 Korkplatten von 60 cm Länge und 30 cm Breite aus, die zu einer großen Pinnwand zusammengestellt werden.
a) Wie werden Maren und ihr Vater die Platten wohl an die Wand anbringen, um möglichst viele ihrer Poster von 40 cm Länge und 30 cm Breite unterzubringen?
b) Wie viele Poster haben Platz?
c) Pro Korkplatte sind 2,10 DM zu zahlen.

10
Für den Teppichboden werden einschließlich Kleber 440 DM berechnet; die Schrauben für die Fußleisten kosten 7,50 DM. Hilf Maren, in einer Tabelle alle Kosten für die Zimmerrenovierung aufzulisten und berechne die Summe.

	Wandfarbe:	
15	1-Eimer für 75-90 m²	51,95 DM
10	1-Eimer für 50-60 m²	36,30 DM
5	1-Eimer für 25-30 m²	19,95 DM
2,5	1-Eimer für 12-15 m²	11,50 DM

7
Eine Rolle Rauhfasertapete ist circa 30 m lang und 50 cm breit.
a) Berechne die Fläche, die mit einer Rolle Tapete tapeziert werden kann.
b) Wie viele Rollen Tapete benötigt Maren für ihr Zimmer?
c) Pro Rolle müssen 15,50 DM gezahlt werden.

8
Während die Zimmerdecke nur einmal gestrichen werden soll, müssen die tapezierten Wände zweimal bearbeitet werden.
a) Für welche Fläche muß Farbe gekauft werden?
b) Es soll nicht zuviel Farbe gekauft werden. Wieviel DM sind aufzubringen?

Rückspiegel

1
Wandle in die in Klammern angegebene Maßeinheit um:
a) 1 700 mm (dm)   d) 4 m 17 cm (cm)
b) 56 ha (a)   e) 12 dm 7 cm (cm)
c) 780 dm (cm)   f) 5 cm 63 mm (mm)

2
a) Schreibe ohne Komma:
3,50 m; 2,7 km; 5,2 a; 0,75 dm²
b) Schreibe mit Komma:
3 km 125 m; 17 km 17 m; 2 a 35 m²;
5 ha 2 a; 3 m² 5 dm²; 1 m² 1 cm²

3
Wandle beide Größen in eine gemeinsame Maßeinheit um und setze das entsprechende Zeichen „ < " „ = " oder „ > ".
a) 5 m 3 dm   □ 50 dm 33 cm
b) 6 a 15 m²   □ 610 m² 50 dm²
c) 2 m 37 dm   □ 2,362 m

4
Berechne und wandle, wenn möglich, in die gemischte Schreibweise um:
Beispiel: 1 436 cm = 14 m 3 dm 6 cm
a) 148 cm + 436 cm + 946 cm
b) 12 m 4 dm + 23 m 5 dm + 5 m 6 cm
c) 380 m² + 3 a 99 m² + 7 a 72 m²
d) 230 ha − 98 ha 98 a

5
Berechne Umfang und Flächeninhalt der Rechtecke mit folgenden Maßen.

	a)	b)	c)
Länge	17 cm	125 km	32 m
Breite	9 cm	32 km	21 m
	d)	e)	f)
Länge	4 m 3 dm	5 dm 7 cm	2,6 m
Breite	2 m 9 dm	125 mm	1,3 dm

6
Vier Freunde planen eine Fahrradtour. Sie wollen 7 Tage unterwegs sein. Jeden Tag werden durchschnittlich 54 km zurückzulegen sein. Wieviel km müssen die Freunde täglich fahren, wenn sie die Gesamtstrecke in 6 Tagen schaffen wollen?

7
Familie Flax will ein Grundstück kaufen. Es ist 32 m lang und 24 m breit. Das Haus ist 14 m lang und 12 m breit.
Wieviel m² bleiben für Garten und Garage?

8
Ein rechteckiges Zimmer ist 5 m lang. Es ist mit 20 m² Teppichboden ausgelegt worden.
a) Wie breit ist das Zimmer?
b) Wieviel m Fußleisten müssen eingekauft werden? (Tür bleibt unberücksichtigt.)

9
Berechne jeweils die wirkliche Länge.

Maßstab	Länge in der Zeichnung
a) 1 : 10 000	25 cm
b) 1 : 250 000	20 cm
c) 1 : 500	13 cm
d) 200 : 1	4 m

10
Wie lang werden die Strecken auf der Karte oder Zeichnung?

Maßstab	Länge in Wirklichkeit
a) 1 : 100 000	20 km
b) 1 : 50 000	15 km
c) 1 : 400	32 m
d) 50 : 1	3 mm

11
Welcher Maßstab wurde verwendet, wenn ein 15 m langes Haus auf der Bauzeichnung eine Länge von 7,5 cm hat?

12
Monika möchte an der Wand über ihrem Schreibtisch eine Pinnwand anbringen. Sie kauft 12 Korkplatten, die jeweils 50 cm lang und 25 cm breit sind.
a) Welche Gesamtfläche wird die Pinnwand bedecken?
b) Je nach Anordnung der Korkplatten wird die Pinnwand unterschiedliche Längen und Breiten haben. Gib dafür jeweils die Maße an.
c) Wieviel m Leiste werden jeweils für die Einrahmung der Pinnwand benötigt?

VIII Teilbarkeit natürlicher Zahlen

Leuchtturm von Pharos bei Alexandria

Pythagoras von Samos
(etwa 580
bis etwa 500 v. Chr.)

Zur Geschichte

Der regelmäßige Lauf der Sonne, des Mondes und der Sterne brachte die Menschen schon im Altertum dazu, Regelmäßigkeiten in Zahlen auszudrücken. In Zahlen verbarg sich für sie religiöse Bedeutung und geheimes Wissen. Den Zahlen wurden Eigenschaften beigelegt. Zahlen, die man durch viele Zahlen ohne Rest teilen konnte (solche Zahlen heißen Teiler), galten als „freundlich", Zahlen mit wenigen Teilern als „unheilvoll" wie die böse Sieben und die Unglückszahl Dreizehn.

Pythagoras von Samos sah in der Verwandtschaft der Zahlen 220 und 284 ein Musterbeispiel für die menschliche Freundschaft. Einen Meilenstein in der Beschäftigung mit den befreundeten Zahlen stellten die Arbeiten von Leonhard Euler (1707–1783) dar. Im Jahr 1747 veröffentlichte er eine Liste von 30 Zahlenpaaren. Das größte von Euler gefundene Zahlenpaar lautete
$3^5 \cdot 7^2 \cdot 13 \cdot 19 \cdot 53 \cdot 6959$ *und*
$3^5 \cdot 7^2 \cdot 13 \cdot 19 \cdot 179 \cdot 2087$.

Euklid von Alexandria kannte vollkommene Zahlen. Er fand auch ein noch heute übliches Rechenverfahren, mit dem sich die größte Zahl bestimmen läßt, die in zwei gegebenen Zahlen aufgeht (Seite 24).

Eratosthenes von Kyrene (um 200 v. Chr.) durchsuchte die Folge der natürlichen Zahlen auf Primzahlen; also auf solche Zahlen, die sich nicht in ein Produkt aus zwei kleineren Zahlen zerlegen lassen.

Befreundete Zahlen

220 hat die Teiler
1, 2, 4, 5, 10, 11, 20, 22, 44, 55, 110, 220.
$1+2+4+5+10+11+20+22+44+55+110 = 284$

284 hat die Teiler
1, 2, 4, 71, 142, 284.
$1+2+4+71+142 = 220$

Vollkommene Zahlen

6 hat die Teiler 1, 2, 3, 6.
$1+2+3 = 6$
28 hat die Teiler 1, 2, 4, 7, 14, 28.
$1+2+4+7+14 = 28$

Leonhard Euler
(1707 bis 1783)

$2^{137} - 1 = 174\ 224\ 571\ 863\ 520\ 493\ 293\ 247\ 799\ 005\ 065\ 324\ 265\ 471$
$\phantom{2^{137} - 1} = 32\ 032\ 215\ 596\ 496\ 435\ 569 \cdot 5\ 439\ 042\ 183\ 600\ 204\ 290\ 159$

1 Teiler und Vielfache

1
Die Klasse 6 b der M. Montessori Grundschule unternimmt eine Klassenfahrt. Herr Bauer möchte in der Klasse für die Vorbereitung Gruppen gleicher Größe bilden. Welche Möglichkeiten hat er, wenn in der Klasse 13 Schülerinnen und 11 Schüler sind?

2
Tintenpatronen werden im Schreibwarengeschäft in 6er Packungen abgegeben. Welche Anzahlen von Patronen kannst du so erhalten?

Schreiben wir die Zahl 36 als Produkt, z. B. 4·9, so wissen wir, daß 4 und 9 die Zahl 36 ohne Rest teilen. Da 36 das 9fache von 4 und das 4fache von 9 ist, ist 36 ein Vielfaches von 4 und von 9.

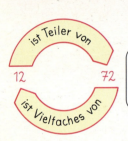

> Die Divisionsaufgabe $72 : 12 = 6$ geht ohne Rest auf.
> Wir sagen: 12 **teilt** 72; kurz geschrieben 12|72.
> Wir nennen 12 einen **Teiler** von 72, und umgekehrt 72 ein **Vielfaches** von 12.

Beispiele
a) Schreiben wir eine Zahl auf alle möglichen Arten als Produkt aus zwei Faktoren, so erhalten wir alle Teiler. Wir beginnen dabei stets mit der Zahl 1. Danach prüfen wir, ob 2, 3, ... Teiler der Zahl sind. Wir können aufhören, sobald ein Produkt auftritt, bei dem der erste Faktor mindestens so groß ist wie der zweite.

20	24	25	27
1·20	1·24	1·25	1·27
2·10	2·12	5· 5	3· 9
4· 5	3· 8		
	4· 6		

b) Multiplizieren wir die Zahl 7 nacheinander mit den natürlichen Zahlen 1, 2, 3, 4, 5, ..., so erhalten wir die Vielfachen von 7, also 7, 14, 21, 28, 35, 42, ...
Bemerkung: 5 ist z. B. kein Teiler von 24. Dafür schreiben wir kurz: 5∤24

> Sämtliche Teiler einer Zahl werden in der **Teilermenge** zusammengefaßt.
> Die Vielfachen einer Zahl werden in der **Vielfachenmenge** aufgezählt.

Beispiele
c) Für die Teilermenge der Zahl 20 schreiben wir kurz $T_{20} = \{1, 2, 4, 5, 10, 20\}$;
Für die Teilermengen der Zahlen 24, 25, 27 schreiben wir jeweils
$T_{24} = \{1, 2, 3, 4, 6, 8, 12, 24\}$; $T_{25} = \{1, 5, 25\}$; $T_{27} = \{1, 3, 9, 27\}$
d) In der Vielfachenmenge schreiben wir nur die ersten Zahlen. Die Vielfachenmenge der Zahl 7 bezeichnen wir kurz mit V_7.
$V_7 = \{7, 14, 21, 28, 35, 42, ...\}$; $V_{12} = \{12, 24, 36, 48, 60, ...\}$; $V_{24} = \{24, 48, 72, 96, 120 ...\}$

Teiler und Vielfache

Aufgaben

3
Setze die Zeichen | oder ∤ richtig ein.
a) 7 □ 63
   9 □ 82
   6 □ 56
b) 4 □ 82
   6 □ 96
   8 □ 96
c) 5 □ 95
   7 □ 84
   9 □ 69
d) 11 □ 131
   13 □ 91
   12 □ 84
e) 14 □ 84
   11 □ 121
   15 □ 75
f) 16 □ 96
   12 □ 144
   13 □ 69

4
a) Welche Zahlen sind Vielfache von 8:
24, 28, 36, 54, 58, 72, 104 ?
b) Welche Zahlen sind Vielfache von 7:
35, 47, 56, 74, 84, 91, 107 ?
c) Welche Zahlen sind Vielfache von 12:
24, 32, 48, 64, 78, 96, 112 ?
d) Welche Zahlen sind Vielfache von 16:
32, 48, 56, 64, 88, 96, 144 ?

5
Prüfe,
a) ob 14 die Zahl 112 teilt,
b) ob 173 durch 13 teilbar ist,
c) ob 156 ein Vielfaches von 12 ist,
d) ob 4 ein Teiler von 196 ist,
e) ob 119 durch 17 teilbar ist.

6
Schreibe auf alle möglichen Arten als Produkt aus zwei Faktoren.
a) 32
b) 36
c) 42
d) 48
e) 56
f) 64
g) 72
h) 81
i) 112
k) 144
l) 169
m) 225

7
Teiler würfeln!
Jeder Spieler darf zweimal mit drei Würfeln werfen.
Spielregeln:
1) Bilde aus den Augenzahlen des ersten Wurfs das Produkt.
2) Bilde aus den Augenzahlen des zweiten Wurfs möglichst viele Teiler der Zahl aus dem ersten Wurf. Dabei sind alle Rechenoperationen erlaubt.
3) Für jeden Teiler gibt es einen Punkt.

8
Bestimme die Teilermenge.
a) 18
b) 22
c) 27
d) 39
e) 45
f) 66
g) T_{44}
h) T_{52}
i) T_{63}
k) T_{61}
l) T_{72}
m) T_{112}

9
Bestimme die Vielfachenmenge.
a) 13
b) 17
c) 19
d) 23
e) 28
f) 32
g) V_9
h) V_{15}
i) V_{18}

10
Gib von jeder der folgenden Zahlen alle Vielfachen zwischen 50 und 100 an.
a) 5
b) 7
c) 9
d) 14
e) 15
f) 21

11
Um welche Vielfachenmenge handelt es sich? Setze die fehlenden Zahlen ein.
a) {8, 16, 24, 32, □, □, □, …}
b) {□, 18, 27, 36, 45, □, □, …}
c) {□, □, □, 24, 30, 36, □, …}
d) {□, 24, 36, □, □, □, □, …}
e) {□, 28, 42, 56, □, □, □, …}

12*
Um welche Teilermengen handelt es sich? Setze die fehlenden Zahlen ein.
a) {1, 2, □, □, 6, 12}
b) {□, □, 17, 51}
c) {□, 2, 3, 4, □, □, 12, 18, □}
d) {□, 3, □, □, 15, □}

13*
a) Prüfe, ob {1, 3, 4, 9, 12, 36} eine Teilermenge ist.
b) Ergänze {1, 3, 8} zu einer Teilermenge. Es gibt viele Möglichkeiten.

14*
Nenne drei Zahlen, die
a) nur zwei Teiler haben
b) nur drei Teiler haben
c) nur vier Teiler haben.

2 Teilbarkeit von Summen

1
Eine Jugendgruppe verkauft auf einem Basar Taschenbücher, das Stück für 6 DM. Am Abend zählen sie ihre Tageseinnahme. Sie kommen auf 632 DM.
Kann das stimmen?

2
Bei der Herstellung eines Buches werden in der Regel je 16 Seiten auf einen großen Bogen gedruckt. Dieser wird dann gefaltet und geschnitten, und mehrere solcher Bögen werden zu einem Buch zusammengeheftet. Aus wie vielen Bögen besteht ein Buch mit 160 Seiten, 192 Seiten, 336 Seiten?

Durch Dividieren stellen wir fest, ob eine Zahl durch eine andere ohne Rest teilbar ist oder ob ein Rest entsteht. Oft geht es jedoch einfacher. Wollen wir z. B. wissen, ob 2 135 durch 7 teilbar ist, so zerlegen wir 2 135 geschickt:

$$2\,135 : 7 = (2\,100 + 35) : 7 = 2\,100 : 7 + 35 : 7 = 300 + 5 = 305$$

Da sowohl 2 100 als auch 35 durch 7 teilbar sind, ist auch die Summe durch 7 teilbar. Auf dieselbe Art erkennen wir auch, daß $715 = 700 + 15$ nicht durch 7 teilbar ist.

> Sind in einer Summe alle Summanden durch eine bestimmte Zahl teilbar, so ist auch die Summe durch diese Zahl teilbar.
> Sind in einer Summe alle Summanden bis auf einen durch eine bestimmte Zahl teilbar, so ist die Summe nicht durch diese Zahl teilbar.

Beispiele
a) 1 648 ist durch 16 teilbar, denn $1\,648 = 1\,600 + 48$; sowohl 1 600 als auch 48 sind durch 16 teilbar.
b) 2 444 ist nicht durch 12 teilbar, denn $2\,444 = 2\,400 + 44$; zwar ist 2 400 durch 12 teilbar, nicht aber 44.
c) Große Zahlen kannst du auch in mehrere Summanden zerlegen:
$481\,272 = 480\,000 + 1\,200 + 72$; so erkennst du, daß 481 272 durch 12 teilbar ist.

Bemerkung: Eine entsprechende Regel gilt auch für Differenzen:
d) $273 = 280 - 7$; da 280 und 7 durch 7 teilbar sind, ist auch die Differenz durch 7 teilbar.

Aufgaben

3
Setze im Heft die Zeichen | oder ∤ ein.
a) 3 □ (1 800 + 21)   b) 6 □ (1 800 + 46)
c) 4 □ (4 000 + 34)   d) 8 □ (1 600 + 32)
e) 5 □ (500 + 35)   f) 15 □ (3 000 + 45)
g) 7 □ (4 200 + 49)   h) 13 □ (2 600 + 39)

4
Setze | oder ∤ ein.
a) 3 □ (42 000 + 900 + 48)
b) 6 □ (48 000 + 600 + 24)
c) 7 □ (14 000 + 800 + 91)
d) 8 □ (560 000 + 900 + 88)

Teilbarkeit von Summen

5
Welche Zahlen sind teilbar?
Zerlege geschickt in eine Summe.
a) durch 3: 54, 327, 628, 1 242, 2 705
b) durch 7: 84, 434, 727, 1 435, 2 195
c) durch 11: 121, 363, 555, 4 554, 1 331
d) durch 15: 155, 185, 465, 1 815, 4 575

6
Welche Zahlen sind teilbar?
Zerlege geschickt in eine Differenz.
a) durch 6: 56, 114, 174, 594, 5 988
b) durch 7: 64, 133, 203, 481, 6 986
c) durch 8: 76, 152, 392, 632, 7 984
d) durch 12: 108, 226, 588, 708, 1 176

7
Überprüfe durch Zerlegung.
a) 19|285   b) 11|385   c) 12|442
d) 13|676   e) 12|1 224   f) 15|1 560
g) 19|3 838   h) 31|3 844   i) 13|2 669
k) 16|1 744   l) 16|3 316   m) 17|3 451

8
Nenne drei Zahlen, die du einsetzen kannst.
a) 2|(40 + □)   b) 5|(35 − □)
c) 6|(□ + 24)   d) 4|(44 + □)
e) 10|(100 − □)   f) 20|(180 − □)
g) 15|(225 + □)   h) 25|(□ + 175)

9
Zerlege geschickt in mehrere Summanden.
a) Ist 457 590 durch 15 teilbar?
b) Teilt 12 die Zahl 9 648 144?
c) Ist 8 ein Teiler von 6 416 872?
d) Teilt 9 die Zahl 7 209 171?
e) Ist 26 039 117 durch 13 teilbar?

10
a) Bernd behauptet:

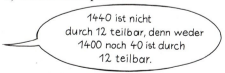

1440 ist nicht durch 12 teilbar, denn weder 1400 noch 40 ist durch 12 teilbar.

Prüfe diese Aussage.
b) Ist 4 000 + 80 durch 12 teilbar?
c) Ist 4 000 + 12 durch 8 teilbar?
d) Ist 3 400 + 20 durch 18 teilbar?

11
a) Gib die kleinste Zahl an, die man zu 1 705 addieren muß, um eine durch 17 teilbare Summe zu erhalten.
b) Welches ist die kleinste Zahl, die man von 1 705 subtrahieren muß, um eine durch 17 teilbare Differenz zu erhalten.?

12
Auf einem Sportplatz ist eine Runde 400 m lang. Bei welcher Laufstrecke fallen Start und Ziel zusammen?
a) 1 000 m   b) 3 000 m
c) 5 000 m   d) 10 000 m

13
Ein Verein mit 35 Mitgliedern mietet für 1 470 DM einen Reisebus. Vor Beginn der Fahrt sagen 5 Mitglieder ab. Wie hoch ist der Fahrpreis pro Person vorher und nachher? Rechne im Kopf.

14
Im Kindertheater kostet der Eintritt 8 DM. An welchen Tagen stimmt der Kassenbestand nicht?

	Mo	Di	Mi	Do	Fr	Sa
DM	896	860	760	984	972	912

15
An welchen Tagen lassen sich auf dem Bauernhof die Hühnereier ohne Rest auf 6er Packungen verteilen?

Mo	Di	Mi	Do	Fr	Sa	So
1 470	1 215	1 512	1 440	1 386	1 464	1 228

16

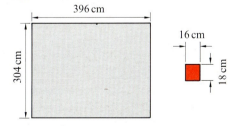

Herr Haug behauptet, er müsse Fliesen zerschneiden. Frau Haug widerspricht. Wer hat recht? Begründe.

3 Endziffernregeln

1
Frau Stein hat Ziffernkarten in den Unterricht mitgebracht. Die Schüler sollen Zahlen legen, die durch 2, durch 4, durch 2, aber nicht durch 4, durch 5 teilbar sind. Gib selbst einige Beispiele an. Kannst du eine Regel erkennen?

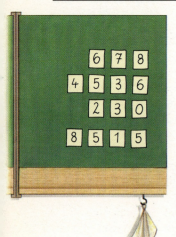

Wir können große Zahlen auch als Summen von Vielfachen der Stufenzahlen angeben:
$$5648 = 5 \cdot 1000 + 6 \cdot 100 + 4 \cdot 10 + 8$$

10, 100, 1000 und alle Vielfachen sind durch 2 teilbar. Somit genügt es festzustellen, ob die letzte Ziffer, die Endziffer, durch 2 teilbar ist.
100, 1000 und alle Vielfachen sind durch 4 teilbar. Somit genügt es festzustellen, ob die Zahl aus den letzten beiden Ziffern durch 4 teilbar ist.
1000 und alle Vielfachen sind durch 8 teilbar. Somit genügt es festzustellen, ob die Zahl aus den letzten drei Ziffern durch 8 teilbar ist.

> Eine Zahl ist nur dann
> durch 2 teilbar, wenn die **Endziffer** durch 2 teilbar ist.
> durch 4 teilbar, wenn die **zwei** letzten Ziffern eine durch 4 teilbare Zahl bilden.
> durch 8 teilbar, wenn die **drei** letzten Ziffern eine durch 8 teilbare Zahl bilden.

Beispiel
a) 5176 ist durch 2 teilbar, da 6 durch 2 teilbar ist.
   5176 ist durch 4 teilbar, da 76 durch 4 teilbar ist.
   5176 ist durch 8 teilbar, da 176 durch 8 teilbar ist.
Bemerkung: Eine Zahl, die durch 4 teilbar ist, ist stets auch durch 2 teilbar.

Alle Vielfachen von 10 haben die Endziffer 0,
alle Vielfachen von 5 haben die Endziffer 0 oder 5,
alle Vielfachen von 25 haben 00, 25, 50 oder 75 als letzte Ziffern.

> Eine Zahl ist nur dann
> durch 10 teilbar, wenn sie die Endziffer 0 hat.
> durch 5 teilbar, wenn sie die Endziffer 5 oder 0 hat.
> durch 25 teilbar, wenn sie 00, 25, 50 oder 75 als letzte Ziffern hat.

Beispiel
b) 475, 525 und 2050 sind durch 25 teilbar. 615 und 3585 sind nicht durch 25 teilbar.

Aufgaben

2
a) Welche der Zahlen sind durch 4 teilbar?
56   345   336   4216   78420
74   476   995   5319   85896
b) Welche der Zahlen sind durch 8 teilbar?
88   128   284   3408   72816
72   188   248   4568   36804

3
a) Welche der Zahlen sind durch 5 teilbar?
35   352   650   4315   48000
80   552   752   6800   62125
b) Welche der Zahlen sind durch 25 teilbar?
55   155   900   4300   76325
75   350   925   9255   29900

Endziffernregeln

4
Prüfe, ob die Zahlen durch 2, 5 oder 25 teilbar sind.
a) 50 b) 55 c) 80 d) 95
e) 115 f) 130 g) 175 h) 180
i) 375 k) 550 l) 675 m) 850
n) 1 200 o) 1 755 p) 2 450 q) 3 775

5
Prüfe, ob die Zahlen durch 4 oder 8 teilbar sind.
a) 28 b) 32 c) 76 d) 78
e) 104 f) 136 g) 150 h) 196
i) 264 k) 356 l) 496 m) 514
n) 1 248 o) 1 332 p) 1 806 q) 2 416

6
Nenne
a) alle zwischen 36 und 92 liegenden durch 4 teilbaren Zahlen,
b) alle zwischen 100 und 200 liegenden durch 8 teilbaren Zahlen,
c) alle durch 25 teilbaren dreistelligen Zahlen, die kleiner als 400 sind.

7
Wie heißt die kleinste Zahl, die
a) durch 2, 4 und 5 teilbar ist,
b) durch 2, 8 und 10 teilbar ist,
c) durch 8, 5 und 25 teilbar ist,
d) durch 4, 10 und 25 teilbar ist?

8
Suche für folgende Zahlen die nächstgrößere und die nächstkleinere durch 5 (durch 8) teilbare Zahl.
a) 66, 113, 476, 1 326, 3 858
b) 76, 208, 881, 3 567, 1 223
c) 97, 316, 786, 4 359, 5 882
d) 93, 512, 914, 5 678, 2 271

9
Setze Ziffern ein, so daß die entstehenden Zahlen
a) durch 2: 52☐, 79☐, 51☐4, 45☐☐
b) durch 4: 52☐, 73☐, 36☐6, 24☐☐
c) durch 5: 52☐, 71☐, 82☐0, 59☐☐
d) durch 25: 52☐, 77☐, 71☐5, 31☐☐
teilbar sind.

10
Setze Ziffern ein, so daß die entstehenden Zahlen
a) durch 2, aber nicht durch 4 teilbar sind:
12☐, 21☐, 30☐, 99☐, 33☐, 3☐4, 3☐6.
b) durch 5, aber nicht durch 25 teilbar sind:
12☐, 45☐, 70☐, 26☐, 27☐, 6☐, 32☐5.

11

Bilde aus den Ziffern 4stellige Zahlen,
a) die durch 4, aber nicht durch 8
b) die durch 4, aber nicht durch 25
teilbar sind.

12
Zeige an Beispielen, daß eine Zahl,
a) die durch 2 und 5 teilbar ist, auch durch 10 teilbar ist,
b) die durch 4 und 10 teilbar ist, nicht immer auch durch 40 teilbar ist. Vergleiche.

13
Welche der Zahlen 4, 5 oder 8 ist für ☐ jeweils zu setzen? Ergänze die Tabelle im Heft.

	16	20	25	50	64
teilbar durch ☐	ja	ja	…	…	…
teilbar durch ☐	…	nein	…	…	ja
teilbar durch ☐	nein	ja	…	…	…

14
Wie viele kleine Würfel mit der Kantenlänge 4 cm kann man in einem 64 cm langen, 48 cm breiten und 20 cm hohen Karton unterbringen?

15
Ist die Jahreszahl durch 4 teilbar, so ist das Jahr ein Schaltjahr. (Ausnahmen sind Hunderterzahlen, die nicht durch 400 teilbar sind, also war 1900 kein Schaltjahr.)
a) Welches sind Schaltjahre?
1648, 1700, 1884, 1993, 2000, 2028
b) Karin wurde am 29. 2. 1984 geboren. Wie oft kann sie bis zum Jahr 2018 ihren Geburtstag am „richtigen" Tag feiern?

teilbar durch	4	8	5	25
56				
92				
112				
140				
250				
280				
336				
450				
1000				
1500				

4 Quersummenregeln

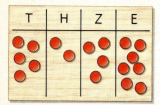

1
Lege mit 18 Spielmarken auf dem Rechenbrett drei verschiedene Zahlen. Prüfe, welche Zahlen durch 9 teilbar sind. Wiederhole die Aufgabe mit 12 Spielmarken.

2
Welchen Rest haben die Zahlen
10, 20, 30, 40, ... 100, 200, 300, 400, ... 1 000, 2 000, 3 000, 4 000 ...
bei der Division durch 9?

Wir überprüfen die Teilbarkeit durch 3 oder 9 an der Summendarstellung:

$$8646 = 8 \cdot 1000 + 6 \cdot 100 + 4 \cdot 10 + 6$$
$$= 8 \cdot 999 + 8 + 6 \cdot 99 + 6 + 4 \cdot 9 + 4 + 6$$
$$= 8 \cdot 999 + 6 \cdot 99 + 4 \cdot 9 + (8 + 6 + 4 + 6)$$

Die Zahlen 9, 99, 999 ... und ihre Vielfachen sind alle durch 3 und durch 9 teilbar. Wir brauchen also nur die Summe in der Klammer zu überprüfen.
Da $(8 + 6 + 4 + 6) = 24$ durch 3, aber nicht durch 9 teilbar ist, ist auch
8 646 durch 3, aber nicht durch 9 teilbar.
$(8 + 6 + 4 + 6) = 24$ nennen wir die **Quersumme** der Zahl 8646.

> Eine Zahl ist nur dann
> durch 3 teilbar, wenn ihre Quersumme durch 3 teilbar ist.
> durch 9 teilbar, wenn ihre Quersumme durch 9 teilbar ist.

Beispiele

a) 828 ist durch 3 und durch 9 teilbar, da die Quersumme $8 + 2 + 8 = 18$ durch 3 und durch 9 teilbar ist.
b) 7257 ist durch 3, aber nicht durch 9 teilbar, da die Quersumme $7 + 2 + 5 + 7 = 21$ zwar ein Vielfaches von 3 ist, aber kein Vielfaches von 9.
c) 2615 ist weder durch 3 noch durch 9 teilbar, denn 2615 hat die Quersumme 14.

Bemerkung: Eine Zahl ist durch 6 teilbar, wenn sie durch 2 und durch 3 teilbar ist:
Die Zahl 654 hat die Endziffer 4 und die Quersumme $6 + 5 + 4 = 15$. Sie ist daher durch 2 und durch 3, also durch 6 teilbar.

Aufgaben

3
Untersuche auf Teilbarkeit durch 3:
a) 162 b) 213 c) 678 d) 921
e) 1049 f) 3942 g) 7201 h) 4297
i) 51 723 k) 82 464 l) 33 771 m) 48 831

4
Untersuche auf Teilbarkeit durch 9:
a) 181 b) 252 c) 423 d) 780
e) 8640 f) 1296 g) 5861 h) 8298
i) 99 999 k) 17 388 l) 47 653 m) 27 496

5
Welche Zahlen sind durch 3, welche zusätzlich durch 9 teilbar?
a) 5769 b) 1233 c) 7563 d) 17 322
e) 75 954 f) 99 075 g) 290 542 h) 867 442

6
Setze Ziffern ein, damit eine durch 3 teilbare Zahl entsteht.
a) 25☐ b) 73☐ c) 9☐4 d) ☐56
e) ☐256 f) 20☐1 g) 865☐ h) 100☐

Quersummenregeln

teilbar durch	3	6	9	12	15
75					
96					
144					
180					
225					
243					
270					
324					
444					
555					

7
Welche Ziffern kann man für das Sternchen setzen, damit eine durch 3, aber nicht durch 9 teilbare Zahl entsteht?
a) *41   b) 3*8   c) 65*   d) 4*0
e) 6*39 f) 720* g) 32*0 h) 444*
i) 318*2 k) 4992* l) 90*28 m) 1000*

8
Bestimme mit Hilfe der Quersumme die nächstkleinere durch 9 teilbare Zahl:
a) 568   b) 334   c) 328   d) 659
e) 2341 f) 4454 g) 5000 h) 3783
i) 3252 k) 6666 l) 8642 m) 9753.

9
Welche der Zahlen sind durch 2 und durch 3 teilbar?
a) 54   b) 57   c) 78   d) 82
e) 126   f) 144   g) 186   h) 194
i) 264   k) 352   l) 498   m) 662

10
Welche der Zahlen sind durch 4 und durch 9 teilbar?
a) 384   b) 11 106 c) 585   d) 5967
e) 3782 f) 2088   g) 1332 h) 4936

11
a) Gib die kleinste durch 9 teilbare Zahl an, die nur mit der Ziffer 8 geschrieben wird.
b) Gib die kleinste durch 9 teilbare Zahl an, die mit den Ziffern 8 und 5 geschrieben werden kann.

12
Wenn du auf einer Schreibmaschine nacheinander alle zehn Zifferntasten anschlägst, so erhältst du stets eine durch 9 teilbare Zahl. Die Reihenfolge spielt dabei keine Rolle. Kannst du das erklären?

4 3 6 5 8 0 1 7 9 2

13
In der Kinokasse befinden sich am Abend 1820 DM. „Da stimmt etwas nicht", behauptet der Kassierer. Weißt du warum?

14
a) Welches ist die kleinste vierstellige Zahl, die durch 3 teilbar ist?
b) Welches ist die kleinste vierstellige Zahl, die durch 9 teilbar ist?
c) Welches ist die kleinste vierstellige Zahl, die durch 6 teilbar ist?

15
a) Welche Zahl liegt zwischen 50 und 60 und ist durch 2 und 3 teilbar?
b) Welche Zahl liegt zwischen 99 und 111 und ist durch 3 und 4 teilbar?
c) Welche Zahl liegt zwischen 120 und 140 und ist durch 2, 3 und 9 teilbar?
d) Welche Zahl liegt zwischen 155 und 275 und ist durch 8 und 9 teilbar?

16
Setze | oder ∤ ein, ohne die Summen und Differenzen auszurechnen.
a) 3 □ (402 + 870)   b) 9 □ (624 + 342)
c) 3 □ (5370 + 444)   d) 9 □ (7749 + 1503)
e) 9 □ (702 − 388)   f) 3 □ (882 − 241)
g) 3 □ (5471 − 3033)   h) 9 □ (7008 − 2466)

17*
Eine Zahl ist durch 6 teilbar, wenn sie durch 2 und 3 teilbar ist. Gib entsprechende Regeln für Teilbarkeit durch 12, 15, 18 an. Prüfe an Beispielen.

18*
Welche der Zahlen 3, 6 und 15 ist für □ zu setzen? Ergänze die Tabelle.

	27	45	63	96	105
teilbar durch □	nein	...	...	...	...
teilbar durch □	ja	...	...	...	...
teilbar durch □	...	...	nein	...	ja

19*
Hartmut kauft 2 Pakete Puderzucker zu je 1,30 DM, 2 Stücke Seife für je 90 Pf und 3 Päckchen Nudeln. Für die Nudeln weiß er den Preis nicht mehr. Als er auf dem Kassenzettel 9,00 DM liest, sagt er zum Verkäufer: „Sie haben sich verrechnet".
Wie konnte er das feststellen?

5 Primzahlen

1
Warum verpackt die Firma Süß 29 Schokoladeneier nicht in eine rechteckige Packung? Warum sind 24, 27 oder 32 günstigere Anzahlen?

2
Zeichne in dein Heft alle Rechtecke, die aus 12 Kästchen bestehen. Wie viele erhältst du? Wie viele erhältst du, wenn ein Rechteck aus 13 Kästchen bestehen soll?

Sucht man für verschiedene Zahlen alle möglichen Darstellungen als Produkt mit zwei Faktoren, so gibt es für manche Zahlen nur eine Darstellung: $7 = 1 \cdot 7$, $19 = 1 \cdot 19$, $37 = 1 \cdot 37$, $53 = 1 \cdot 53 \ldots$

> Eine Zahl, die nur zwei verschiedene Teiler hat, nennt man eine **Primzahl**.
> Sie ist nur durch 1 und sich selbst teilbar.

Bemerkung: Die Zahl 1 ist demnach keine Primzahl.

Beispiele

a) Die ersten Primzahlen sind 2, 3, 5, 7, 11, 13, 17, 19, 23 . . .

b) Um zu prüfen, ob eine Zahl, z. B. 97, eine Primzahl ist, untersuchen wir die Teiler dieser Zahl:
2 ist kein Teiler von 97, also können auch 4, 6, 8, . . . keine Teiler von 97 sein,
3 ist kein Teiler von 97, also können auch 6, 9, 12, . . . keine Teiler von 97 sein,
5 ist kein Teiler von 97, also können auch 10, 15, 20, . . . keine Teiler von 97 sein,
7 ist kein Teiler von 97, also können auch 14, 21, 28, . . . keine Teiler von 97 sein.
Die Division durch 11 brauchen wir nicht mehr zu versuchen, denn $11 \cdot 11 > 97$, somit müßte der Quotient kleiner als 11 sein. Die Zahlen 2, 3, 4, . . ., 9, 10 sind aber als Teiler schon ausgeschlossen. Aus demselben Grund brauchen wir auch weitere Zahlen nicht mehr als Teiler zu untersuchen. 97 ist also eine Primzahl.

Aufgaben

3
Welche der Zahlen sind Primzahlen?
a) 11, 21, 31, 41   b) 13, 23, 33, 43
c) 17, 27, 37, 47   d) 19, 29, 39, 49

4
Schreibe alle Primzahlen auf, die zwischen folgenden Zahlen liegen.
a) 30 und 40   b) 40 und 50
c) 50 und 70   d) 70 und 100

5
Schreibe die Tabelle ins Heft und fülle sie aus. Woran erkennst du die Primzahlen?

Zahl	29	33	42	45	46	47
Anzahl der Teiler						

6
Bestimme die Teiler der folgenden Zahlen. Kreise diejenigen Teiler ein, die Primzahlen sind.
a) 24   b) 30   c) 125   d) 121
e) 128   f) 170   g) 175   h) 190

7
Zeige mit Hilfe der Teilbarkeitsregeln, daß die Zahlen
a) 102, 123, 177, 189   b) 205, 249, 267, 291
keine Primzahlen sind.

8
Bestimme
a) die kleinste dreistellige Primzahl
b) die größte zweistellige Primzahl.

Primzahlen

Eratosthenes von Kyrene lebte vermutlich von 276–194 v. Chr. Er studierte in Athen und wurde später Leiter der berühmten Bibliothek in Alexandria (Ägypten). Er hat dieses Verfahren erfunden, mit dem sehr schnell Primzahlen „ausgesiebt" werden können.

9
Sieb des Eratosthenes
Schreibe alle Zahlen von 1 bis 100 auf.
a) Streiche die 1, sie ist keine Primzahl.
b) Umrahme die 2 und streiche alle Vielfachen von 2; sie fallen durch das Sieb.
c) Umrahme die 3 und streiche alle Vielfachen von 3; sie fallen auch durch das Sieb.
d) Verfahre ebenso mit 5 und 7.
Jetzt sind alle nicht gestrichenen Zahlen Primzahlen.

1̸	2	3	4̸	5	6̸
7	8̸	9̸	1̸0̸	11	1̸2̸
13	1̸4̸	1̸5̸	1̸6̸	17	1̸8̸
19	2̸0̸	2̸1̸	2̸2̸	23	2̸4̸
25	2̸6̸	2̸7̸	2̸8̸	...	

Setze das Sieb in deinem Heft fort und schreibe alle Primzahlen von 1 bis 100 auf.

10
Der indische Mathematikstudent S. P. Sundaram erdachte ein neues Sieb für Primzahlen.
Für jede Zahl, die in diesem Sieb **nicht** vorkommt, gilt: Ihr Doppeltes vergrößert um 1 ist eine Primzahl:
$1 \cdot 2 + 1 = 3$, $5 \cdot 2 + 1 = 11$, $20 \cdot 2 + 1 = 41$
Bestimme nach diesem Verfahren 10 weitere Primzahlen.

4	7	10	13	16	...
7	12	17	22	27	...
10	17	24	31	38	...
13	22	31	40	49	...
16	27	38	49	60	...
...	...	...	...	...	

11
Zwei aufeinanderfolgende Primzahlen, deren Differenz 2 beträgt, nennt man Primzahlzwillinge. Beispiel: 5 und 7.
Suche die Primzahlzwillinge bis 100. Es sind acht solcher Paare.

12
a) Nenne eine gerade Primzahl.
b) Zwischen welchen zwei Primzahlen steht keine andere Zahl?
c) Nenne vier durch 6 teilbare Zahlen, die zwei Primzahlen als Nachbarn haben.
d) Nenne je zwei Primzahlen mit den Differenzen 4, 6, 8 und 10.
e) Nenne eine zweistellige Primzahl, deren Quersumme eine Primzahl ist.

Interessantes zu Primzahlen
Die größte derzeit (1992) bekannte Primzahl ist $2^{756839} - 1$. Sie hat im Zehnersystem 227 832 Ziffern. Schriebe man diese auf Kästchenpapier (1 Ziffer pro Kästchen), wäre die Zahl 1 139 m lang.
Die Mathematiker interessieren sich für Zahlen, die eine um 1 verminderte Zweierpotenz sind.
Nicht alle diese Zahlen sind Primzahlen, z. B. hat $2^{137} - 1$ die beiden Faktoren:
1. Faktor: 32 032 215 596 496 435 569
2. Faktor: 5 439 042 183 600 204 290 159.
Um diese Zerlegung zu finden, mußte ein Computer viele Stunden lang rechnen.

Eine schon sehr große Primzahl ist
$2^{127} - 1 =$
170 141 183 460 469 231 731 687 303 715 884 105 727.

Beim Verschlüsseln von Nachrichten braucht man Zahlen, die aus zwei sehr großen Primzahlen zusammengesetzt sind. Wie das geht, ist sehr schwer zu erklären. Sicher kannst du aber die folgende Geheimschrift verstehen.
Setze für die 26 Buchstaben des Alphabets die Zahlen 1 bis 26
A B C D E F G H I ...
1 2 3 4 5 6 7 8 9 ...
Nimm zwei Schlüsselzahlen, z. B. 19 und 5.
Nun wird z. B. F = 6 so verschlüsselt:
$6 \cdot 19 + 5 = 119$ $119 : 26 = 4$ Rest 15
Für 6 wird 15 gesetzt, für F also O.

Verschlüssle so das Alphabet.

verschlüsseln →

A	$1 \cdot 19 + 5 =$	24	$24 : 26 = 0$ Rest 24	X
B	$2 \cdot 19 + 5 =$	43	$43 : 26 = 1$ Rest 17	Q
C	$3 \cdot 19 + 5 =$	62	$62 : 26 = 2$ Rest 10	J
D	$4 \cdot 19 + 5 =$	81	$81 : 26 = 3$ Rest 3	C
E	$5 \cdot 19 + 5 =$	100	$100 : 26 = 3$ Rest 22	V
F	$6 \cdot 19 + 5 =$	119	$119 : 26 = 4$ Rest 15	O
	...			

← entschlüsseln

Kannst du die Botschaft entschlüsseln?

UIVOOVK ZTI NKB NR CIVT NAI TR OIVTQXC

6 Primfaktorzerlegung

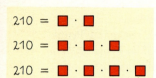

1
Zerlege die Zahl 210 auf alle möglichen Arten in ein Produkt mit zwei oder drei oder mit vier Faktoren. Die Faktoren sollen größer als 1 sein.
Wie viele Möglichkeiten gibt es jeweils?
Gibt es eine Möglichkeit mit 5 Faktoren?

Zahlen, die keine Primzahl sind, lassen sich in ein Produkt zerlegen, deren Faktoren nicht 1 und nicht die Zahl selbst sind. Sind dabei die Faktoren keine Primzahlen, so lassen sich diese Faktoren weiter zerlegen:

$$30 = 2 \cdot 15 \qquad 30 = 3 \cdot 10 \qquad 30 = 5 \cdot 6$$
$$ = 2 \cdot 3 \cdot 5 \qquad = 3 \cdot 2 \cdot 5 \qquad = 5 \cdot 2 \cdot 3$$

Am Ende sind alle Faktoren Primzahlen. Eine solche Darstellung nennt man **Primfaktorzerlegung.**

> Jede natürliche Zahl außer 0 und 1 ist entweder eine **Primzahl** oder eine **zerlegbare Zahl**.
> Für jede zerlegbare Zahl gibt es nur eine einzige Primfaktorzerlegung.

Beispiele
a) $48 = 2 \cdot 24$ b) $260 = 2 \cdot 130$ c) $1\,575 = 3 \cdot 525$
      $= 2 \cdot 2 \cdot 12$ $= 2 \cdot 2 \cdot 65$ $= 3 \cdot 3 \cdot 175$
      $= 2 \cdot 2 \cdot 2 \cdot 6$ $= 2 \cdot 2 \cdot 5 \cdot 13$ $= 3 \cdot 3 \cdot 5 \cdot 35$
      $= 2 \cdot 2 \cdot 2 \cdot 2 \cdot 3$ $= 3 \cdot 3 \cdot 5 \cdot 5 \cdot 7$

Bemerkung: Wir können gleiche Faktoren in der **Potenzschreibweise** zusammenfassen.
$48 = 2^4 \cdot 3 \qquad 260 = 2^2 \cdot 5 \cdot 13 \qquad 1\,575 = 3^2 \cdot 5^2 \cdot 7$

Die Zahl 1 001 hat die Primfaktorzerlegung $1\,001 = 7 \cdot 11 \cdot 13$. Aus ihr können wir alle Teiler von 1 001 ablesen: $1, 7, 11, 13, 7 \cdot 11 = 77, 7 \cdot 13 = 91, 11 \cdot 13 = 143, 1\,001$

Aufgaben

2
Bestimme die Primfaktorzerlegung. Teile zuerst so oft wie möglich durch 2.
a) 80   b) 136   c) 176   d) 208
e) 192   f) 224   g) 320   h) 352

3
Teile zuerst so oft wie möglich durch 3.
a) 63   b) 117   c) 135   d) 189
e) 513   f) 405   g) 567   h) 729

4
Teile so oft wie möglich nacheinander durch 2, 3, 5 und 7.
a) 42   b) 105   c) 315   d) 420
e) 252   f) 441   g) 400   h) 504
i) 1 575   k) 1 800   l) 1 960   m) 6 300

5
Bestimme die Primfaktorzerlegung und gib sie in der Potenzschreibweise an.
a) 72   b) 100   c) 120   d) 225
e) 392   f) 441   g) 648   h) 900
i) 1 080   k) 1 764   l) 2 160   m) 8 575

6
Bestimme die Primfaktorzerlegung.
a) 304   b) 435   c) 603   d) 888
e) 1 116   f) 1 230   g) 1 988   h) 3 204

7
Bestimme die Primfaktorzerlegung. Teile dabei auch durch 11, 13, 17 und 19.
a) 143   b) 221   c) 247   d) 361
e) 323   f) 2 057   g) 2 873   h) 4 199

8
Zerlege in Primfaktoren.
a) 50   b) 252   c) 468   d) 640
e) 704   f) 2016   g) 1600   h) 1225
i) 2880   k) 1911   l) 5005   m) 9999

9
Welche Zahlen wurden zerlegt?
a) $2 \cdot 3 \cdot 5$ b) $2 \cdot 2 \cdot 3 \cdot 3$ c) $2 \cdot 2 \cdot 2 \cdot 3$
d) $2 \cdot 3 \cdot 3 \cdot 3$ e) $2 \cdot 3 \cdot 5 \cdot 5$ f) $2 \cdot 3 \cdot 5 \cdot 11$

10
Vergleiche folgende Produkte!
a) $15 \cdot 8 \cdot 20$ und $30 \cdot 12 \cdot 8$
b) $25 \cdot 16 \cdot 7$ und $10 \cdot 14 \cdot 20$
c) $48 \cdot 56 \cdot 15$ und $64 \cdot 18 \cdot 30$

11
Zeige durch Zerlegen, daß die folgenden Produkte gleich sind.
a) $4 \cdot 39$, $26 \cdot 6$ b) $8 \cdot 59$, $4 \cdot 116$
c) $18 \cdot 17$, $2 \cdot 153$ d) $33 \cdot 15$, $11 \cdot 45$
e) $28 \cdot 45$, $35 \cdot 36$ f) $36 \cdot 32$, $64 \cdot 16$

12
Gib die Primfaktorzerlegung der Zahlen 10, 100, 1 000 und 10 000 an. Welche Regel kannst du erkennen?
Wie lautet die Primfaktorzerlegung für die Zahl 1 000 000 000?

13
Bestimme alle Zahlen von 1 bis 350, deren Primfaktorzerlegung
a) nur aus Zweien   b) nur aus Dreien
c) nur aus Fünfen   d) nur aus Sieben
bestehen.

14
Wie heißen alle Zahlen zwischen 1 und 100, deren Primfaktorzerlegung nur aus
a) Zweien und Dreien
b) Dreien und Fünfen   bestehen?

15
Wie heißen alle Zahlen zwischen 1 und 75, deren Primfaktorzerlegung
a) nur drei   b) nur vier
Primfaktoren enthalten?

16
a) Mit welcher Zahl muß man das Produkt $2 \cdot 2 \cdot 3 \cdot 7$ multiplizieren, um das Produkt $2 \cdot 2 \cdot 2 \cdot 3 \cdot 3 \cdot 7$ zu erhalten?
b) Mit welcher Zahl muß man das Produkt $3 \cdot 3 \cdot 5 \cdot 11$ multiplizieren, um das Produkt $3 \cdot 3 \cdot 5 \cdot 5 \cdot 7 \cdot 11 \cdot 17$ zu erhalten?

17
Mit welchem Faktor muß die linke Zahl multipliziert werden, um die rechte zu erhalten?
a) $3 \cdot 5 \cdot 7$ $3^3 \cdot 5 \cdot 7$
b) $2^4 \cdot 3^2 \cdot 5$ $2^6 \cdot 3^3 \cdot 5^2$
c) $2^2 \cdot 3 \cdot 5^3$ $2^5 \cdot 3^2 \cdot 5^4$
d) $3^2 \cdot 5$ $2^2 \cdot 3^3 \cdot 5 \cdot 7 \cdot 11$

18
Entscheide, ohne zu rechnen.
a) Ist $2 \cdot 3 \cdot 5$ ein Teiler von $2 \cdot 2 \cdot 3 \cdot 5$?
b) Ist $5 \cdot 7 \cdot 11$ ein Teiler von $3 \cdot 7 \cdot 7 \cdot 11$?
c) Ist $3 \cdot 5 \cdot 11$ ein Teiler von $2 \cdot 3 \cdot 5 \cdot 7 \cdot 11$?

19*
Die Zahl 30 030 hat die Primfaktorzerlegung $2 \cdot 3 \cdot 5 \cdot 7 \cdot 11 \cdot 13$. Bestimme mit Hilfe der Primfaktorzerlegung die Ergebnisse der Divisionsaufgaben.
a) 30 030 : 11   b) 30 030 : 13
c) 30 030 : 35   d) 30 030 : 77
e) 30 030 : 130   f) 30 030 : 1001

20*
Bestimme die Primfaktorzerlegung der folgenden Zahl. Gib ohne zu rechnen an, wie oft die in Klammern stehenden Zahlen in der ersten Zahl enthalten sind.
a) 840 (35, 105, 42, 28)
b) 3 150 (18, 35, 45, 525)
c) 4 459 (13, 49, 343, 91)

21*
Zeige an Beispielen mit Hilfe der Primfaktordarstellung:
a) Eine Zahl, die durch 3 und 7 teilbar ist, muß auch durch $3 \cdot 7$ teilbar sein.
b) Eine Zahl, die durch 6 und 35 teilbar ist, muß auch durch $6 \cdot 35$ teilbar sein.
c) Eine Zahl, die durch 6 und 9 teilbar ist, muß nicht durch $6 \cdot 9$ teilbar sein.

7 Größter gemeinsamer Teiler

1
In einem Büro müssen häufig Briefsendungen je nach Gewicht mit 2,40 DM (50–100 g) oder mit 3,20 DM (100–250 g) frankiert werden. Es soll ein Vorrat an gleichen Briefmarken angelegt werden, mit denen beide Sendungen frankiert werden können. Welche Briefmarken kommen in Frage? Welche Briefmarke ist besonders günstig?

Wir betrachten die Teiler der beiden Zahlen 12 und 18:

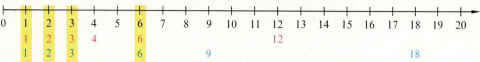

Die Zahlen 1, 2, 3 und 6 sind die **gemeinsamen Teiler** von 12 und 18.
Die Zahl 15 hat die Teiler 1, 3, 5 und 15, die Zahl 28 hat die Teiler 1, 2, 4, 7, 14 und 28.
Nur die Zahl 1 ist ein gemeinsamer Teiler von 15 und 28.

> Den **größten gemeinsamen Teiler** von zwei Zahlen nennt man kurz **ggT**.
> Haben zwei Zahlen nur den gemeinsamen Teiler 1, so nennt man sie **teilerfremd**.

Beispiele
a) Der ggT von 12 und 18 ist 6.   Der ggT von 6, 15 und 18 ist 3.
b) $T_{48} = \{1, 2, 3, 4, 6, 8, 12, 16, 24, 48\}$ und $T_{60} = \{1, 2, 3, 4, 5, 6, 10, 12, 15, 20, 30, 60\}$.
Die gemeinsamen Teiler von 48 und 60 sind 1, 2, 3, 4, 6 und 12, der ggT ist 12.
c) 24 ist ein Teiler von 120, daher ist der ggT von 24 und 120 die Zahl 24.

Beachte: Bei größeren Zahlen hilft oft die Primfaktorzerlegung:

$48 = 2 \cdot 2 \cdot 2 \cdot 2 \cdot 3$ $1980 = 2 \cdot 2 \cdot 3 \cdot 3 \cdot 5 \cdot 11$
$60 = 2 \cdot 2 \cdot 3 \cdot 5$ $4158 = 2 \cdot 3 \cdot 3 \cdot 3 \cdot 7 \cdot 11$
ggT: $2 \cdot 2 \cdot 3 = 12$ ggT: $2 \cdot 3 \cdot 3 \cdot 11 = 198$

Der größte gemeinsame Teiler zweier Zahlen ist das Produkt der Primzahlen, die in beiden Zahlen enthalten sind. Treten sie unterschiedlich häufig auf, so entscheidet die niedrigere Anzahl, wie oft die einzelne Primzahl als Faktor zu nehmen ist.

Aufgaben

2
Bestimme alle gemeinsamen Teiler von
a) 6 und 9   b) 6 und 12
c) 8 und 12   d) 9 und 21
e) 6 und 15   f) 8 und 18
g) 15 und 18   h) 15 und 24.

3
Bestimme im Kopf den ggT von
a) 15 und 35   b) 12 und 28
c) 18 und 36   d) 36 und 42
e) 24 und 32   f) 27 und 45
g) 21 und 35   h) 35 und 65.

4
Welche Zahlenpaare sind teilerfremd?
a) 15 und 25   b) 15 und 27
c) 10 und 27   d) 12 und 27
e) 24 und 35   f) 18 und 45
g) 21 und 45   h) 17 und 51.

5
Nenne jeweils drei passende Zahlen.
a) Der ggT von 12 und □ ist 4.
b) Der ggT von 15 und □ ist 3.
c) Der ggT von 28 und □ ist 7.
d) Der ggT von 84 und □ ist 14.

6
Warum gibt es für □ keine passende Zahl?
a) Der ggT von 18 und □ ist 5.
b) Der ggT von □ und 51 ist 7.
c) Der ggT von 111 und □ ist 11.

7
Bestimme mit Hilfe der Primfaktorzerlegung den ggT von
a) 175 und 280   b) 168 und 252
c) 144 und 216   d) 130 und 208
e) 81 und 243   f) 106 und 240
g) 132 und 308   h) 98 und 126.

8
Bestimme den ggT von
a) 252 und 288   b) 336 und 384
c) 702 und 780   d) 285 und 442
e) 625 und 875   f) 864 und 1728
g) 1260 und 2352   h) 3960 und 7260.

9
Berechne im Kopf den ggT von
a) 6, 9 und 21   b) 8, 12 und 44
c) 10, 25 und 85   d) 12, 18 und 66
e) 8, 32 und 48   f) 9, 27 und 45
g) 5, 18 und 27   h) 9, 14 und 28.

10
Auch den ggT von drei Zahlen kann man mit Hilfe der Primfaktorzerlegung bestimmen.
Beispiel: 168 = 2·2·2·3·   7
           252 = 2·2· 3·3· 7
           420 = 2·2· 3· 5·7
           ggT: 2·2· 3·   7 = 84
a) 22, 55, 121   b) 33, 39, 51
c) 41, 43, 47   d) 5, 24, 48
e) 45, 90, 180   f) 34, 85, 119
g) 312, 486, 624   h) 216, 508, 648
i) 315, 441, 567   k) 1680, 2160, 3600

11
Nenne jeweils drei mögliche Zahlenpaare für □ und △.
a) Der ggT von □ und △ ist 4.
b) Der ggT von □ und △ ist 12.
c) Der ggT von □ und △ ist 21.
d) Der ggT von □ und △ ist 27.

12*
Von drei Zahlen □, △ und ○ ist bekannt:
Der ggT von □ und △ ist 2,
der ggT von △ und ○ ist 6 und
der ggT von □ und ○ ist 10.
Nenne drei Möglichkeiten, um welche Zahlen es sich handeln könnte.

13

Auf den Ziffernkärtchen stehen Primfaktoren. Bilde aus den Faktoren zwei Zahlen,
a) deren ggT 30 ist.
b) deren ggT 105 ist.
c) die teilerfremd sind.
d) die teilerfremd sind und deren Differenz möglichst klein ist.

14
In einem Neubau ist jedes Stockwerk 2,55 m hoch, das Erdgeschoß 2,89 m.
Es sollen überall Treppen mit gleich hohen Stufen in ganzen Zentimetern eingebaut werden.
a) Wie hoch wird eine Stufe?
b) Wie viele Stufen werden es im Erdgeschoß, wie viele in einem Stockwerk?

15
Aus einem 1,56 m langen, 1,08 m breiten und 0,48 m dicken Schaumstoffquader werden möglichst große Würfel gleicher Größe geschnitten.
Ihre Kantenlänge läßt sich in ganzen Zentimetern ausdrücken.
a) Berechne die Kantenlänge.
b) Wie viele Würfel erhält man?

16
Für den Schullandheimaufenthalt der Klassen 6a und 6b der Goethe-Realschule spendet die Firma Huber GmbH 450 DM. Das Geld soll entsprechend den Schülerzahlen auf die beiden Klassen verteilt werden. Die 6a hat 28, die 6b hat 35 Schüler. Wieviel DM bekommt jede Klasse?

8 Kleinstes gemeinsames Vielfaches

1
Silke und Petra schwimmen mehrmals die 25-m-Bahn. Sie starten gleichzeitig. Silke braucht für eine Bahn 32 Sekunden, Petra 36 Sekunden. Nach welcher Zeit schlagen die Mädchen zum erstenmal gemeinsam am Beckenrand an? Wie viele Bahnen ist jede dann geschwommen?

2
Am 1. Januar verlassen drei Schiffe gemeinsam den Hafen. Das erste kehrt alle drei Wochen, das zweite alle vier und das dritte alle fünf Wochen zurück. Nach wie vielen Wochen treffen sich alle im Hafen wieder?

Wir betrachten die Vielfachen der beiden Zahlen 6 und 8:

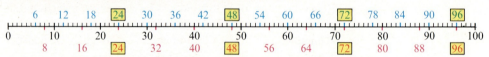

Die Zahlen 24, 48, 72, ... sind die **gemeinsamen Vielfachen** von 6 und 8.

> Unter den gemeinsamen Vielfachen von zwei Zahlen gibt es stets ein kleinstes. Man nennt es das **kleinste gemeinsame Vielfache**, kurz **kgV**.

Beispiele

a) Bei kleinen Zahlen kann man das kgV meist im Kopf bestimmen: Um das kgV von 12 und 15 zu finden, zählen wir die Vielfachen von 15 so lange auf, bis wir erstmals ein Vielfaches von 12 erhalten: 15, 30, 45, 60, ...

b) 36 ist ein Teiler von 72, daher ist das kgV von 36 und 72 die Zahl 72.

c) Sind zwei Zahlen teilerfremd, so ist das kgV das Produkt dieser Zahlen.
$V_4 = \{4, 8, 12, 16, 20, 24, 28, ...\}$ und $V_7 = \{7, 14, 21, 28, ...\}$. Das kgV von 4 und 7 ist 28.

Beachte: Bei großen Zahlen kann das kgV mit der Primfaktorzerlegung bestimmt werden:

$120 = 2 \cdot 2 \cdot 2 \cdot 3 \cdot 5$ $110 = 2 \cdot 5 \cdot 11$
$144 = 2 \cdot 2 \cdot 2 \cdot 2 \cdot 3 \cdot 3$ $273 = 3 \cdot 7 \cdot 13$
kgV: $2 \cdot 2 \cdot 2 \cdot 2 \cdot 3 \cdot 3 \cdot 5 = 720$ kgV: $2 \cdot 3 \cdot 5 \cdot 7 \cdot 11 \cdot 13 = 30030$

Das kgV zweier Zahlen ist das Produkt der Primzahlen, die in einer der Zahlen oder in beiden enthalten sind. Treten sie unterschiedlich häufig auf, entscheidet die höhere Anzahl, wie oft die einzelne Primzahl als Faktor zu nehmen ist.

Aufgaben

3
Bestimme die ersten vier gemeinsamen Vielfachen von
a) 4 und 3   b) 2 und 7   c) 6 und 8.

4
Bestimme im Kopf das kgV von
a) 12 und 16   b) 15 und 21
c) 18 und 72   d) 12 und 34.

Kleinstes gemeinsames Vielfaches

5
Bestimme die Vielfachmenge und das kgV von
a) 12 und 16
b) 15 und 21
c) 18 und 72
d) 12 und 34
e) 13 und 78
f) 18 und 45.

6
Bestimme aus den Zerlegungen das kgV und die Ausgangszahlen.
a) $2 \cdot 2 \cdot 3 \cdot 7,\ 2 \cdot 3 \cdot 11$
b) $5 \cdot 7,\ 2 \cdot 5 \cdot 13$
c) $3 \cdot 3 \cdot 11,\ 2 \cdot 3 \cdot 7$
d) $3 \cdot 5,\ 7 \cdot 17$
e) $2 \cdot 2 \cdot 5,\ 2 \cdot 2 \cdot 5 \cdot 7$
f) $5 \cdot 7,\ 2 \cdot 5 \cdot 7 \cdot 13$
g) $5 \cdot 7 \cdot 11,\ 2 \cdot 7 \cdot 11$
h) $2 \cdot 3 \cdot 19,\ 5 \cdot 23$

7
Bestimme das kgV mit Hilfe der Primfaktorzerlegung von
a) 36 und 90
b) 18 und 24
c) 42 und 105
d) 51 und 68
e) 70 und 105
f) 96 und 168
g) 120 und 144
h) 105 und 135.

8
Nenne jeweils drei passende Zahlen.
a) Das kgV von 9 und □ ist 45.
b) Das kgV von 7 und □ ist 84.
c) Das kgV von □ und 12 ist 60.

9
a) Wie viele Karten muß ein Kartenspiel haben, damit es an 2, 3, 4, 6 und 8 Personen ohne Rest verteilt werden kann?
b) Wie viele Karten muß es für 2, 3, 4, 5 und 6 Personen haben?

10
Ute, Jochen und Peter spielen mit der Modellrennbahn. Sie starten gemeinsam. Utes Auto braucht 14 Sekunden für eine Runde, Jochens 12 und Peters 15.
Nach welcher Zeit fahren die Autos wieder gemeinsam über die Ziellinie?

11
Wie oft muß sich das kleine, wie oft das große Zahnrad drehen, damit die roten Marken wieder genauso stehen wie in der Abbildung?

12
Bestimme im Kopf das kgV von
a) 2, 3 und 5
b) 2, 3 und 7
c) 3, 4 und 5
d) 4, 8 und 12
e) 4, 16 und 20
f) 5, 7 und 21
g) 7, 11 und 13
h) 10, 15 und 27.

13
Zerlege in Primfaktoren und bestimme das kleinste gemeinsame Vielfache.
Beispiel: $24 = 2 \cdot 2 \cdot 2 \cdot 3$
$36 = 2 \cdot 2 \quad\ \cdot 3 \cdot 3$
$60 = 2 \cdot 2 \quad\ \cdot 3 \quad\ \cdot 5$
kgV(24; 36; 60) $= 2 \cdot 2 \cdot 2 \cdot 3 \cdot 3 \cdot 5 = 360$
a) kgV (36, 48, 60)
b) kgV (24, 48, 72)
c) kgV (36, 54, 90)
d) kgV (30, 45, 75)
e) kgV (16, 20, 28)
f) kgV (105, 110, 125)
g) kgV (625, 675, 725)
h) kgV (32, 27, 35)
i) kgV (510, 600, 930)
k) kgV (540, 600, 960)
l) kgV (224, 336, 420)
m) kgV (180, 324, 432)

14
Bestimme das kleinste gemeinsame Vielfache und den größten gemeinsamen Teiler der Zahlen
a) 4 und 15
b) 16 und 9
c) 15 und 14
d) 7 und 13
e) 12 und 25
f) 21 und 16.

15
Übertrage die Tabelle in dein Heft und fülle sie aus.

1. Zahl	30	40	20	36	30	60	54
2. Zahl	18	10	12	27	25	16	45
Produkt	540						
ggT	6						
kgV	180						
ggT·kgV	540						

Was fällt dir auf?

16
a) In welchen Fällen ist das kleinste gemeinsame Vielfache zweier Zahlen gleich dem Produkt dieser beiden Zahlen?
b) In welchen Fällen ist das kleinste gemeinsame Vielfache zweier Zahlen eine der beiden Zahlen selbst?

9 Vermischte Aufgaben

1
Bestimme die Teilermenge der Zahlen.
a) 10   b) 14   c) 18   d) 24
e) 25   f) 40   g) 81   h) 144
i) 175 k) 215 l) 216 m) 217

2
Bestimme die Vielfachenmengen der folgenden Zahlen:
a) 5   b) 9   c) 11   d) 16   e) 21.

3
Setze das Zeichen | oder ∤ ein.
a) 7☐23   b) 31☐37   c) 12☐144
d) 54☐54 e) 8☐128   f) 16☐4

4
Durch welche der Zahlen 2, 3, 5, 9, 10 sind die Zahlen teilbar?
a) 616   b) 818   c) 920   d) 1 027
e) 3 430 f) 5 642 g) 7 755 h) 9 872

5
Begründe mit Hilfe der Endziffernregeln, daß jede durch 2 und durch 5 teilbare Zahl auch durch 10 teilbar ist.

6
Welche der folgenden Zahlen sind Primzahlen? Wende die Teilbarkeitsregeln an!
a) 8   b) 13   c) 30   d) 41
e) 51 f) 67   g) 91   h) 101

7
Bestimme die Teilermengen und den ggT folgender Zahlenpaare:
a) 6 und 18   b) 14 und 22
c) 13 und 55   d) 27 und 51

8
Bestimme den größten gemeinsamen Teiler durch Zerlegen in Primfaktoren.
a) 132, 308   b) 336, 384   c) 308, 297
d) 285, 665   e) 572, 650   f) 864, 648

9
Bestimme den ggT und das kgV
a) 30, 64   b) 12, 64   c) 55, 105
d) 129, 163 e) 99, 189   f) 116, 222

Euklidischer Algorithmus

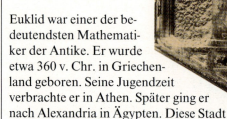

Euklid war einer der bedeutendsten Mathematiker der Antike. Er wurde etwa 360 v. Chr. in Griechenland geboren. Seine Jugendzeit verbrachte er in Athen. Später ging er nach Alexandria in Ägypten. Diese Stadt war damals das Zentrum der Wissenschaft, dort wurde eines der ersten staatlichen Forschungsinstitute, vergleichbar mit unseren heutigen Universitäten, eingerichtet. Euklid wurde etwa 70 Jahre alt. Er hat sich hauptsächlich mit der Geometrie beschäftigt.
Das folgende Verfahren zur Bestimmung des ggT wurde nach ihm benannt.

Gesucht ist der ggT   98 − 77 = 21
von 98 und 77:   77 − 21 = 56
                      56 − 21 = 35
Man bildet jeweils die Differenz   35 − 21 = 14
der beiden gelb unterlegten Zah-   21 − 14 = 7
len, so lange, bis die Differenz   14 − 7 = 7
Null ergibt. Der ggT ist 7.   7 − 7 = 0

Bestimme mit diesem Verfahren den ggT der Zahlen
a) 56 und 40   b) 60 und 24   c) 144 und 48
d) 250 und 75   e) 15 und 11   f) 51 und 39
g) 96 und 64   h) 77 und 49   i) 169 und 144
k) 147 und 49   l) 261 und 207 m) 209 und 187.

Schneller geht es, wenn du divi-   98 : 77 = 1 R 21
dierst, statt wiederholt dieselbe 77 : 21 = 3 R 14
Zahl zu subtrahieren.   21 : 14 = 1 R 7
                                   14 : 7 = 2 R 0

Bestimme mit diesem Verfahren den ggT der Zahlen
a) 704 und 650   b) 143 und 91   c) 319 und 203
d) 451 und 287   e) 583 und 371   f) 247 und 209
g) 407 und 259   h) 649 und 413   i) 473 und 301
k) 817 und 731   l) 4 896 und 3 744   m) 8 343 und 2 664.

Bemerkung: Das Wort Algorithmus wurde von dem Namen des Mathematikers Al Chwarismi (etwa 780–850 n. Chr.) abgeleitet und bedeutet hier Rechenvorschrift.

Vermischte Aufgaben

Aus dem indischen Rechenbuch Mahauiracarya (um 850 n. Chr.): „Aus Früchten werden 63 gleich große Haufen gelegt, 7 Stück bleiben übrig. Es kommen 23 Reisende, unter denen alle Früchte gleichmäßig verteilt werden. Keine bleibt übrig. Wie viele Früchte waren es?"

10
Warum sind alle Zahlen mit den Endziffern
a) 00, 25, 50, 75 durch 25 teilbar?
b) 000, 125, 250, 375 durch 125 teilbar?
Denke daran, daß man Zahlen zerlegen kann.

11
An einer Straßenbahnhaltestelle fahren drei Linien ab. Die Linie A fährt alle 10 Minuten, die Linie B alle 6 Minuten und die Linie C alle 8 Minuten.
Um 12.00 Uhr fahren alle drei Linien gleichzeitig von der Haltestelle ab.
a) Zu welcher Uhrzeit fahren wieder alle drei Linien gleichzeitig ab?
b) Zu welchen Uhrzeiten fahren jeweils zwei der drei Linien gleichzeitig ab?
Rechne in a) und b) bis 18 Uhr.

12
Ein Zimmer von 10,5 m Länge und 7,5 m Breite soll mit möglichst großen quadratischen Teppichfliesen ausgelegt werden. Ihre Kantenlängen lassen sich in ganzen Dezimetern angeben.
a) Welche Kantenlänge hat eine Teppichfliese?
b) Wie viele Fliesen sind nötig?

13
Der Eintritt in den Tierpark kostet für Kinder 3 DM und für Erwachsene 9 DM. Die Tageseinnahme beträgt 72 802 DM.
Die Kassiererin stellt gleich fest, daß hier etwas nicht stimmt.
Wie hat sie das so schnell gemerkt?

14
Für die Klassenfahrt haben alle Schüler und Schülerinnen denselben DM-Betrag gezahlt. Torsten zählt 211 DM. Wurde beim Einsammeln ein Fehler gemacht?

15
Manche Leute halten „Freitag, den 13." für einen Unglückstag. Nimm an, jeder Monat hätte 30 Tage. Wie oft könnte dann dieser Unglückstag im Jahr vorkommen?

16
Von Christian Goldbach (1690–1764) stammt die Vermutung: „Jede gerade Zahl, größer als 2, kann als Summe zweier Primzahlen geschrieben werden."
Beispiel: 32 = 19 + 13
a) Prüfe selbst: 24, 28, 34, 38, 42, 46, 52.
b) Schreibe die Zahl 100 auf möglichst viele verschiedene Arten als Summe von zwei Primzahlen.

Teilbarkeit durch 7
Verfahren für sechsstellige Zahlen:
$$\begin{array}{r} 751\,695 \quad 751 \\ -\,695 \\ \hline 56 \end{array}$$
7 teilt 56, also teilt 7 auch 751 695.

Prüfe mit diesem Verfahren die Zahlen:
a) 717 346 b) 864 192 c) 949 340
d) 994 084 e) 622 475 f) 714 686
Auch 346 717 kannst du mit diesem Verfahren prüfen. Dazu berechnest du 717 − 346.

Verfahren für beliebige Zahlen:
Addiere zu der Zahl aus den letzten beiden Ziffern das Doppelte des vorderen Teils:
6958 → 58 + 2·69 = 196
 196 → 96 + 2· 1 = 98
7 teilt 98, also teilt 7 auch 196 und 6958.

Prüfe mit diesem Verfahren die Zahlen:
a) 5978 b) 6041 c) 5125
d) 4396 e) 5838 f) 6511

Teilbarkeit durch 11

Ist 918 071 durch 11 teilbar?
Bilde zwei Ziffernsummen:
9 1 8 0 7 1
 → 24   2
Subtrahiere die kleinere von der größeren
24 − 2 = 22
11 teilt 22, also teilt 11 auch 918 071

Überprüfe mit diesem Verfahren:
a) 648 582 b) 292 478 c) 402 391
d) 428 499 e) 259 578 f) 929 698

KLASSENFEST

Die Klasse 6a veranstaltet ein Klassenfest. Sie laden die Eltern, die Lehrer und die Lehrerinnen ein. Insgesamt kommen zu dem Fest 24 Schüler und Schülerinnen, 30 Elternteile und 6 Lehrkräfte.

Einkauf und Kosten

1
Petra und Mark kaufen für das Grillen ein.
a) Mark rechnet pro Jugendlichem mit dem Verzehr einer Bratwurst und pro Erwachsenem mit zwei Bratwürsten. Wie viele Bratwürste müssen sie dann kaufen?
b) Petra meint: „Das reicht nicht. Alle sollen gleichviel essen können." Wie viele Würste werden sie jetzt kaufen?
c) Eine Bratwurst kostet 90 Pf, die Holzkohle 5,40 DM und die Kohlenanzünder 2,70 DM. Für Senf, Ketchup und Brot müssen sie noch 12,60 DM auslegen. Wie teuer wird der gesamte Einkauf.
d) Als Mark an der Kasse 129,70 DM zahlen soll, sagt er: „Ich weiß zwar nicht den genauen Preis, aber 129,70 DM ist falsch! Ich habe gestern in der Schule die Quersummenregel gelernt."
e) Alle Bratwürste werden zu je 1,50 DM verkauft. Wie hoch ist der Gewinn nach Abzug der Unkosten?

2
Als Nina an der Kasse 51,80 DM zahlen soll, erkennt sie sofort, daß der Betrag nicht stimmt. Du auch?
b) Wie hoch ist der richtige Betrag?
c) Alle Getränke wurden verkauft. Wie viele Gläser wurden auf dem Klassenfest gefüllt, wenn aus jeder Flasche 5 Gläser ausgeschenkt wurden?
d) Wie hoch ist der Gewinn bei einem Preis von 50 Pf pro Glas?

3
a) Wieviel Geld hat die Klasse durch den Verkauf von den Bratwürsten und Getränken eingenommen?
b) Wie hoch ist der Gewinn nach Abzug aller Unkosten?
c) Der Gewinn soll zu gleichen Teilen an Vereine verteilt werden, die sich für den Umweltschutz einsetzen. Sie haben sich noch nicht entschieden, ob sie zu gleichen Teilen an drei oder vier Vereinen spenden. Was schlägst du vor?

Klassenraumgestaltung und Spiele

4
Die Klasse überlegt sich für das Klassenfest auch eine Sitzordnung. Alle achtzehn Tische aus dem Klassenraum sollen zu gleichen Tischgruppen zusammengestellt werden. Stühle können sie noch aus dem Keller dazuholen.
a) Wenn man zwei Tische zusammenschiebt, können acht Personen sitzen. Wie viele Zweiertischgruppen entstehen dann? Wie viele Personen können sitzen?
b) Überlege dir andere Tischgruppen. Wie viele Tischgruppen entstehen jeweils und wie viele Personen können dann an den Tischen Platz finden?
c) Für welche Tischordnung würdest du dich entscheiden?

5
In der Klasse ist das Spiel Piff Paff beliebt. Dabei bilden die Schüler und Schülerinnen einen Kreis. Beginnend mit der Zahl 1 wird jetzt fortlaufend durchgezählt. Bestimmte Zahlen werden durch Piff oder Paff ersetzt. Man legt eine Zahl fest, zum Beispiel die Zahl 3. Für alle Vielfachen von 3 sagt man Piff. Kommt in der Zahl eine 3 vor, wird dafür Paff gesagt. Ist die Zahl ein Vielfaches, und es kommt zusätzlich eine 3 vor, wird Piff Paff gesagt. 33 heißt deshalb „Piff Paff Paff". Die Person, die einen Fehler macht, scheidet aus.
a) Die festgelegte Zahl ist die 4. Wie heißen dann die Zahlen 8, 12, 14, 24, 44, 47, 50?
b) Die festgelegte Zahl ist die 6. Welche Zahlen verbergen sich hinter Piff Paff Paff und Piff Paff Paff Paff?
c) Welche Zahl wurde hier festgelegt?
..., 23, Piff, 25, 26, 27, Paff, 29, 30, ...
d) Zähle von 1 bis 30 mit der festgelegten Zahl 3.
e) Spielt in der Klasse zuerst das Spiel mit der Zahl 7.

6
Auf dem Klassenfest will die Klasse 6a das Spiel Mingle Mousi spielen. Dabei werden die Spieler und Spielerinnen in zwei Gruppen geteilt: die Mingles und die Mousis. Nach Spielbeginn laufen alle umher und begrüßen sich durch Handgeben. Dabei sagt der Mingle: „Mingle, Mingle" und der Mousi: „Mousi, Mousi". Der Schiedsrichter nennt dann eine Zahl, z. B. 5. Je fünf Spieler und Spielerinnen müssen sich anfassen. Wer übrig bleibt, scheidet aus. Das Spiel ist beendet, wenn noch zwei Personen übrig sind. Bleiben zwei Mousis übrig, bekommen die Mousis zwei Punkte. Bleiben zwei Mingles übrig, dann bekommen diese zwei Punkte. Ein Unentschieden gibt es auch. Dann beginnt das Spiel von neuem.
a) Welche Zahlen führen bei 24 Schüler und Schülerinnen dazu, daß keiner der Spieler ausscheidet.
b) Welche Zahlen ruft der Schiedsrichter, wenn von 24 Personen nacheinander 2, 3, ..., 11 ausscheiden?
c) Überleg dir die Fragen a) und b) auch für die Teilnahme aller 60 Personen und für deine eigene Klasse.

7
Auf dem Rasen beim Grillplatz will die Klasse noch Ballspiele durchführen. Es sollen nicht mehr als sieben Personen in einer Mannschaft spielen.
Bilde gleichgroße Mannschaften.

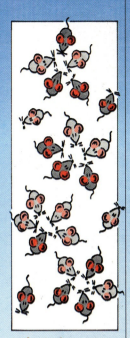

mingle ≙ mengen
mousi ≙ Mausi

Rückspiegel

1
Bestimme alle Teiler.
a) 12   b) 16   c) 18
d) 28   e) 36   f) 48
g) 58   h) 64   i) 72

2
Bestimme die ersten fünf Vielfachen.
a) 7   b) 9   c) 13
d) 15   e) 17   f) 19
g) 23   h) 27   i) 31

3
Zerlege zuerst geschickt in eine Summe.
a) Ist 9 ein Teiler von 1 845?
b) Teilt 12 die Zahl 9 648?
c) Ist 6 150 teilbar durch 15?
d) Ist 21 ein Teiler von 4 410?

4
Zerlege zuerst geschickt in eine Differenz.
a) Ist 12 ein Teiler von 588?
b) Teilt 15 die Zahl 735?
c) Ist 1 782 teilbar durch 18?
d) Ist 2 277 teilbar durch 23?

5
a) Welche Zahlen sind durch 5 teilbar?
15, 75, 552, 656, 755, 775
b) Welche Zahlen sind durch 25 teilbar?
65, 75, 125, 185, 225, 775, 1 025

6
a) Welche Zahlen sind durch 4 teilbar?
24, 34, 44, 72, 104, 106, 882
b) Welche Zahlen sind durch 8 teilbar?
96, 112, 284, 368, 482, 648, 1008

7
a) Welche Zahlen sind durch 3 teilbar?
13, 18, 51, 64, 123, 234, 2 121
b) Welche Zahlen sind durch 9 teilbar?
108, 235, 459, 630, 711, 2 304

8
a) Welche Zahlen sind durch 6 teilbar?
78, 82, 114, 264, 454, 636, 3 210
b) Welche Zahlen sind durch 12 teilbar?
180, 333, 372, 540, 722, 1 188

9
Bestimme die fehlende Ziffer so, daß eine durch 3 und durch 4 teilbare Zahl entsteht.
a) 12☐4   b) 1☐68   c) 174☐
d) ☐664   e) 304☐   f) 4☐44
g) 4☐48   h) 666☐   i) ☐468

10
Welche Zahlen sind Primzahlen?
a) 41   b) 51   c) 61
d) 53   e) 63   f) 73
g) 77   h) 87   i) 97

11
Zerlege in Primfaktoren.
a) 60   b) 126   c) 252
d) 336   e) 432   f) 594
g) 2 310 h) 5 148 i) 6 732

12
Bestimme den größten gemeinsamen Teiler der Zahlen.
a) 18 und 24   b) 14 und 35   c) 27 und 45
d) 17 und 51   e) 13 und 65   f) 11 und 143
g) 13 und 53   h) 17 und 69   i) 27 und 32.

13
Bestimme das kleinste gemeinsame Vielfache der Zahlen.
a) 5 und 15   b) 6 und 15   c) 12 und 15
d) 4 und 7   e) 5 und 13   f) 15 und 18
g) 24 und 36   h) 15 und 25   i) 28 und 63.

14
Der Garten von Familie Beckmann liegt an einem Hang. Er besteht aus vier Terrassen, die durch Treppen verbunden werden sollen. Alle Stufen sollen gleich hoch werden. Wie hoch kann eine Stufe höchstens werden?

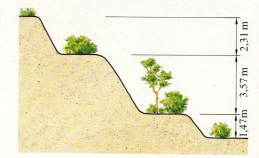

IX Bruchzahlen

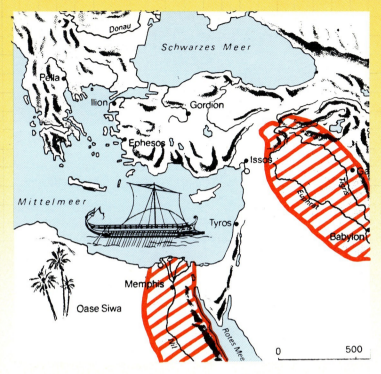

$\frac{1}{2}$ $\frac{1}{4}$
babylonisch

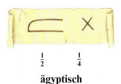

$\frac{1}{2}$ $\frac{1}{4}$
ägyptisch

Zur Geschichte

Die ältesten mathematischen Brüche findet man in ägyptischen Texten, die bis auf die Zeit um 2000 v. Chr. zurückgehen. Unsere Kenntnis geht wesentlich auf den Papyrus Rhind zurück, den der ägyptische Schreiber Ahmes zwischen 1800 und 1600 v. Chr. von einem etwa 100 Jahre älteren Handbuch abschrieb.

Bruchzahlen entstehen, wenn ein Ganzes in gleiche Teile zerbrochen wird. Alte Zahlzeichen verraten diesen ursprünglichen Gedanken noch: Das 3000 Jahre alte babylonische Keilschriftzeichen für $\frac{1}{2}$ ist ein halb gefülltes Gefäß. Im altägyptischen Zeichen für $\frac{1}{2}$ können wir einen halben Brotfladen erkennen. Das Zeichen für $\frac{1}{4}$ verstehen wir als zwei sich kreuzende Schnitte.

Bruchstriche wurden schon vor fast 2500 Jahren von indischen Mathematikern geschrieben. In Europa wurde der Bruchstrich erst um 1500 üblich. In einem Rechenbuch aus dieser Zeit findet sich eine umständliche Schreibanweisung.

Merkwürdig sehen Brüche in römischen Zahlzeichen aus; sie stammen hier aus einem Rechenbuch von 1514. Die Zeichen II^C und IIII^C stehen für 200 und 400.

Zur gleichen Zeit schrieben Kaufleute noch für $\frac{1}{2}$ das halbierte römische Zeichen für 1. Der Halbierungsstrich wurde auch verwendet, um die letzte Einheit von 5 oder 10 Einheiten zu halbieren.

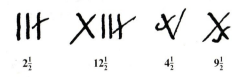

1 Brüche

1
Beschreibe, was du siehst.

  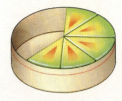

2
Ein Blatt Papier wird zweimal gefaltet.
In wie viele Teile wird das Blatt geteilt? Wie viele davon sind dunkler?
Falte das zusammengelegte Blatt ein weiteres Mal. Welche Unterteilung erkennst du nun?

Wird ein Ganzes in 2, 3, 4, 5, ... gleich große Teile geteilt, so erhalten wir Halbe, Drittel, Viertel, Fünftel, ... Ein Viertel, drei Viertel, fünf Achtel, ... sind Bezeichnungen für **Bruchteile** eines Ganzen. Man nennt sie **Brüche**.

> Zwei Fünftel: $\quad \dfrac{2 \leftarrow \text{Zähler}}{5 \leftarrow \text{Nenner}} \leftarrow \text{Bruchstrich} \quad \bigg\} \text{Bruch}$
>
> Der **Nenner** gibt an, in wie viele gleich große Teile geteilt wird.
> Der **Zähler** gibt an, wie viele dieser Teile jeweils genommen werden.

Beispiele

a)
ein Sechstel $\quad$ fünf Sechstel
$\frac{1}{6} \qquad \qquad \frac{5}{6}$

b)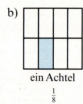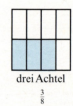
ein Achtel $\quad$ drei Achtel
$\frac{1}{8} \qquad \qquad \frac{3}{8}$

c)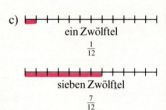
ein Zwölftel
$\frac{1}{12}$
sieben Zwölftel
$\frac{7}{12}$

Bemerkung: Der Bruch $\frac{5}{6}$ kann durch Bruchteile unterschiedlich dargestellt werden.

 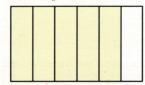 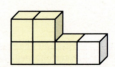 

Aufgaben

3
a) Schreibe als Bruch: ein Halbes, ein Drittel, zwei Drittel, drei Achtel, sieben Zehntel.
b) Schreibe mehrere Brüche auf, die den Nenner 7 haben.
c) Schreibe mehrere Brüche mit dem Zähler 3 auf.

4
In wie viele Teile ist das Quadrat jeweils zerlegt? Wie heißt ein solcher Teil?

5
Was bedeuten die folgenden Aussagen?
a) Im Mittelalter verlangten die Fürsten von den Bauern den Zehnten als Abgabe.
b) Wir machen halbe – halbe.
c) Jeder vierte Erdbewohner ist ein Chinese.
d) Das erste Tor fiel erst in der zweiten Halbzeit.
e) Die Eishockeyteams kommen zum zweiten Drittel auf das Eis.

6
In wie viele gleich große Teile ist das Ganze zerlegt?
Wie heißt ein solcher Bruchteil?

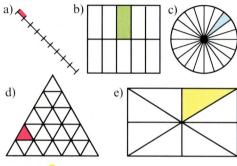

7
Wo haben sich Fehler eingeschlichen?

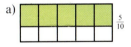

8
In wie viele Teile ist unterteilt worden? Welcher Bruchteil ist gefärbt?

9
Welcher Bruch wird durch die gefärbte Fläche dargestellt? Wie groß ist der Rest?

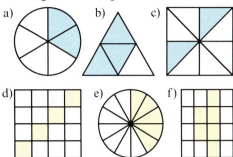

10
Drücke die Teilfiguren A, B, C, D als Bruchteile des ganzen Rechtecks aus. Welchen Teil ergeben die farbigen Flächen zusammen?

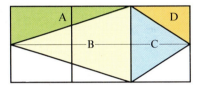

11
Drücke die Teilfiguren als Bruchteile des ganzen Quadrates aus. Finde weitere Bruchteile durch Kombinieren der Einzelteile.

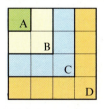

12*
In jeder Figur ist ein Teilkörper hervorgehoben. Welcher Bruchteil des Körpers ist dies? Wie groß ist der Rest?

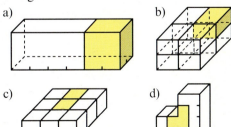

Brüche

13
Übertrage ins Heft und färbe jeweils den angegebenen Bruchteil der Fläche blau.

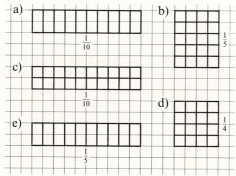

14*
Du siehst verschiedene Bruchteile. Zeichne jeweils ein Ganzes in dein Heft.

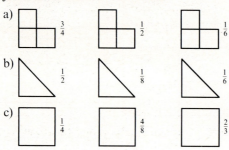

15
Wie viele Halbe, Fünftel, Zehntel oder Zwanzigstel ergeben jeweils ein Ganzes?

16
Welchen Bruchteil der großen Säule auf dem Rand stellen die beiden kleineren Säulen jeweils dar?

17
Zeichne ein Rechteck, das 12 Kästchen lang und 6 Kästchen breit ist, und stelle die Brüche $\frac{1}{2}$, $\frac{1}{3}$ und $\frac{1}{9}$ nebeneinander farbig dar. Wie viele Kästchen bleiben frei?

18
Wie heißt der zugehörige Bruch? Schätze.

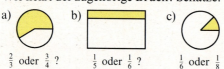

a) $\frac{2}{3}$ oder $\frac{3}{4}$?   b) $\frac{1}{5}$ oder $\frac{1}{6}$?   c) $\frac{1}{6}$ oder $\frac{1}{8}$?

19
Zeichne jeweils ein geeignetes Rechteck und färbe

a) $\frac{1}{3}$ b) $\frac{1}{5}$ c) $\frac{1}{12}$ der Fläche.

20
a) Stelle die Bruchteile jeweils in einem Rechteck dar. Wähle hierzu eine geeignete Rechteckslänge.
$\frac{2}{5}, \frac{3}{7}, \frac{4}{9}, \frac{5}{10}$

b) Veranschauliche mit Hilfe von Strecken mit geeigneter Länge:
$\frac{2}{3}, \frac{5}{6}, \frac{6}{11}, \frac{9}{12}$

c) Färbe jeweils in einem Kreis:
$\frac{1}{4}, \frac{2}{4}, \frac{1}{8}, \frac{4}{8}$

21
Bei Julias Geburtstag gibt es Kuchen vom Blech.

a) Gib ein Stück als Bruchteil des ganzen Kuchens an.
b) Welcher Bruchteil des Kuchens ist schon gegessen?
c) Wieviel ist noch übrig?

22
Der Teppich wird im Zimmer von der Markierung A bis C ausgelegt.
a) Welcher Teil des Teppichs ist schon ausgerollt?

b) An welcher Stelle wären $\frac{3}{4}$ des Teppichs ausgerollt?

2 Brüche als Maßzahlen von Größen

1
Der junge Elefant wiegt etwa eine dreiviertel Tonne. Der Wagen eines Filmteams wiegt etwa 880 kg.
Ist der Elefant schwerer als das Auto?

2
Anna geht auf den Wochenmarkt. Auf ihrem Einkaufszettel steht $1\frac{3}{4}$ kg Tomaten. Der Händler wiegt ihr 1 700 g ab. Ist das mehr oder weniger?

Im Alltag spricht man häufig von $\frac{1}{4}$ Stunde, $\frac{1}{2}$ kg, $\frac{3}{4}$ m, ... Dabei werden Brüche als **Maßzahlen** verwendet. Das Ganze ist dabei eine Stunde, ein Kilogramm, ein Meter, . . .

 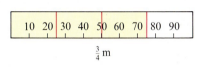

$\frac{3}{4}$ kg ist der **Bruchteil** von 1 kg, den man erhält, wenn 1 kg in 4 gleiche Teile geteilt wird und danach 3 Teile zusammengenommen werden.

Beispiele
In vielen Fällen können wir in eine andere Maßeinheit umwandeln.

a) $1 \text{ dm} = 10 \text{ cm}$
$\frac{1}{5} \text{ dm} = 10 \text{ cm} : 5$
$= 2 \text{ cm}$

b) $1 \text{ kg} = 1000 \text{ g}$
$\frac{3}{8} \text{ kg} = 1000 \text{ g} : 8 \cdot 3$
$= 375 \text{ g}$

c) $1 \text{ cm}^2 = 100 \text{ mm}^2$
$\frac{1}{4} \text{ cm}^2 = 100 \text{ mm}^2 : 4$
$= 25 \text{ mm}^2$

Bemerkung: Bei manchen Maßzahlen treten natürliche Zahlen und Brüche auf:
$1\frac{1}{2}$ l, $2\frac{1}{2}$ h, $1\frac{1}{4}$ kg. Wir nennen dies die **gemischte Schreibweise**; dabei bedeutet $1\frac{1}{4}$ kg:
$1\frac{1}{4} \text{ kg} = 1 \text{ kg} + \frac{1}{4} \text{ kg} = 1000 \text{ g} + 1000 \text{ g} : 4$
$= 1000 \text{ g} + 250 \text{ g} = 1 250 \text{ g}.$

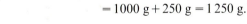

Aufgaben

3
a) Gib in Gramm an.
$\frac{1}{4}$ kg, $\frac{1}{2}$ kg, $\frac{1}{8}$ kg, $\frac{5}{8}$ kg, $\frac{7}{8}$ kg, $3\frac{1}{2}$ kg
b) Gib in Kilogramm an.
$\frac{1}{2}$ t, $\frac{1}{10}$ t, $\frac{4}{5}$ t, $\frac{7}{5}$ t, $\frac{5}{8}$ t, $3\frac{3}{4}$ t, $7\frac{1}{2}$ t

4
a) Gib in Minuten an.
$\frac{1}{4}$ h, $\frac{1}{2}$ h, $\frac{3}{4}$ h, $1\frac{1}{2}$ h, $2\frac{3}{4}$ h, $5\frac{1}{4}$ h
b) Gib in Zentimeter an.
$\frac{1}{2}$ m, $\frac{1}{4}$ m, $\frac{3}{4}$ m, $1\frac{1}{2}$ m, $4\frac{1}{4}$ m, $7\frac{1}{2}$ m

Brüche als Maßzahlen von Größen

5
a) Gib in g an: $\frac{1}{2}$ kg, $\frac{1}{10}$ kg, $\frac{1}{100}$ kg, $\frac{1}{20}$ kg.

b) Gib in cm an: $\frac{1}{2}$ m, $\frac{1}{4}$ m, $\frac{1}{5}$ m, $\frac{1}{25}$ m.

c) Gib in dm² an: $\frac{1}{4}$ m², $\frac{1}{5}$ m², $\frac{1}{20}$ m², $\frac{1}{25}$ m².

d) Gib in m² an: $\frac{1}{4}$ a, $\frac{1}{2}$ a, $\frac{1}{8}$ a, $1\frac{1}{2}$ a.

6
Gib in einer anderen Maßeinheit an:
a) eine zehntel Tonne
b) ein dreiviertel Meter
c) eine halbe Stunde
d) ein dreiviertel Hektar.

7

Bis zu welchem Meßstrich wird der Meßbecher jeweils gefüllt?
a) 250 g   b) 500 g   c) 1000 g
d) 750 g   e) 125 g   f) 375 g

8
Wie viele Gefäße können mit einem Liter Flüssigkeit jeweils gefüllt werden?
a) Weinglas: $\frac{1}{4}$ l   b) Bierkrug: $\frac{1}{2}$ l
c) Likörglas: $\frac{1}{50}$ l   d) Saftglas: $\frac{1}{5}$ l
e) Probierglas: $\frac{1}{10}$ l   f) Tasse: $\frac{1}{8}$ l

9
Bestimme im Kopf den Bruchteil.
a) 1 Stunde: 45 min, 20 min, 6 min
b) 1 Tag: 6 h, 3 h, 8 h, 18 h, 1 h
c) 1 Jahr: 4 Monate 3 Monate, 1 Monat, 9 Monate, 8 Monate
d) 1 t: 125 kg, 200 kg, 100 kg, 50 kg
e) 1 m²: 20 dm², 5 dm², 4 dm², 2 dm²

10
Gib die gekennzeichneten Streckenlängen in einer kleineren Einheit an.

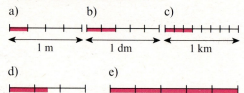

11
Wie groß ist das Quadrat? Wie groß ist die gefärbte Fläche? Drücke das Ergebnis in zwei verschiedenen Einheiten aus.

a)   b)   c)

d)   e)   f)

12
a) Zeichne jeweils ein Quadrat mit 10 cm Seitenlänge und färbe die Fläche:
$\frac{1}{10}$ dm², $\frac{2}{5}$ dm², $\frac{13}{20}$ dm².

b) Zeichne jeweils einen 1 cm breiten Streifen und veranschauliche:
$4\frac{1}{4}$ cm², $2\frac{3}{4}$ cm², $6\frac{1}{5}$ cm².

13
Wandle in eine kleinere Maßeinheit um.
Beispiel: $\frac{3}{4}$ kg = $\frac{3}{4}$ von 1000 g = 750 g.

a) $\frac{1}{5}$ kg   b) $\frac{3}{10}$ km   c) $\frac{2}{3}$ h   d) $\frac{2}{3}$ Jahr
   $\frac{1}{8}$ t $\frac{2}{5}$ m $1\frac{1}{4}$ Tag $1\frac{3}{4}$ Jahr

e) $\frac{3}{10}$ cm²   f) $\frac{3}{5}$ m²   g) $\frac{3}{4}$ min   h) $\frac{3}{20}$ t
   $\frac{3}{100}$ cm² $\frac{2}{25}$ ha $5\frac{1}{2}$ min $2\frac{1}{4}$ t

14
Zeichne die Skalen ins Heft und setze die Beschriftung fort.

a)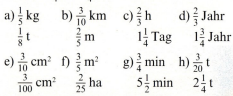

b)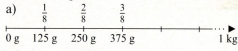

c)

Brüche als Maßzahlen von Größen

15
Wandle in Minuten um.
a) $\frac{1}{2}$ h   b) $\frac{2}{3}$ h   c) $\frac{7}{10}$ h
$\frac{1}{3}$ h $\frac{4}{5}$ h $\frac{5}{12}$ h
$\frac{1}{5}$ h $\frac{5}{6}$ h $\frac{11}{12}$ h

16*
Schreibe als Bruchteile in der nächstgrößeren Einheit.
a) 1 cm   b) 200 m   c) 750 kg   d) 5 m²
   5 cm   700 m   50 kg   40 m²
e) 200 g   f) 20 s   g) 8 h   h) 8 Mon.
   250 g   5 min   18 h   15 Mon.

17*
Gib in einer anderen Maßeinheit an.
a) $1\frac{1}{2}$ Ar   b) $3\frac{1}{5}$ Gramm   c) 16 Mon.
d) $2\frac{1}{2}$ Tage   e) 36 Stunden   f) $2\frac{3}{4}$ Jahre

18*
Wende die gemischte Schreibweise an und gib dann in der nächstkleineren Einheit an.
a) 5 min + $\frac{3}{4}$ min   b) 2 km + $\frac{2}{8}$ km
c) 6 kg + $\frac{2}{5}$ kg   d) 26 m + $\frac{9}{10}$ m
e) 4 l + $\frac{1}{8}$ l   f) 3 ha + $\frac{1}{20}$ ha

19*
a) Der Eilzug aus Stuttgart kommt laut Fahrplan um 16.28 Uhr an. Er hat jedoch eine Viertelstunde Verspätung. Zu welcher Uhrzeit trifft der Eilzug ein?
b) Der ICE aus Hamburg trifft mit viertelstündiger Verspätung erst um 13.09 Uhr ein. Errechne die fahrplanmäßige Ankunftszeit.

20*
Angaben über Vitamine, Nährstoffe und Chemikalien findet man oft in Bruchteilen von Gramm. Gib in mg an (1 g = 1 000 mg).
a) $\frac{1}{10}$ g, $\frac{1}{5}$ g, $\frac{1}{8}$ g, $\frac{3}{4}$ g, $\frac{3}{5}$ g
b) $\frac{1}{20}$ g, $\frac{7}{100}$ g, $\frac{3}{50}$ g, $\frac{2}{25}$ g
c) $\frac{15}{100}$ g, $\frac{9}{1000}$ g, $\frac{11}{250}$ g, $\frac{35}{200}$ g.

21*
a) Zutaten für einen Gewürzkuchen:

$\frac{1}{10}$ kg Butter $\frac{1}{20}$ kg Kakao
$\frac{1}{4}$ kg Zucker   1 Tasse Milch
2–3 Eier   Gewürze
$\frac{2}{5}$ kg Mehl

Die Küchenwaage zeigt nur Gramm an.
b) Rechne ebenso die Zutaten für einen Kirschkuchen um:
$\frac{1}{4}$ kg Mehl $\frac{3}{4}$ kg Kirschen
$\frac{3}{40}$ kg Zucker $\frac{1}{20}$ kg Fett
2 Eier   Zitronenschale

Brüche im Mittelalter

Das „Zerbrechen" von Zahlen in Brüche führte man zuerst bei den Maßen durch. So halbierte man einen Laib Brot, ein Stück Land, einen Scheffel Weizen oder viertelte sie gar. Mit diesen Maßbrüchen gelang dann einfaches Rechnen: Bruchteile eines Maßes wurden in Ganze eines Untermaßes verwandelt. So wurde das alte Getreidemaß „Malter" mehrmals in Viertel aufgeteilt. 1 Malter zu 4 Simmer, 1 Simmer zu 4 Kumpf, 1 Kumpf zu 4 Gscheid. Ein Malter umfaßte je nach Region 190 l bis 670 l.

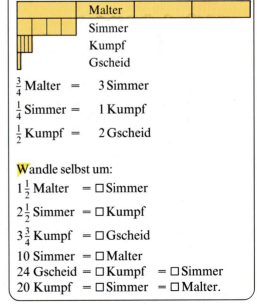

$\frac{3}{4}$ Malter = 3 Simmer
$\frac{1}{4}$ Simmer = 1 Kumpf
$\frac{1}{2}$ Kumpf = 2 Gscheid

Wandle selbst um:
$1\frac{1}{2}$ Malter = ☐ Simmer
$2\frac{1}{2}$ Simmer = ☐ Kumpf
$3\frac{3}{4}$ Kumpf = ☐ Gscheid
10 Simmer = ☐ Malter
24 Gscheid = ☐ Kumpf = ☐ Simmer
20 Kumpf = ☐ Simmer = ☐ Malter.

3 Bruchteile von beliebigen Größen

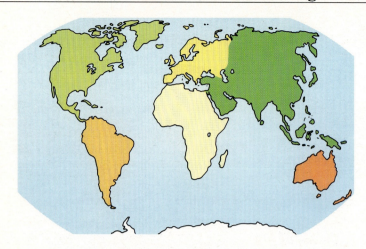

1
Die gesamte Landoberfläche der Erde von 150 Mio. km² läßt sich in 7 Erdteile aufteilen:
Afrika $\frac{1}{5}$ Europa $\frac{1}{15}$
Antarktis $\frac{1}{10}$ Nordamerika $\frac{4}{25}$
Asien $\frac{3}{10}$ Südamerika $\frac{3}{25}$
Australien $\frac{4}{75}$
Wie groß sind die Kontinente in km²?

2
Anke darf sich ein Fahrrad kaufen. Mit ihren Eltern bespricht sie, von den 540 DM Gesamtkosten $\frac{2}{3}$ selbst beizusteuern. Wieviel DM hebt Anke von ihrem Sparkonto ab?

Bisher haben wir hauptsächlich Bruchteile von geometrischen Figuren oder von Maßeinheiten betrachtet.
Oftmals kommen jedoch auch Bruchteile beliebiger Größen wie z. B. $\frac{3}{4}$ von 120 DM vor.

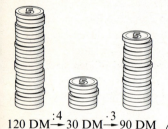

Mit einem Bruch kann ein **Anteil** an einer beliebigen Größe angegeben werden.
Um z. B. $\frac{2}{3}$ von einer Größe zu bestimmen, teilt man die Größe durch den Nenner 3 und multipliziert das Ergebnis mit dem Zähler 2.

Beispiele
a) $\frac{2}{3}$ von 24 ha:

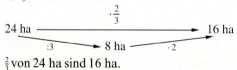

$\frac{2}{3}$ von 24 ha sind 16 ha.

b) 5 m² von 12 m²:

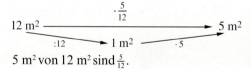

5 m² von 12 m² sind $\frac{5}{12}$.

Aufgaben

3
Berechne im Kopf.

a) $\frac{1}{2}$ von: 16 m, 40 kg, 200 DM, 96 t

b) $\frac{1}{4}$ von: 12 m, 600 g, 72 ha, 96 h

c) $\frac{1}{3}$ von: 12 m, 600 g, 72 ha, 96 h

d) $\frac{1}{5}$ von: 50 Pf, 10 DM, 15 DM, 60 DM

e) $\frac{3}{4}$ von: 8 t, 36 kg, 44 m, 56 DM

4
Welcher Teil der Strecke ist gefärbt?
Gib seine Länge an.

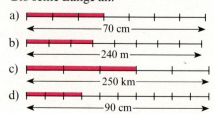

Bruchteile von beliebigen Größen

von	24 m	72 g	144 cm
$\frac{1}{3}$			
$\frac{2}{3}$			
$\frac{1}{4}$			
$\frac{3}{4}$			
$\frac{1}{6}$			
$\frac{5}{6}$			
$\frac{1}{12}$			
$\frac{5}{12}$			
$\frac{7}{12}$			

5
Welcher Bruchteil der Fläche ist gefärbt? Wie groß ist der Bruchteil?

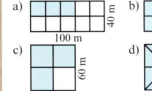

6
Berechne die Bruchteile.
a) $\frac{2}{5}$ von 30 s   b) $\frac{3}{4}$ von 24 kg
c) $\frac{1}{9}$ von 81 DM   d) $\frac{5}{6}$ von 66 g
e) $\frac{3}{7}$ von 42 DM   f) $\frac{3}{8}$ von 120 DM

7
Schreibe kürzer und berechne die Bruchteile.
a) $\frac{4}{5}$ von 1 DM   b) $\frac{8}{10}$ von 1 km
   $\frac{5}{4}$ von 1 DM $\frac{10}{8}$ von 1 km
c) $\frac{8}{50}$ von 1 kg   d) $\frac{3}{15}$ von 1 min
   $\frac{50}{8}$ von 1 kg $\frac{15}{3}$ von 1 min

8
Wandle vorher wie im Beispiel um:
$\frac{5}{8}$ von 4 cm sind $\frac{5}{8}$ von 40 mm sind 25 mm.
a) $\frac{3}{8}$ von 4 kg   b) $\frac{7}{8}$ von 12 t
c) $\frac{4}{5}$ von 3 kg   d) $\frac{5}{6}$ von 3 m²
e) $\frac{1}{50}$ von 12 cm²   f) $\frac{3}{25}$ von 5 dm²

9*
a) $\frac{2}{3}$ von 2 h   b) $\frac{5}{12}$ von 2 h
c) $\frac{3}{16}$ von 4 h   d) $\frac{7}{25}$ von 10 l
e) $\frac{7}{30}$ von 9 l   f) $\frac{2}{250}$ von 8 l

10*
a) $\frac{3}{4}$ von 8,40 DM   b) $\frac{2}{7}$ von 2,10 DM
c) $\frac{2}{17}$ von 1,70 DM   d) $\frac{6}{11}$ von 3,30 DM
e) $\frac{2}{25}$ von 6,25 DM   f) $\frac{5}{18}$ von 1,08 DM

11
Übertrage und fülle aus.

a) $\frac{3}{4}$ von   b) $\frac{2}{3}$ von
60 min	☐	180 cm²	☐
240 g	☐	270 m	☐
160 cm	☐	480 DM	☐

c) $\frac{5}{9}$ von   d) $\frac{2}{13}$ von
54 s	☐	65 ha	☐
18 ha	☐	91 km	☐
117 m	☐	143 l	☐

12*
Berechne im Kopf das Ganze.
a) $\frac{1}{4}$ einer Tafel Schokolade wiegt 25 g.
b) $\frac{1}{5}$ eines Betrags sind 0,80 DM.
c) $\frac{1}{8}$ einer Strecke beträgt 35 m.
d) $\frac{1}{12}$ einer Flasche beträgt 90 m².

13*
Bestimme das Ganze.
a) $\frac{3}{4}$ sind 75 m   b) $\frac{2}{3}$ sind 90 cm
c) $\frac{2}{5}$ sind 10 kg   d) $\frac{3}{10}$ sind 60 m²

14*
Berechne den Anteil.
a) 5 DM von 35 DM   b) 7 DM von 28 DM
c) 9 DM von 54 DM   d) 12 DM von 60 DM

15*
Rechne wie im Beispiel.

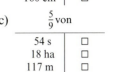

32 m sind $\frac{2}{5}$ von 80 m

a) 16 l von 24 l   b) 18 l von 24 l
c) 20 l von 24 l   d) 150 g von 200 g
e) 375 g von 500 g   f) 900 g von 1200 g

16**
$\overline{AL}$ ist in 10 gleiche Teile unterteilt:
├──┼──┼──┼──┼──┼──┼──┼──┼──┼──┤
A B C D E F G H I K L
Beispiel: $\frac{1}{2}$ von $\overline{AE}$ ist $\overline{AC}$ oder $\overline{CE}$.
a) $\frac{2}{3}$ von $\overline{AD}$ = ☐   b) $\frac{3}{5}$ von $\overline{DI}$ = ☐
c) $\overline{AG} = \frac{6}{10}$ von ☐   d) $\overline{BD} = \frac{1}{4}$ von ☐
e) $\overline{EG}$ = ☐ von $\overline{EL}$ f) $\overline{BE}$ = ☐ von $\overline{BG}$

Bruchteile von beliebigen Größen

17
Auf einem Grundstück stehen 96 Obstbäume.
a) Ein Drittel davon sind Äpfelbäume.
Wie viele Bäume sind dies?
b) Ein Viertel sind Kirschbäume.
Wie viele Bäume tragen Kirschen?

18
Familie Jungmann stehen monatlich 3 600 DM zur Verfügung. $\frac{1}{3}$ gibt sie für Wohnen, $\frac{3}{10}$ für Ernährung und $\frac{2}{15}$ für Kleidung aus.
Bleiben noch 700 DM für anderen Bedarf und einen Sparvertrag übrig?

19
Petra hat von ihrem Opa 60 DM zu Weihnachten erhalten. Davon spart sie $\frac{4}{5}$ für Skiferien. Wieviel DM sind das?

20
Vier Personen teilen einen Lotteriegewinn von 4 800 DM nach ihren Einsätzen unter sich auf. Die erste erhält zwei Drittel, die zweite ein Zwölftel und die dritte ein Sechstel des Gewinns.
Wieviel DM bekommt die vierte Person?

21
Beim Backen verliert ein Teig etwa $\frac{1}{5}$ seines Gewichtes. Wieviel Gewicht geht beim Backen von 800 g Teig verloren?

22
Die gesamte Oberfläche der Erde beträgt 510 Mio. km². Meer und Land sind nicht gleichmäßig verteilt. Nur $\frac{3}{10}$ der Erdoberfläche sind Land, $\frac{7}{10}$ dagegen Meer.
Berechne die Flächen in km².

23
In der Technik wird noch die Längeneinheit Zoll benutzt. Ein Zoll beträgt etwa 24 mm. Rechne in mm um:
a) Gewindedurchmesser: $\frac{1}{4}$ Zoll
b) Durchmesser eines Wasserrohrs: $\frac{3}{4}$ Zoll
c) Durchmesser eines Gartenschlauchanschlusses: $1\frac{1}{2}$ Zoll
d) Schraubenlänge: $2\frac{2}{3}$ Zoll

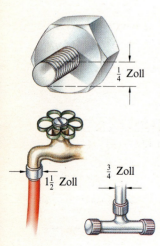

24
Die Körpertemperatur eines Igels beträgt 35 °C. Während des Winterschlafs sinkt sie im Oktober auf $\frac{3}{7}$ und im Januar auf $\frac{1}{7}$ des ursprünglichen Werts. Berechne die zwei Temperaturen.

25*
Landwirt Pflüger besitzt 18 ha Wald. Das sind $\frac{2}{5}$ seiner gesamten Nutzfläche.
a) Über wieviel ha Ackerland verfügt er?
b) Auf $\frac{7}{9}$ seiner Ackerfläche pflanzt Herr Pflüger Rüben an. Wieviel ha sind dies?

26*
Von der Umgehungsstraße um Eburg sind $\frac{5}{6}$ fertiggestellt. Das sind 2 400 m. Wieviel km beträgt die gesamte Neubaustrecke?

Die römischen Brüche

Der Umgang mit Brüchen entwickelte sich bei den Römern aus ihren Gewichts- und Geldeinheiten.
Ein wichtiges Zahlungsmittel war die Münze **1 As**. Den zwölften Teil eines As nannten die Römer **Unze**, die es als Münze allerdings nicht gab.

1 As = 12 Unzen
1 Unze = $\frac{1}{12}$ As

Brüche	$\frac{1}{12}$	$\frac{2}{12}$	$\frac{3}{12}$	$\frac{4}{12}$
röm. Brüche	Unze	$\frac{1}{6}$ As	$\frac{1}{4}$ As	$\frac{1}{3}$ As

Bis 1971 bestand die Zwölferordnung in der englischen Währung (1 Schilling = 12 Pence), aber auch in unserer Dutzendrechnung (1 Dutzend = 12 Stück, 12 Dutzend = 1 Gros) finden wir sie wieder.

4 Brüche am Zahlenstrahl

1
Auf der Skala einer Tankuhr kann Markus die Tankfüllung ablesen. Wieviel Liter sind noch im Tank, wenn dieser 40 Liter faßt?
Übertrage diese Skala auf eine 8 cm lange Strecke in dein Heft. Schreibe an alle Teilstriche die entsprechenden Brüche und die dazu gehörigen Füllmengen.

Wie jeder natürlichen Zahl 0, 1, 2, 3, ... können wir auch jedem Bruch, wie z. B. $\frac{1}{2}, \frac{1}{3}, \frac{1}{4}, \frac{2}{3}, ...$, genau einen Punkt auf dem Zahlenstrahl zuordnen.

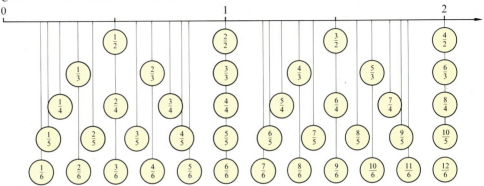

Am Zahlenstrahl kannst du erkennen, daß die Brüche $\frac{1}{2}, \frac{2}{4}, \frac{3}{6}, ...$ demselben Punkt zugeordnet sind; sie bezeichnen dieselbe **Bruchzahl**.

> Jede Bruchzahl kann durch beliebig viele verschiedene Brüche angegeben werden.
> Die **Menge der Bruchzahlen** bezeichnet man mit $\mathbb{B}$.

Beispiele

Bemerkung: Die Menge der natürlichen Zahlen $\mathbb{N} = \{0, 1, 2, 3, ...\}$ wird zur Menge $\mathbb{B}$ der Bruchzahlen erweitert. Jede natürliche Zahl läßt sich auch als Bruch schreiben.
Echte Brüche wie $\frac{3}{4}$, deren Zähler kleiner als der Nenner ist, liegen stets zwischen 0 und 1.
Unechte Brüche wie $\frac{7}{3}$, deren Zähler größer als der Nenner ist, sind größer als 1.

Aufgaben

2
Welcher Zahlenstrahl zeigt die Markierungen für
a) $\frac{1}{4}, \frac{2}{4}, \frac{3}{4}, ...$ b) $\frac{1}{5}, \frac{2}{5}, \frac{3}{5}, ...$?

3
Zeichne den Zahlenstrahl in dein Heft und beschrifte die Teilstriche.

Brüche am Zahlenstrahl

4
Wie heißen die Brüche, die durch die Großbuchstaben markiert sind?

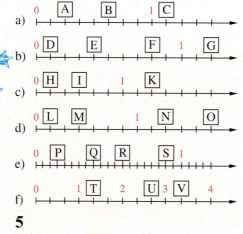

5
Zeichne einen Zahlenstrahl mit einer 10 cm langen Einheitsstrecke.

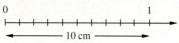

Trage folgende Brüche ein:
$\frac{2}{10}, \frac{3}{10}, \frac{4}{10}, \frac{6}{10}, \frac{8}{10}, \frac{1}{5}, \frac{2}{5}, \frac{3}{5}, \frac{4}{5}$.
Welche gehören zur selben Bruchzahl?

6
Zeichne drei Zahlenstrahlen mit je einer 12 cm langen Einheitsstrecke untereinander.
Markiere auf
dem ersten die Brüche $\frac{2}{12}, \frac{3}{12}, \frac{4}{12}, \frac{6}{12}, \frac{8}{12}, \frac{9}{12}$,
dem zweiten die Brüche $\frac{1}{6}, \frac{2}{6}, \frac{3}{6}, \frac{4}{6}, \frac{6}{6}$,
dem dritten die Brüche $\frac{1}{4}, \frac{2}{4}, \frac{3}{4}, \frac{1}{3}, \frac{2}{3}, \frac{3}{3}$.
Vergleiche!

7
Übertrage den Zahlenstrahl ins Heft und ergänze.

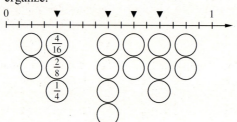

8
Zeichne einen Zahlenstrahl mit einer 6 cm langen Einheitsstrecke und verlängere ihn bis zur Zahl 2. Trage die Brüche ein.

a) $\frac{8}{6}$ b) $\frac{7}{12}$ c) $\frac{16}{12}$

$\frac{5}{6}$ $\frac{7}{6}$ $\frac{8}{6}$

$\frac{4}{3}$ $\frac{14}{12}$ $\frac{20}{12}$

Welche Brüche bezeichnen jeweils dieselbe Bruchzahl?

9
Zu welchen Brüchen gehört jeweils derselbe Punkt am Zahlenstrahl?

a) $\frac{3}{12}, \frac{8}{12}, \frac{9}{12}, \frac{1}{4}, \frac{2}{3}, \frac{4}{6}, \frac{2}{8}, \frac{6}{8}$

b) $\frac{2}{10}, \frac{5}{10}, \frac{1}{5}, \frac{2}{5}, \frac{4}{8}, \frac{6}{8}, \frac{2}{4}, \frac{3}{4}, \frac{1}{2}$

10
Zwischen welchen natürlichen Zahlen liegen die folgenden Bruchzahlen?
Gib die natürlichen Zahlen als Bruchzahlen mit demselben Nenner an.

Beispiel: $\frac{7}{5}$, $1 < \frac{7}{5} < 2$, $\frac{5}{5} < \frac{7}{5} < \frac{10}{5}$

$\frac{13}{2}, \frac{13}{3}, \frac{31}{5}, \frac{47}{8}, \frac{79}{10}, \frac{145}{12}$

11
Nenne jeweils drei verschiedene Brüche, die dieselbe Bruchzahl bezeichnen wie

a) $\frac{1}{2}$ b) $\frac{2}{3}$ c) $\frac{3}{4}$ d) $\frac{4}{5}$.

12
Gib eine Bruchzahl an, die auf dem Zahlenstrahl genau in der Mitte liegt zwischen

a) 2 und 3   b) $\frac{1}{4}$ und $\frac{3}{4}$ c) $\frac{2}{7}$ und $\frac{6}{7}$

d) $\frac{1}{11}$ und $\frac{9}{11}$ e) $\frac{4}{9}$ und $\frac{16}{9}$ f) $\frac{3}{4}$ und $1\frac{3}{4}$.

13
Wie erkennst du am Zähler und Nenner eines Bruches, daß er
a) eine natürliche Zahl bezeichnet?
b) eine Zahl größer als 1 bezeichnet?
c) eine Zahl kleiner als 1 bezeichnet?
d) eine Zahl kleiner als $\frac{1}{2}$ bezeichnet?
e) eine Zahl kleiner als $\frac{1}{3}$ bezeichnet?
f) eine Zahl größer als $\frac{1}{4}$ bezeichnet?

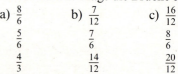

Die Buchstaben markieren Brüche zwischen 0 und 2. Suche zu den Brüchen die richtigen Buchstaben.
$\frac{1}{6}, \frac{5}{3}, \frac{7}{6}, \frac{2}{4}, \frac{8}{6}, \frac{4}{3}$
$\frac{5}{4}, \frac{3}{4}, \frac{1}{3}, \frac{10}{6}, \frac{5}{6}, \frac{7}{4}$

8 Vermischte Aufgaben

1 Welcher Bruch ist hier dargestellt?

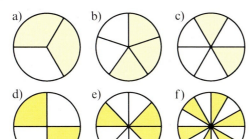

2 Bezeichne den Bruchteil.

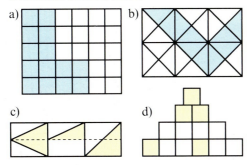

3 Zeichne einen geeigneten Streifen und färbe
a) $\frac{1}{6}$ b) $\frac{1}{7}$ c) $\frac{1}{8}$ d) $\frac{1}{9}$
der Fläche.

4 Stelle die Bruchteile in einem geeigneten Quadrat dar.
a) $\frac{2}{3}$ b) $\frac{5}{9}$ c) $\frac{5}{8}$ d) $\frac{7}{16}$

5 Gleiche Brüche mit unterschiedlicher Bedeutung! Wandle in die nächstkleinere Maßeinheit um.
a) $\frac{3}{4}$ kg b) $\frac{3}{4}$ dm² c) $\frac{3}{4}$ m
d) $\frac{3}{4}$ h e) $\frac{3}{4}$ km f) $\frac{3}{4}$ Tag

6 Vergleiche die Brüche ihrer Größe nach.
a) $\frac{2}{4}$ und $\frac{3}{4}$ b) $\frac{4}{7}$ und $\frac{5}{7}$ c) $\frac{5}{3}$ und $\frac{8}{3}$
$\frac{3}{5}$ und $\frac{4}{5}$ $\frac{5}{9}$ und $\frac{4}{9}$ $\frac{5}{4}$ und $\frac{7}{4}$

7
a) Gib in l an:
$\frac{1}{25}$ m³, $\frac{1}{50}$ m³, $\frac{7}{50}$ m³, $\frac{1}{125}$ m³.
b) Gib in ha an:
$\frac{3}{4}$ km², $\frac{3}{100}$ km², $\frac{4}{5}$ km², $\frac{18}{25}$ km².
c) Gib in mg an:
$\frac{1}{1000}$ g, $\frac{7}{500}$ g, $\frac{12}{250}$ g, $\frac{19}{50}$ g.

8 Fülle die Tabelle im Heft aus.

a) $\frac{4}{5}$ von

10 kg	☐
25 kg	☐
95 kg	☐

b) $\frac{5}{8}$ von

32 l	☐
200 l	☐
656 l	☐

9 Wandle zuerst in eine kleinere Einheit um.
a) $\frac{3}{8}$ von 3 kg b) $\frac{8}{25}$ von 2 km
$\frac{9}{10}$ von 4 kg $\frac{27}{50}$ von 4 km
$\frac{1}{12}$ von 9 kg $\frac{31}{80}$ von 6 km

10
a) Welche Brüche markieren denselben Punkt am Zahlenstrahl?
$\frac{4}{12}$, $\frac{7}{8}$, $\frac{2}{6}$, $\frac{1}{2}$, $\frac{2}{3}$, $\frac{3}{9}$, $\frac{10}{12}$
b) Gib jeweils zwei verschiedene Brüche für dieselbe Bruchzahl an.
$\frac{4}{7}$, $\frac{5}{9}$, $\frac{7}{12}$, $\frac{8}{15}$

11 Zeichne die Figur in dein Heft und ergänze sie zu einm Ganzen.

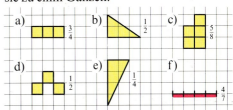

12 Schreibe als unechten Bruch.
a) $1\frac{1}{2}$ b) $2\frac{2}{3}$ c) $3\frac{1}{8}$ d) $8\frac{5}{8}$
$1\frac{1}{4}$ $2\frac{2}{5}$ $4\frac{2}{9}$ $9\frac{7}{10}$

Vermischte Aufgaben

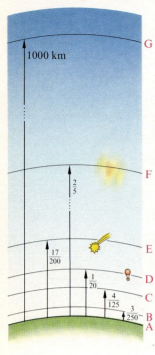

13**
Die Lufthülle der Erde, die Atmosphäre, umschließt den Erdball in einer etwa 1 000 km mächtigen Schicht (A–G). Bis B spielt sich das tägliche Wettergeschehen ab. Bis C können Flugzeuge, bis D sogar Wetterballone aufsteigen. Sternschnuppen sieht man im Bereich E und Polarlichter bis in die Höhe von F. Berechne die Höhe der Markierungen von B bis F in Kilometern.

14**
Die Weltmeere Pazifischer, Atlantischer und Indischer Ozean umfassen insgesamt 360 Mio. km². Davon nehmen der Pazifik die Hälfte und der Atlantik $\frac{7}{24}$ an Fläche ein.
a) Berechne die Wasserflächen des Pazifiks und Atlantiks in km².
b) Welchen Bruchteil bedeckt der Indische Ozean?

15
Hier haben sich Fehler eingeschlichen!
a) $\frac{8}{11} < \frac{9}{11}$ b) $\frac{11}{8} < \frac{11}{9}$ c) $\frac{4}{11} < \frac{5}{11}$
d) $\frac{8}{12} < \frac{4}{8}$ e) $\frac{3}{5} > \frac{74}{125}$ f) $\frac{15}{18} > \frac{10}{12}$

16
Welche der folgenden Brüche liegen zwischen $\frac{1}{4}$ und $\frac{1}{2}$?
a) $\frac{1}{3}, \frac{1}{5}, \frac{1}{7}, \frac{3}{8}, \frac{3}{10}, \frac{5}{12}$
b) $\frac{2}{5}, \frac{7}{20}, \frac{11}{24}, \frac{17}{32}, \frac{15}{40}, \frac{27}{100}$

17
Bestimme mindestens 4 Brüche, die zwischen den folgenden Bruchzahlen liegen.
a) $\frac{4}{10}$ und $\frac{5}{10}$ b) $\frac{2}{3}$ und $\frac{3}{4}$ c) $\frac{3}{4}$ und $\frac{4}{5}$
d) $\frac{1}{4}$ und $\frac{1}{5}$ e) $\frac{1}{20}$ und $\frac{1}{10}$ f) $\frac{5}{6}$ und $\frac{6}{7}$

18
Welche Zahl liegt genau in der Mitte von
a) $\frac{2}{5}$ und $\frac{4}{5}$ b) $\frac{2}{7}$ und $\frac{6}{7}$
c) $\frac{2}{3}$ und $\frac{8}{9}$ d) $\frac{3}{5}$ und $\frac{11}{15}$
e) $\frac{2}{3}$ und $\frac{3}{5}$ f) $\frac{3}{4}$ und 1
g) $\frac{3}{4}$ und $\frac{3}{8}$ h) $\frac{5}{8}$ und $\frac{5}{10}$?

Wie lang ist der Pfahl?

19
Ordne die zählergleichen Brüche.
a) $\frac{1}{9}, \frac{1}{4}, \frac{1}{3}, \frac{1}{2}, \frac{1}{7}, \frac{1}{10}$ b) $\frac{1}{3}, \frac{1}{11}, \frac{1}{7}, \frac{1}{8}, \frac{1}{5}, \frac{1}{6}$
c) $\frac{2}{3}, \frac{2}{7}, \frac{2}{13}, \frac{2}{5}, \frac{2}{9}, \frac{2}{11}$ d) $\frac{9}{4}, \frac{9}{5}, \frac{9}{2}, \frac{9}{11}, \frac{9}{7}, \frac{9}{13}$

20
Ordne. Beginne mit dem kleinsten Bruch.
a) $\frac{9}{10}, \frac{9}{11}, \frac{9}{8}, \frac{9}{13}$ b) $\frac{10}{11}, \frac{10}{3}, \frac{10}{13}, \frac{10}{19}$
c) $\frac{13}{17}, \frac{13}{18}, \frac{13}{5}, \frac{13}{8}$ d) $\frac{16}{9}, \frac{16}{5}, \frac{16}{20}, \frac{16}{19}$

Zum Knobeln

Aus sieben Streichhölzern ist der Bruch $\frac{1}{7}$ gelegt. Lege ein Streichholz so um, daß der Bruch den Wert $\frac{1}{3}$ hat.

Wie kannst du durch Umlegen aus 5 Streichhölzern den Bruch ein Viertel legen?

Kannst du durch Umlegen von nur einem Streichholz den Bruch verkleinern?

Der Wert eines Bruches beträgt $\frac{2}{5}$. Findest du eine weitere Darstellung mit nur einem Streichholz mehr?

Wie kannst du durch Umlegen eines Streichholzes den Wert dieses Bruches verdoppeln?

Rückspiegel

1
Welche Brüche sind hier dargestellt?

a)   b)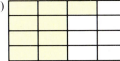

c)   d)

2
Übertrage ins Heft und stelle die Bruchteile dar.

a) 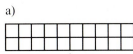 $\frac{1}{10}$

b) $\frac{3}{4}$

c) 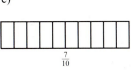 $\frac{7}{10}$

d) $\frac{7}{12}$

3
a) Gib in m an: $\frac{1}{4}$ km, $\frac{7}{10}$ km, $\frac{1}{8}$ km, $\frac{3}{8}$ km.

b) Gib in m² an: $\frac{3}{4}$ Ar, $\frac{1}{10}$ Ar, $\frac{3}{100}$ Ar, $\frac{4}{5}$ Ar.

c) Gib in dm³ an: $\frac{3}{4}$ m³, $\frac{1}{5}$ m³, $\frac{1}{8}$ m³, $\frac{3}{50}$ m³.

4
Berechne den Bruchteil.

a) $\frac{3}{4}$ von 40 l   b) $\frac{3}{5}$ von 90 l

c) $\frac{2}{3}$ von 6 kg   d) $\frac{5}{6}$ von 54 kg

e) $\frac{3}{20}$ von 120 ha   f) $\frac{9}{10}$ von 180 ha

5
Rechne wie im Beispiel in die nächstkleinere Einheit um: $\frac{4}{5}$ km = 4 000 m : 5 = 800 m.

a) $\frac{3}{10}$ km   b) $\frac{9}{10}$ ha   c) $\frac{5}{12}$ h

d) $\frac{7}{20}$ m³   e) $\frac{1}{200}$ t   f) $\frac{1}{6}$ min

g) $\frac{5}{8}$ m³   h) $\frac{7}{25}$ kg   i) $\frac{11}{40}$ cm².

6
a) Welcher Bruchteil von 1 Minute sind 6 s, 10 s, 45 s, 18 s, 5 s?

b) Welcher Bruchteil von 64 m sind 8 m, 4 m, 16 m, 40 m, 56 m?

c) Welchen Bruchteil stellen 48 kg von 96 kg, 192 kg, 80 kg, 120 kg, 720 kg dar?

7
Verwandle wie im Beispiel:
$3\frac{5}{6} = \frac{18}{6} + \frac{5}{6} = \frac{23}{6}$.

a) $3\frac{4}{7}$ b) $7\frac{5}{9}$ c) $8\frac{5}{6}$

d) $10\frac{1}{8}$ e) $10\frac{5}{14}$ f) $7\frac{8}{15}$

8
Zu welchen Brüchen gehört jeweils derselbe Punkt auf dem Zahlenstrahl?

$\frac{12}{15}, \frac{2}{3}, \frac{9}{12}, \frac{8}{10}, \frac{12}{18}, \frac{12}{16}, \frac{4}{5}, \frac{10}{15}$

9
Vergleiche die Brüche ihrer Größe nach.

$\frac{4}{7}$ und $\frac{6}{7}$ $\frac{3}{7}$ und $\frac{3}{8}$ $\frac{1}{2}$ und $\frac{3}{4}$

$\frac{5}{8}$ und $\frac{3}{8}$ $\frac{4}{8}$ und $\frac{4}{9}$ $\frac{1}{4}$ und $\frac{2}{3}$

$\frac{6}{9}$ und $\frac{4}{9}$ $\frac{2}{9}$ und $\frac{2}{7}$ $\frac{24}{2}$ und 10

10
Zeichne einen Zahlenstrahl von 0 bis 1 mit einer 10 cm langen Einheitsstrecke. Kennzeichne folgende Brüche:

$\frac{1}{2}; \frac{1}{4}; \frac{4}{5}; \frac{3}{4}; \frac{9}{10}; \frac{7}{10}; \frac{2}{5}; \frac{1}{10}$

11
Finde zu jedem angegebenen Bruch weitere Bruchzahlen!

a) $\frac{1}{10}$ b) $\frac{3}{5}$ c) $\frac{1}{3}$ d) $\frac{1}{2}$ e) $\frac{1}{4}$ f) $\frac{9}{10}$ g) $\frac{4}{5}$

12
Gib einen Bruch an, der zwischen den gegebenen Brüchen liegt.

a) $\frac{3}{4} < \square < 1$ b) $\frac{1}{3} < \square < \frac{1}{2}$

c) $\frac{1}{8} < \square < \frac{1}{5}$ d) $\frac{5}{6} < \square < \frac{8}{9}$

e) $\frac{2}{3} < \square < \frac{4}{5}$ f) $\frac{2}{5} < \square < \frac{1}{2}$

Lösungen

Rückspiegel, Seite 28

1
a) 47, 63, 74, 85, 91
b) 186, 194, 207, 222, 234
c) 474, 481, 499, 512, 528

2
a) 56 < 73   b) 112 < 121   c) 517 < 521
   94 > 38   323 < 332   648 > 397
   49 < 65   423 > 324   826 < 862

3
a) 37 < 73 < 137 < 317 < 371 < 713
b) 58 < 85 < 385 < 538 < 583 < 853
c) 112 < 212 < 1 122 < 2 112 < 2 121
d) 879 < 897 < 978 < 987 < 8 897 < 8 987

4
a) 4 019, 559, 789, 8 199, 2 999
b) 320, 440, 700, 8 400, 9 900

5
a) 37, 46, 55   b) 54, 162, 486
c) 17, 14, 21   d) 56, 51, 47

6
a) (17), 21, 25, 29, 33, 37.
b) (1), 8, 64, 512, 4096, 32 768.
c) (67), 61, 55, 49, 43, 37.
d) (729), 243, 81, 27, 9, 3.

7
a) $5 \cdot 10^2, 7 \cdot 10^2, 2 \cdot 10^3, 8 \cdot 10^4, 2 \cdot 10^7, 3 \cdot 10^{10}$
b) $34 \cdot 10^0, 57 \cdot 10^1, 63 \cdot 10^4, 51 \cdot 10^3, 10^5, 274 \cdot 10^4$

8
a) 400, 700, 900, 1 300, 2 000
b) 1 000, 5 000, 5 000, 8 000, 90 000
c) 10 000, 20 000, 50 000, 40 000, 110 000

9
Kreuzberg 65 m, Humboldthöhe 85 m, Müggelberge 115 m, Teufelsberg 125 m, Rauenschen Berge 145 m, Hagelberg 200 m.

10
Elbe 6 cm   Rhein 6,5 cm   Donau 14,5 cm
Oder 4,5 cm   Weser 3,5 cm

11
Robert Koch: *11.12.1843, †27.5.1910
Marie Curie: * 7.11.1867, † 4.7.1934
Albert Schweitzer: *14. 1.1875, † 4.9.1965

Rückspiegel, Seite 52

1
a) (21 + 17) + (58 + 63) = 159
b) (58 − 19) + 35 = 74
c) 21 + 23 + 25 + 27 + 29 = 125
d) (73 − 25) + (112 − 36) = 124

2
a) 235   b) 203   c) 235   d) 373   e) 224

3
a) 12   b) 38   c) 131   d) 227

4
a) 21   b) 47   c) 27   d) 77

5
a) 40, 50   b) 42, 13   c) 57, 78   d) 93, 83

6
a) 7   b) 105   c) 8   d) 280   e) 552

7
a) 9 473   b) 8 221   c) 10 123
d) 4 203   e) 5 386   f) 658

8
a) Ü: 84 000, 82 874   b) Ü: 24 000, 24 438
c) Ü: 26 000, 26 696   d) Ü: 39 000, 38 372
e) Ü: 117 000, 115 188 f) Ü: 94 000, 92 708

9
a) 3 261   b) 3 814   c) 14 658

10
a)   456 789   b)   63 180   c)   46 513
   + 220 152   − 22 785   − 8 279
   ─────────   ────────   ────────
     676 941   40 395   38 234

11
a) 538 517 − 498 231 = 53 184 − 12 898
b) 4 359 + 95 640 = 99 999
c) (482 − 391) + 858 = 3 722 − 2 773

12
945 − 154 − (154 + 283) − 37 = 317
Es blieben 317 Plätze leer.

13
1989: 2 437, 1990: 2 437 + 583 = 3 020
1991: 3 020 + (583 − 124) = 3 479
1992: 3 479 + (583 + 89) = 4 151
Es fehlen ihm noch 849 Marken.

Rückspiegel, Seite 78

1
j∥h, m∥g, i∥k
k⊥m, k⊥g, i⊥m, i⊥g

2

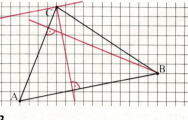

3
a) g∥h   b) g⊥h   c) g⊥h   d) g∥h

4

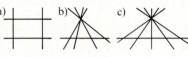

5

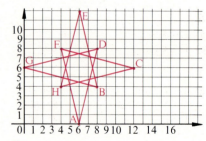

6
a) 57 mm b) 57 mm c) 27 mm d) 43 mm

7
a) vier   b) eine

8
a) Tannenbaum   b) Haus

Lösungen

Rückspiegel, Seite 112

1
a) 1 380   b) 13   c) 20
d) $48 = 4 \cdot 12 = 8 \cdot 6 = 2 \cdot 24 = 3 \cdot 16$
e) $(15 \cdot 5) : (15 : 5) = 75 : 3 = 25$
f) $(25 + 15) : (25 - 15) = 40 : 10 = 4$

2
a) 221, 266, 192   b) 273, 425, 608
c) 943, 900, 1 113   d) 12, 19, 15
e) 21, 23, 21   f) 18, 14, 16

3
a) 1 700, 360   b) 46 000, 7 200
c) 1 020, 3 570   d) 19 000, 7 800

4
a) 150   b) 480   c) 920
d) 1 440   e) 138   f) 27 269

5
a) 18   b) 98   c) 9
d) 81   e) 23   f) 39 312

6
a) $256 > 64$ b) $64 > 12$
c) $125 < 243$ d) $1000 = 1000$

7
a) 4 464   b) 333 888   c) 209 664
    6 192   223 850   162 560
    16 512   430 837   341 360

8
a) 369, 69, 89   b) 93, 35, 74   c) 93, 98, 45

9
a) 635, 547
b) 308, 601
c) 383 153 347, 248 222 027
d) 619 403 724, 8 620 210
e) $1\,263 + 38 : 68$, $281 + 27 : 56$

10
a) L = {7}   b) L = {13}
c) L = {17}   d) L = { }
e) L = {30}   f) L = {70}
g) L = {30}   h) L = {3}

11
a) L = {28, 29, ...}   b) L = {0, ..., 17, 18}
c) L = {0, ..., 44, 45}   d) L = {8, 9, ...}
e) L = {0, ..., 5, 6}   f) L = {10, 11, ...}

12
$36 \cdot 12 \cdot 9 = 3\,888$, Jochen hat 3 888 Dias

13
Marion spart 280 DM im Jahr.

14
Sie würde etwa 1 056 Tage benötigen.

Rückspiegel, Seite 136

1
a) 50 500 Pf; 12 000 g; 420 min
    750 000 kg; 2 040 s; 72 h
b) 4 003 Pf; 3 040 kg; 734 s; 75 500 g
c) 706 Pf; 29 821 kg; 24 700 g

2
a) 324,379 kg   b) 35 h 40 min   c) 6,14 DM

3
a) 250 g; 625 kg; 4 min; 12 s
b) 988 kg; 20 h; 52 s; 59 min; 901 g
c) 995 g; 945 kg; 55 s; 5 min

4
a) 1 h 55 min   b) 8.23 Uhr   c) 7.55 Uhr

5
a) 40 min
b) 19 min, 8 min
c) 16 min, 18 min

6
a) 100 Tage   b) 100 Tage

7
$25 \cdot 3 \cdot 600 = 45\,000$
Das Gesamtgewicht beträgt 45 kg.

8
a) $26,50 + 28,40 + 15,10 = 70$
Die Ausgaben betragen 70 DM.
b) $7\,000 : 25 = 280$
Jeder Schüler muß 2,80 DM bezahlen.

9
a) $4\,200 + 8 \cdot 230 = 6\,040 > 6\,000$
Er kann nicht über die Brücke fahren.

10
Thomas: $11,20 \cdot 12 = 134,40$; 33,60 DM
Eva: $10,80 \cdot 14 = 151,20$; 16,80 DM

11

a)
Anzahl	DM
1	1,20
5	6,00
7	8,40
16	19,20

b)
Anzahl	kg
1	0,400
35	14
150	60
61	24,4

12
a) 2 160 Bälle   b) 4 Stunden

Lösungen

Rückspiegel, Seite 150

1
a) Zylinder
b) Kegel
c) Pyramide

2
a) Pyramide und Quader
b) Zylinder und Kegel

3

4
Aus c) und d) kann ein Würfel gebastelt werden

6
a) Würfel, Quader, Pyramide;
  Zylinder, Kegel, Kugel;
  keiner.
b) Würfel, Quader, Pyramide;
  Zylinder, Kegel;
  Kugel.
c) Würfel, Quader, Pyramide;
  Kegel;
  Zylinder, Kugel.

7
a) Es handelt sich nicht um ein Zylindernetz, da die Kreisflächen unterschiedlich groß sind.
b) Stellt ein Zylindernetz dar.
c) Hier handelt es sich nicht um ein Zylindernetz, da die Kreisflächen im Verhältnis zum Rechteck viel zu groß sind.

8
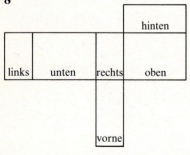

Rückspiegel, Seite 174

1
a) 17 dm   b) 5 600 a   c) 7 800 cm
d) 417 cm   e) 127 cm   f) 113 mm

2
a) 350 cm; 2 700 m; 520 m^2; 75 cm^2
b) 3,125 km; 17,017 km; 2,35 a
  5,02 ha; 3,05 dm^2; 1,0001 m^2

3
a) 530 cm < 533 cm
b) 615 m^2 > 610,5 m^2
c) 5 700 mm > 2 362 mm

4
a) 15 m 3 dm   b) 40 m 9 dm 6 cm
c) 15 a 51 m^2 d) 131 ha 2 a

5
Umfang:
a) 52 cm   b) 314 km   c) 106 m
d) 144 dm   e) 1 390 mm   f) 546 cm
Flächeninhalt:
a) 153 cm^2 b) 4000 km^2 c) 672 m^2
d) 1 247 dm^2 e) 71 250 mm^2 f) 3 380 cm^2

6
7·54 = 378   378:6 = 63
Sie müßten 63 km am Tag fahren.

7
Grundstück: 768 m^2,   Haus: 168 m^2
Für Garten und Garage bleiben 600 m^2.

8
a) 20:5 = 4 Das Zimmer ist 4 m breit.
b) 2·5 + 2·4 = 18
Es werden 18 m Fußleisten benötigt.

9
a) 2,5 km   b) 50 km   c) 65 m   d) 2 cm

10
a) 20 cm   b) 30 cm   c) 8 cm   d) 15 cm

11
Der Maßstab beträgt 1 : 200.

12
a) 50·25·12 = 15000   15000 cm^2 = 1,5 m^2
Die Pinnwand bedeckt eine Fläche von 1,5 m^2.
b) Länge 3 m, Breite 50 cm
  Länge 150 cm, Breite 100 cm
c) 7 m, 5 m

Rückspiegel, Seite 196

1
a) 1, 2, 3, 4, 6, 12   b) 1, 2, 4, 8, 16
c) 1, 2, 3, 6, 9, 18   d) 1, 2, 4, 7, 14, 28
e) 1, 2, 3, 4, 6, 9, 12, 18, 36
f) 1, 2, 3, 4, 6, 8, 12, 16, 24, 48
g) 1, 2, 29, 58   h) 1, 2, 4, 8, 16, 32, 64
i) 1, 2, 3, 4, 6, 8, 9, 12, 18, 24, 36, 72

2
a) 7, 14, 21, 28, 35, ...
b) 9, 18, 27, 36, 45, ...
c) 13, 26, 39, 52, 65, ...
d) 15, 30, 45, 60, 75, ...
e) 17, 34, 51, 68, 85, ...
f) 19, 38, 57, 76, 95, ...
g) 23, 46, 69, 92, 115, ...
h) 27, 54, 81, 108, 135, ...
i) 31, 62, 93, 124, 155, ...

3
a) ja;   b) ja;   c) ja;   d) ja

4
a) ja;   b) ja;   c) ja;   d) ja

5
a) 15, 75, 755, 775
b) 75, 125, 225, 775, 1025

6
a) 24, 44, 72, 104
b) 96, 112, 368, 648, 1008

7
a) 18, 51, 123, 234, 2121
b) 108, 459, 630, 711, 2304

8
a) 78, 114, 264, 636, 3210
b) 180, 372, 540, 1188

9
a) 2 oder 8   b) 0, 3, 6 oder 9   c) nur 0
d) 2, 5 oder 8   e) nur 8   f) 0, 3, 6 oder 9
g) 2, 5 oder 8   h) nur 0   i) 3, 6 oder 9

10
41, 61, 53, 73, 97

Lösungen

11
a) $60 = 2 \cdot 2 \cdot 3 \cdot 5$
b) $126 = 2 \cdot 3 \cdot 3 \cdot 7$
c) $252 = 2 \cdot 2 \cdot 3 \cdot 3 \cdot 7$
d) $336 = 2 \cdot 2 \cdot 2 \cdot 2 \cdot 3 \cdot 7$
e) $432 = 2 \cdot 2 \cdot 2 \cdot 2 \cdot 3 \cdot 3 \cdot 3$
f) $594 = 2 \cdot 3 \cdot 3 \cdot 3 \cdot 11$
g) $2310 = 2 \cdot 3 \cdot 5 \cdot 7 \cdot 11$
h) $5148 = 2 \cdot 2 \cdot 3 \cdot 3 \cdot 11 \cdot 13$
i) $6732 = 2 \cdot 2 \cdot 3 \cdot 3 \cdot 11 \cdot 17$

12
a) 6   b) 7   c) 9   d) 17   e) 13
f) 11 g) 1   h) 1   i) 1

13
a) 15 b) 30 c) 60 d) 28   e) 65
f) 90 g) 72 h) 75 i) 252

14
Der ggT von 147, 357 und 231 ist 21.
Die Treppenstufen sind 21 cm hoch.

Rückspiegel, Seite 211

1
a) $\frac{9}{20}$ b) $\frac{9}{16}$ c) $\frac{2}{9}$ d) $\frac{3}{11}$

2

a) 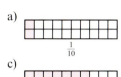   b) $\frac{3}{4}$

c) 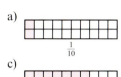   d) $\frac{7}{12}$

(a) $\frac{1}{10}$, c) $\frac{7}{10}$)

3
a) 250 m, 700 m, 125 m, 375 m
b) 75 m², 10 m², 3 m², 80 m²
c) 750 m³, 200 m³, 125 m³, 60 m³

4
a) 30 l   b) 54 l   c) 4 kg
d) 45 kg   e) 18 ha   f) 162 ha

5
a) 300 m   b) 90 a   c) 25 min
d) 350 ml   e) 5 kg   f) 10 s
g) 625 dm³ h) 280 g   i) 275 mm³

6
a) $\frac{1}{10}, \frac{1}{6}, \frac{3}{4}, \frac{3}{10}, \frac{1}{12}$
b) $\frac{1}{8}, \frac{1}{16}, \frac{1}{4}, \frac{5}{8}, \frac{7}{8}$
c) $\frac{1}{2}, \frac{1}{4}, \frac{3}{5}, \frac{2}{5}, \frac{1}{15}$

7
a) $\frac{25}{7}$ b) $\frac{68}{9}$ c) $\frac{53}{6}$
d) $\frac{81}{8}$ e) $\frac{145}{14}$ f) $\frac{113}{15}$

8
$\frac{2}{3}, \frac{12}{18}$ und $\frac{10}{15}$; $\frac{9}{12}$ und $\frac{12}{16}$; $\frac{4}{5}, \frac{8}{10}$ und $\frac{12}{15}$

9
$\frac{4}{7}<\frac{6}{7}$, $\frac{3}{7}>\frac{3}{8}$, $\frac{1}{2}<\frac{3}{4}$, $\frac{5}{8}>\frac{3}{8}$, $\frac{4}{8}>\frac{4}{9}$, $\frac{1}{4}<\frac{2}{3}$,
$\frac{6}{9}>\frac{4}{9}$, $\frac{2}{9}<\frac{2}{7}$, $\frac{24}{2}>10$.

10

11
a) $\frac{1}{10}, \frac{2}{20}, \frac{3}{30}$ b) $\frac{3}{5}, \frac{6}{10}, \frac{9}{15}$ c) $\frac{1}{3}, \frac{2}{6}, \frac{4}{12}$
d) $\frac{1}{2}, \frac{2}{4}, \frac{4}{8}$ e) $\frac{1}{4}, \frac{2}{8}, \frac{10}{40}$ f) $\frac{9}{10}, \frac{18}{20}, \frac{27}{30}$
g) $\frac{4}{5}, \frac{8}{10}, \frac{16}{20}$.

12
Es gibt viele Möglichkeiten, z. B.:
a) $\frac{4}{5}$ b) $\frac{5}{12}$ c) $\frac{7}{40}$ d) $\frac{17}{18}$
e) $\frac{11}{15}$ f) $\frac{9}{20}$

Register

Abstand 64
achsensymmetrisch 67
addieren 30
–, schriftliches 40
Addition 30
Ar 162
ausklammern 93
ausmultiplizieren 93

Bildpunkt 70
Billion 16
Bruch 198
–, echter, unechter 207
– im Mittelalter 203
– römischer 206
–, -zahlen 197

Dezimeter 152
Differenz 30, 37
Dividend 85
dividieren 85
–, schriftliches 99
Division 85
Divisor 85

Eckpunkte 138
Einheit 114
Endziffernregel 180
Entfernung 64

Faktor 80
Flächen 138, 160
Flächeneinheit 162
Flächeninhalt 160

Gerade 54
Gewicht 125
Größe 114
Grundzahl (Basis) 18, 83

Halbgerade 54
Hektar 162
Hochachse 62
Hochwert 62
Hochzahl (Exponent) 18, 83

Kalender 124
Kanten 138
Kegel 142
Kilogramm 125
Kilometer 152
Klammer 37, 90
Körper 137
Kommaschreibweise 126, 153, 163
Koordinaten 62
Kubikzahlen 83
Kugel 142

Länge 152
lotrecht 61

Maßeinheit 114
Maßstab 155
Menge 11
–, der Bruchzahlen 207
Meter 152
Milliarde 16
Millimeter 152
Minuend 30
Minuten 119
Monate 122
Multiplikation 80
multiplizieren 80
–, schriftliches 95

Nachfolger 11
Netz 138, 142
Nenner 198
Nullpunkt 62

Originalpunkt 70

parallel, zueinander 59
Potenz 83
–, schreibweise 186
potenzieren 83
Primzahl 184
Primfaktorzerlegung 186
Produkt 80
Punktrechnung 90
Pyramide 144

Quader 140
Quadratdezimeter 162
Quadratgitter 62
Quadratkilometer 162
Quadratmeter 162
Quadratmillimeter 162
Quadratzahlen 83
Quadratzentimeter 162
Quersummenregel 182
Quotient 85

Rechenausdruck 34
Rechengesetz 34, 88
Rechenvorteil 34, 88
Rechteck 165
Rechtsachse 62
Rechtswert 62
runden 20
Rundungsstelle 20

Schnittpunkt 55
Sekunde 119
senkrecht, zueinander 57
Spiegelachse 67

spiegeln 70
Stabdiagramm 21
Stellenwertsystem 13
Stellenwerttafel 13
Strahl 54
Strecke 54
Strichliste 8
Strichrechnung 90
Stufenzahlen 18
Stunden 119
Subtrahend 30
subtrahieren 30
–, schriftliches 43
Subtraktion 30
Summand 30
Summe 30, 37
Symmetrieachse 67

Tage 122
Teilbarkeit 175
Teiler 176
–, größter gemeinsamer (ggT) 188
–, -menge 176
teilerfremd 188

Überschlagsrechnung 40, 43, 95, 99
Umfang 158
Ursprung 62

Verbindungsgesetz (Assoziativgesetz) 88
Vertauschungsgesetz (Kommunativgesetz) 88
Verteilungsgesetz (Distributivgesetz) 93
Vielfaches 176
–, kleinstes gemeinsames (kgV) 190
Vielfachenmenge 176
Vorgänger 11

waagerecht 61
Winkel 57
–, rechter 57
Würfel 138

Zahlen 11
–, natürliche 11
Zahlenstrahl 11, 207
Zähler 198
Zehnerpotenz 18, 83
Zehnersystem 13
Zentimeter 152
Zeitpunkt 119
Zeitspannen 119
Zuordnung 129
Zylinder 142